내 아이가 갈 수 있는
최고의 대학

국립중앙도서관 출판시도서목록(CIP)

내 아이가 갈 수 있는 최고의 대학 / 박소형, 민성원 지음. ─ 고양
: 위즈덤하우스, 2013
p. ;   cm

ISBN 978-89-91731-67-7 13370 : ₩13800

대학 진학[大學進學]
학습법[學習法]

373.4-KDC5
371.3-DDC21   CIP2012006082

내 아이가 갈 수 있는 최고의 대학

초판 1쇄 발행 2013년 1월 8일
초판 4쇄 발행 2014년 6월 5일

지은이 박소형·민성원   **펴낸이** 연준혁

출판 1분사_ 분사장 최혜진
편집 정지연 **디자인** 김준영
제작 이재승

펴낸곳 (주)위즈덤하우스
출판등록 2000년 5월 23일 제13-1071호
주소 경기도 고양시 일산동구 정발산로 43-20 센트럴프라자 6층
전화 031)936-4000 **팩스** 031)903-3891
홈페이지 www.wisdomhouse.co.kr
종이 월드페이퍼 **인쇄·제본** (주)현문

값 13,800원   ⓒ박소형·민성원, 2013   ISBN 978-89-91731-67-7 13370

내 아이가 갈 수 있는
최고의 대학

박소형 · 민성원 지음

아이의 공부 마음을 움직여라

10여 년을 가장 핫한 교육 현장에서 뛰었다. '수시'의 개념조차 잡히지 않았던 2004년부터 오늘까지 교육에 가장 관심이 높은 부모님과 학생들을 만나왔다. 다소 여유 있는 부모 슬하에 태어난 아이들이 많았지만, 이젠 좀더 많은 사람들과 유익한 정보를 나누고 싶은 마음에 이 책을 쓰게 됐다.

나는 성적을 올리는 방법과 좋은 대학에 합격할 수 있는 방법을 알려준다. 하지만 그것만으로는 아무것도 이룰 수 없다. 공부에는 방법이 있고 대학을 가는 데는 전략이 필요하지만, 그것을 실행해야 하는 것은 결국 학생이다. 아이들의 마음에 내가 들어가고 내 마음에 아이들이 들어와야 우리는 그때까지의 학습법과 공부를 대하는 마음 자체를 개선하여 다시 공부를 시작할 수 있게 되고, 그러면 성적은 오른다. 이것이 무수히 많은 컨설팅 경험을 통해 내가 얻은 평범한 결론이다.

학생들은 쉽게 변하지 않는다. 이는 컨설팅이 직업인 내게도 어려운 일이다. 엄마들은 "선생님을 만나고 아이가 바뀌었어요!"라고 말하지만 내가 아이들을 바꾼 것은 아니다. 나는 엄마들보다 좀더 객관적이고 능숙하게 학생을 파악하고 다룰 수 있을 뿐, 실제로 모든 것을 해낸 사람은 학생 자신이다. 그래서 나와의 만남을 계기로 마음을 다잡고 공부를 하게 된 모든 아이들이 내게는 언제나 행운이고 고마운 존재이다. 나는 내 직업에 확신을 가질 때까지 책을 출간하는 일을 계속 미뤄왔다. 하지만 컨설팅을 통해 만난 제자들의 긍정적인 변화가 나에게 자신감을 주었다. 이런 직업을 가지고 있다니 나에게는 축복이다.

바쁜 엄마를 둔 탓에 밤에 깨면 아빠를 먼저 찾는 사랑하는 우리 딸 예나와 세상에서 가장 든든한 나의 후원자이자 멘토인 남편에게 이 책을 바치고 싶다. 고생하며 나를 공부시킨 고마운 나의 부모님, 남편보다 더 좋은 나의 시부모님께도 존경과 사랑의 마음을 전하고 싶다.

책의 내용에 살을 붙여준 홍슬기, 장회주, 오미경, 장명화 컨설턴트에게도 늘 고마운 마음뿐이다. 무엇보다 나를 이 길로 들어서게 해주고 근성을 만들어준 진학학원 안동기 원장님, 덜 익은 나를 진짜 프로로 만들어주고 이 책을 함께 집필하는 기회를 마련해 준 민성원 소장님께 고개 숙여 감사 드린다.

마지막으로 이 책에 실린 아이들의 공부 사례들은 개인의 사생활을 존중하여 모두 가명으로 표기했음을 밝혀둔다.

2012년 12월 늦은 밤 청담동 사무실에서
박소형

현 대입 정책에 따른 최적의 솔루션

『민성원의 엄마는 전략가』를 집필한 후 좀더 현실적인 사례들을 정리할 기회가 있다면 좋겠다는 생각을 했다. 그동안 박소형 수석 컨설턴트와 함께 컨설팅한 아이들이 다양한 방법을 통해 대학에 합격한 사례를 분류하고 정리했기 때문에 누구라도 이 책에서 자신에게 맞는 길을 찾을 수 있을 것이다.

입시 전략은 자기 목표와 현재 능력에 따른 최적의 로드맵을 보여줌으로써 합격 전까지 더 준비할 것과 덜 준비할 것, 그리고 지금 할 것과 나중에 할 것을 나누는 것이다. 아이들마다 각자 능력과 목표와 환경이 다르므로 모두를 위한 일관된 전략이란 있을 수 없다. 『민성원의 엄마는 전략가』가 전체적인 방향을 제시하는 이론편이라면 이 책은 실전편으로 아이들이 각자 구체적인 행동을 하는 데 다소나마 도움이 되어줄 것이다. 이렇게 숲과 나무를 함께 봐야 비로소 제대로 본 것이다.

한국에서 대학 입시 문제는 전반적인 교육열은 높은데 학생과 학부모가 원하는 대학의 숫자가 적은 데서 발생한다. 정부가 어떤 입시 정책을 내놓아도 태생적으로 다수의 찬성을 얻는 일은 불가능할 수밖에 없다. 그래서 해마다 쏟아지는 대입에 대한 불만들을 수용하여 대입 제도를 자꾸 바꾸려들기보다, 한 번 결정한 대로 오래도록 유지하여 교육 소비자인 학생과 학부모들에게 예측 가능성을 부여하는 것이 최선의 방법이라고 생각한다. 하지만 나는 대입 정책 입안자가 아니므로 현 대입 정책에 따라 최적의 솔루션을 제시하는 일밖에 할 수 없음이 안타까울 따름이다.

이 책을 통해 내 아이가 자신이 갈 수 있는 최고의 대학에 합격하는 데 도움을 받았으면 한다. 이 책을 쓰는 데 나는 전체적인 윤곽을 잡았을 뿐 대부분의 작업은 민성원연구소 박소형 수석 컨설턴트의 경험과 노력으로 이루어졌다. 이 책이 등대와 나침반의 역할을 하길 바란다.

2012년 12월
민성원

[차례]

Round 1
이렇게 공부하면
성적이 오를 수밖에 없다

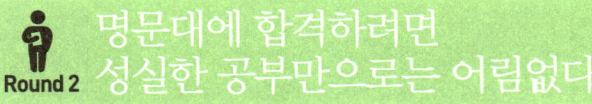

Round 3 명문대 합격생의 내신, 수능, 포트폴리오 완전정복

이렇게 공부하면
성적이 오를 수밖에 없다

수시 전형이 학생의 잠재력과 소질을 평가한다고 표방하지만 이때 내신과 수능 성적은 기본적으로 담보돼야 한다. 일단 성적을 최대한 올려놓는 것이 대학 입시 전략의 토대이다. 성적이 오를 수밖에 없는 공부의 정의에 대해 명쾌하게 정의한다.

공부는 양이다

 공부, 많이 하는 것보다 제대로 하는 게 중요하다?

"공부 잘하는 학생과 못하는 학생의 가장 큰 차이점이 뭔가요?"

학습 컨설팅을 하면서 이런 원초적인 질문을 받을 때마다 나는 웃으면서 대답한다.

"공부를 많이 안 해서 못하는 거예요."

너무나 당연한 이야기이지만 공부를 잘하기 위한 첫째 조건은 바로 학습량이다. 시대와 장소를 불문하고 이것은 진리이다. 그런데 도대체 어느 정도 해야 공부를 많이 한다고 말할 수 있을까?

지금부터 성적이 오르는 공부량을 공개하겠다. 나는 10여 년 동안 대입 컨설팅을 해오면서 수많은 학생들을 만났다. 그토록 다양한 유형의 무수한 학생들이 경험한 실제 사례를 토대르 공부와 성적의 관계에 대해 주의 깊게 관찰해 왔으므로 내 말을 신뢰해도 좋다.

아무리 성적이 나쁜 학생들도 적절한 인지 능력이 있고 공부의 원리를 이해한 상태에서 하루 평균 10시간 이상 공부하면 자신이 원래 갈 수 있었던 대학보다 더 좋은 대학에 합격할 수 있다! 좀더 구체적으로 이야기하자면, 주간 공부 시간을 학기 중에는 총 50시간 이상(평일 6시간 이상, 주말 10시간 이상), 방학 중에는 이보다 조금 더 많은 75시간 이상(평일 8시간 이상, 주말 12시간 이상) 정도로 갖고 공부하면 된다는 이야기이다. 이렇게 공부해도 성적이 안 오를까? 대부분 오를 수밖에 없다. 수능 4~5등급을 받고 대학에 톨합격한 후 다시 입시 준비를 시작한 재수생들도 하루 평균 12시간 이상 쉬지 않고 공부해서 6~8개월 이내에 1~2등급까지 성적을 올렸다. 그들 대부분이 자기가 희망하는 대학의 문턱을 넘어서는 일은 드문 일이 아니다.

나는 현재 컨설팅하는 학생들에게 자기 체력이 감당할 수 있는 만큼 최대 범위의 공부 시간을 제시한다. 누구나 처음부터 이렇게 오랜 시간 인내심을 발휘하여 공부하지는 못하지만, 일단 공부를 해야겠다고 결심하고 공부에 제대로 몰입하면 점차 익숙해져서 처음에는 생각도 하지 못한 수준의 공부를 할 수 있게 된다.

정말 명문대에 가고 싶은가? 진정 공부를 잘하고 싶은가? 그렇다면 일단 강한 결심을 해야 한다. 주변을 자세히 살펴보면 많은 학생들이 오랫동안 엄청난 양의 공부를 하고 있다는 것을 알게 된다. 그런데 아이러니하게도 하루에 2시간 공부하는 학싱이나 10시간 이상 공부하는 학생이나 같은 대학을 목표로 하고 있다. 결과는 누구나 상식적으로 예측할 수 있다.

　공부의 절대량이 없으면 효율성을 따지는 것은 무의미하다. 나는 "자신이 한 공부에 비해 성적이 잘 나오는 것보다 절대적으로 성적이 잘 나오는 것이 훨씬 중요합니다"라고 말한다. 최고의 성적을 위해서는 공부량과 효율성이 모두 중요하지만 우선은 공부량이 전제돼야 한다. 영리한 머리로 조금만 공부하고 꽤 좋은 성적을 유지하는 데 만족하여 으쓱해하고 있는 학생들은 주의하자. 주변에는 자신보다 더 오래 공부하는데도 성적이 나쁜 학생들도 물론 있을 것이다. 하지만 세상에는 뛰어난 머리로 최선의 노력까지 다하는 학생들이 많이 있다. 그리고 그 인원은 우리가 들어가고 싶은 대학들의 입학 정원보다 넘친다.

　우공이산愚公移山이라고 했던가. 나는 컨설팅을 하면서 이리저리 복잡하게 계산하지 않고 우직하게 공부하는 학생들이 결국 자기가 원하는 바를 성취하는 모습을 많이 지켜봤다. 이 과목은 더 중요하고 저 과목은 덜 중요하니 공부 시간을 이 과목에 더 많이 쏟아야 한다, 지금으로서는 이 과목을 먼저 공부해야 하니 저 과목은 나중으로 미뤄야겠다는 등등. 이렇게 골치 아픈 고민을 싸안고 있으니 책상에 앉은들 머릿속이 어지러워 공부에 집중이나 할 수 있겠는가?

　이처럼 이렇게 저렇게 재면서 선택하고 있다는 것은 주어진 시간이 모자란다는 뜻이고, 그것은 곧 최대로 공부할 수 있는 시간을 확보하지 못했다는 것을 의미한다. 본인에게 주어진 시간을 최대한 활용하여 공부하는 학생들은 이런 선택을 할 필요가 없다. 그래서 모든 과목에서 1등급이 나오고 100점이 나올 수 있는 것이다.

그러니 이제 공부의 효율은 그만 생각하자. 효율은 인풋   대비 아웃풋   , 투자 대비 성과가 아니던가? 최소한의 투자로 투자 대비 효율을 따져보느라 에너지를 낭비하지 말고 최대한의 투자로 최대한의 효율을 끌어내야 한다.

사실 학생들의 공부는 잃을 것이 없는 게임이다. 다른 일을 하면서 공부를 하려면 포기해야 할 것들이 아주 많다. 학생 신분이 아닌 사람은 직장을 그만두거나 돈벌이를 줄일 각오로 공부 시간을 확보해야 하지만, 학생은 공부가 본업이다. 그런데도 좋은 대학에 가고 싶어 하면서 적게 공부하고 성적이 높길 바라는 것은 어불성설이다. 자기 행동을 바꾸든가 목표를 낮추든가 해야 한다. 간일 목표를 낮추기 싫다면 공부량을 늘리는 수밖에 없다.

정말 누가 봐도 독종이라고 혀를 내두를 만큼 열심히 공부하는 학생들의 결과는 항상 좋다. 최대한의 시간을 투자하는데도 성과가 안 나는 경우는 거의 없었다. 중학교 때 반에서 20등이던 학생도 독종이 되면 고등학교에 진학하여 반에서 2~3등을 하고, 심지어 중학교 때 전교 200등이던 학생이 다음 시험에서 전교 1등으로 껑충 뛰어오른 사례도 있었다. 성적 변동이 크게 없는 고등학교 때 전교 50등에서 1~2등까지 올라간 학생들도 종종 있었다.

강진제는 중학교 3학년 1학기 기말고사가 끝나자마자 나를 찾아왔다. 진제의 성적표에는 전교 250등이라는 등수가 선명하게 찍혀 있었고, 부모님은 이제 진제가 곧 고등학생이 되는데 어떡해야 좋을지 모르겠다고 낙담했다. 진제가 성적이 부진할 수밖에 없는 이유는 단순했다. 바로 공부를 안 하는 시간이 너무나 많았던 것이다. 여름방학 내내 진제를 붙잡고 공부를 시켰다. 하루에 문제집 한 권을 다 풀 수 있다는 것을 스스로 체험하게 해주고, 밥만 먹고 공부를 하는 것이 얼마든지 가능하다는 것도 깨닫게 해줬다. 그리고 결과는? 진제는 다음 중간고사에서 전교 30등 안에 들었고, 고등학교 내내 전교 15등 안팎의 성적을 유지했다. 이렇듯 공부량을 늘리는 것은 제일 쉽고 빠른 성적 상승 방법이다.

물론 많이 공부하는 것만이 능사는 아니다. 나도 아이들을 공부시키기 전에 기본적인 공부 원칙부터 이해시킨다. 하지만 어떤 전략이나 방법도 공부 시간이 부족한 상태에서는 아무 의미가 없다. 이것이 성적 상승을 위한 필수 전제 조건이자 공부의 제1원칙이다.

자, 그럼 좀더 구체적으로 시간의 위력에 대해 설명해 보자.

우리가 푸는 영어문제집을 보자. 수능문제집들에는 대개 300문제 정도가 실려 있다. 초등학생, 중학생들이 푸는 영어독해집도 300문제 수준이 대부분이다. 한 권에 300문제 정도라고 가정했을 때, 영어는 한 문제를 푸는 데 보통 1분 정도의 시간이 주어지므로 문제집을 다 푸는 데 걸리는 시간은 고작 300분, 즉 5시간 정도에 불과하다. 날마다 1시간씩 영어 문제를 푼다면 5일이면 끝나는 분량이고 마음먹으면 하루에도 끝낼 수 있다.

공부에 대해 유난히 겁먹은 학생들에게 5시간을 주고 영어문제집 한 권을 다 풀려보면, 그 단 한 번의 경험으로도 공부를 많이 하는 것이 그다지 어렵지 않다는 것을 충분히 알 수 있다. 다만 일생을 살면서 한 번도 그렇게 해보지 못했기 때문에 막연히 두려웠을 뿐이다.

성적이 나쁜 학생들은 평일에 조금 공부하고 주말에는 쉬고, 시험기간이 되면 벼락치기로 공부한다. 그러니 전체 공부 시간은 늘 많지 않은 것이다. 성적이 좋은 학생들은 평일에도 꾸준히 공부하고 주말에는 더욱 시간을 늘려 공부하니 전체적인 공부량이 많아진다.

특정 과목에 취약한 학생들도 마찬가지이다. 수학이 약하다면 당장 이번 방학부터라도 하루에 10시간 이상 수학을 공부하자. 그렇게 1~2개월을 하루도 쉬지 않고 10시간씩 공부해도 수학이 극복되지 않는지 확인해 보라. 수학이라는 과목은 계단식으로 실력이 상승하므로 단 몇 개월의 시간만으로 성적을 즉각 올릴 수 없지만 이전보다 확실한 실력 향상은 분명코 이룰 수 있다. 그런 후에 무엇을 더 해야할지 고민하면 된다.

머리가 뛰어나다고 공부는 적게 하면서 좋은 결과를 바라는 학생들이 있다. 하지만 그 아이들을 항상 이기는 학생들은 평균 이상의 머리를 가지고 올바른 방법으로 최대로 공부하는 사람이다. 학생의 머리가 평균 이상이라면 우리가 생각해야 할 문제는 하나이다. 얼마나 많이 공부할 것인가!

남들은 하나도 통과하기 어렵다는 고시에서 사법고시, 외무고시, 행정고시에 모두 합격한 고승덕 변호사의 공부벽은 그런 면에서 크게 본받을 만하다. 하루 17시간 이상 공부하고, 이젠 힘들어서 더 이상 못 하겠다는 생각이 드는 순간 좀더 공부하는 것. 그것이 나와 비숫하거나 나보다 잘하는 사람들과 경쟁하는 유일한 방법일 수 있다.

결론은 나왔다. 공부, 많이 하는 것보다 제대로 하는 것이 중요하다고? 무슨 말씀, 많이 하면서도 제대로 할 수 있다. 지금 당장 책상 앞에 앉아서 '문제집 한 권을 다 풀 때까지 일어나지 않겠다'고 각오하자. 그러고 나면 공부가 무엇인지 조금씩 이해되기 시작할 것이다.

공부한다는 것의 의미

공부의 제1원칙이 무엇인지 알았다면 이번에는 공부한다는 것이 무엇을 의미하는지 알아야 한다. 나는 공부를 한다는 것은 '공부만 거의 계속한다는 것'이라고 정의한다. 컨설팅을 할 때도 공부라는 것이 무엇인지 학생들이 알게 하는 것을 중요하게 생각한다.

"아빠는 몇 시에 출근하시니?"

"아침 7시쯤 나가시는데요."

"아버님, 회사에 출근하신 후 하루 일과에 대해 말씀해 주세요."

"8시쯤 회사에 도착하면 30분 이내로 업무 준비를 끝내고 일을 시작합니다. 그리고 점심시간 전까지 일하다가 점심 먹고 차 한 잔 마신 후에 곧바로 일을 재개해서 퇴근 때까지 계속 일합니다. 야근이 있으면 더 일할 때도 많고요."

"어머님은 집안일을 어떻게 하세요?"

"6시쯤 일어나 쌀 안치고 반찬 준비해서 7시 되기 전에 아침상을 차리고요. 아빠랑 아이들이랑 밖으로 나가면 설거지하고 세탁기를 돌려요. 그동안 먼저 널어놓은 빨래를 개켜 옷장이 넣고 청소기로 한 번 밀고 나면 빨래가 다 끝나죠. 그러면 또 빨래를 널어요. 잠깐 앉으려고 하면 점심시간이라 시장을 보거나 작은아이 돌아올 시간에 맞춰 밥이나 간식을 챙기죠. 아이들이 돌아오면 곁에서 공부 좀 봐주고 저녁 준비로 다시 바빠져요. 뭐, 계속 집안일을 하게 되죠."

그러고 나서 나는 아이에게 묻는다.

"너도 이렇게 아빠처럼, 엄마처럼 공부하니?"

아이는 선뜻 대답하지 못한다.

이것은 아이 스스로 공부한다는 것의 의미를 꺼닫도록 실제 컨설팅에서 자주 나누는 대화이다. 공부를 한다는 것은 다른 활동과 더불어 공부도 살짝 하는 것이 아니다. 사실상 거의 대부분의 시간 동안 쉬지 않고 공부를 지속하는 것을 의미한다. 조금 공부하다가 기분 전환으로 1시간 운동하고 난 후에 30분 식사하고, 다시 조금 공부했는데 집중이 안 되어 1시간 쉬면서 TV 보다가, 다시 마음을 다잡고 공부하려 했지만 너무 졸려서 자는 것이 공부가 아니라는 말이다. 아이들은 이렇게 공부하고 있으면서도 '나름대로 공부는 하는데 잘 안 된다'고 말한다. 농담이지만 아빠가 이런 식으로 회사 일을 하면 집에서 쉬게 될 확률이 높고, 엄마가 이런 식으로 집안일을 하면 집안은 엉망진창이 될 것이다.

이렇듯 많은 아이들은 공부를 많이도, 제대로도 안 하고 있어서 공부를 한다는 것이 무엇인지 정확히 이해하지 못하고 있다. 이유는 간단하다. 공부를 진짜로 해보지 않았기 때문에 그게 무엇인지 잘 모르는 것이다. 공부 동기나 방법들도 뭐든 열심히 해봐야 더 많이 찾을 수 있기 마련이다. 그런데 미처 성과를 거두지도 못할 만큼 조금씩만 공부하니까, 본인은 열심인 것 같아도 큰 문제가 있는 것처럼 결과가 나쁘고 불안감만 커진다.

하지만 나만 그런 것은 아니다. 이렇게 공부한다는 것의 의미를 절실히 느끼고 제대로 많이 공부하는 아이들은 드물다. 그것은 정말 힘든 일이기 때문에 만약 독하게 마음먹고 공부의 세계에 뛰어들기만 한다면 거의 확실히 공부를 잘하게 될 수 있다.

이쯤에서 한마디 더 하고 싶다. 아빠가 회사에 가는 것도, 엄마가 집안일을 하는 것도 법적으로 강제된 일은 아니다. 그래서 "아빠는 정말 회사에 가는 게 싫다. 이제 각자 돈 벌어서 살도록 하자", "엄마도 집안일은 지긋지긋하니 각자 끼니 해결하고 자기가 입을 옷은 스스로 빨자"고 말할 수 있다. 아이들이 공부하기 싫어서 안 하겠다는 것처럼. 아이들에게 "엄마, 아빠가 이렇게 선언하면 어떨 것 같니?"라고 물어보면 대부분은 자기 문제가 무엇인지 깨닫는다.

모든 일이 재미있어 죽겠다면 그보다 더 좋을 수 없겠지만, 세상을 살다 보면 싫고 힘들고 지루한 일들도 해야 할 때가 있다. 그리고 그런 일들은 대체로 시간이 지나 돌이켜보면 꼭 했어야 하는 일일 경우가 많다. 공부가 바로 그런 일이다. 공부를 잘하면 좋은 대학에 들어갈 수 있고 좋은 직장을 구할 가능성도 커진다.

하지만 그보다 더 중요한 것은 공부를 하면서 발견할 수 있는 자기 자신이다. 공부가 적성에 맞는지, 그래서 공부가 필요한 분야로 나아 갈지, 아니면 공부가 영 적성에 안 맞고 시험에도 좀처럼 최적화되지 않는지, 그래서 공부 이외에 다른 소질을 어떻게 살릴지 등 진로에 대해 진지하게 고민하는 일이 가능하려면 좀더 최선을 다한 상태에 서 자기 자신을 파악할 수 있어야 한다. 공부를 해보는 것은 스스로 를 깊이 이해하는 방법이다.

꿈이 없어서, 동기가 없어서 공부가 안 된다고 생각하는 아이들에게 나는 이렇게 물어본다.

"수능 만점이어서 아무 대학 아무 학과나 고를 수 있다면 어디에 갈 거니?"

"서울대 의대요. 서울대 경영학과요. 저는 그래도 기계공학과에 들 어갈 거예요."

그렇다. 대답은 각자 다르지만 정말 꿈이 없는 학생들은 별로 없 다. 단지 그 꿈이 너무 멀고 높은 곳에 있는데 지금 내 실력으로는 어림없는 것 같으니 시도는커녕 생각조차 접어버릴 뿐이다.

우리는 자신이 최고로 바라는 대학과 학과에 들어갈 기회를 가졌 다. 그 기회를 살리고 싶다면 진짜 공부를 해보자. 공부를 이해하기 시작하면 재미도 더불어 알게 될 것이다. 공부가 그토록 재미없어서 고통스러운 것이라면 공부를 잘하는 학생들도 책상에 앉아서 10시간 이상 버티지 못한다. 오래 공부해 내는 학생들은 그냥 공부가 되는 것이다. 공부를 오랜 기간 해왔기 때문에 남들보다 편안하게 해낼 정 도의 습관을 갖추게 됐고, 일단 마음만 먹으면 10시간 이상도 엉덩이

붙이고 앉아서 너끈히 공부할 수 있다. 우리는 인생 최고의 순간을 위해 우리 자신을 그렇게 만들어야 한다. 고통 속에서 견디는 시간은 잠깐일 뿐, 그 기간을 잘 견디고 저절로 공부되기 시작하면 공부의 참의미를 찾는 것은 그리 어렵지 않다.

그냥 공부가 된다

사람의 능력치는 모두 다르다. 처음부터 여러 시간 연속적으로 공부하는 학생들도 있고, 앉은자리에서 1시간도 견디지 못하는 학생들도 있다. 그래서 컨설팅을 할 때 나는 아이가 공부에 뛰어들게 하는 것을 가장 중요하게 생각한다. 성적이 나쁜 아이는 공부를 지속시키는 힘이 떨어져서 '조금 공부하다가 쉬고'를 반복한다. 연속 공부 시간은 적고 실제로 공부한 양도 얼마 안 된다. 제대로 쉬지도 못한 채 줄곧 공부만 한 것 같은데도 막상 이루어진 공부는 없는 셈이다.

예를 들어보자. 학원에 안 가는 일요일이다. 공부를 아침 9시에 시작하고 밤 12시에 끝낸다면 공부가 가능한 최대 시간은 15시간이다. 그중에서 1시간 정도 점심밥과 저녁밥을 먹는다고 해도 우리에게 남는 시간은 14시간이다. 게다가 아침 9시 공부 시작, 밤 12시 공부 끝은 그렇게 비현실적인 시간도 아니다. 자, 여기서 우리가 실제로 공부하는 시간은 몇 시간 정도일지 계산해 보자. 실제로 아이가 공부한 시간을 계산해 보면 5시간 이상 공부하는 경우가 많지 않다. 우리는 14시간가량의 여유 시간 중에 실제로 아주 적은 시간을 공부하는 셈이다. 4시간 공부한다면 10시간 쉬는 것인데도 우리는 쉬는 건 인식하지 못하고 공부하는 건 인식하기 때문에 그저 힘들다고 느끼는 것이다.

최상위권 성적대로 올라가고 싶다면 본인이 물리적으로 공부할 수 있는 시간을 최대치로 확보하는 것이 급선무이다. 물론 이 시간을 꽉 채워 공부하는 것은 결코 쉽지 않은 일이다. 특히 공부 습관이 아직 형성되지 않은 아이들에게는 더더욱 그렇다. 그런 아이들은 공부 시간의 증가를 우선적인 목표로 삼아야 한다. 계획을 짜든 즉흥적이든 처음에는 방법적인 문제가 그리 중요하지 않다. 공부 자체를 더 많이 함으로써 공부에 적응하고 공부의 최대치를 찾는 일이 먼저이다. 자신만의 최대치를 찾아 그 시간 동안 공부에 몰두하기 시작하면 자신에 대한 만족도가 높아질 뿐만 아니라 다른 아이들보다 성적이 잘 나올 수밖에 없다.

사람들은 공부의 보상으로 좋은 대학에 합격하거나 좋은 직장을 구하길 기대한다. 혹은 기말고사에서 높은 성적이 나오거나 각종 대회에서 수상하는 것을 공부의 보상이라고 여기기도 한다. 그러나 본질적인 공부의 보상은 '내가 해냈다!'는 자기 만족감이다. 많은 양의 공부를 해냈을 때의 만족감은 높은 산에 올라 저 아래에 있는 출발지를 내려다볼 때의 흐뭇함과 유사하다. 공부야말로 매일, 매 시간 심정적인 보상을 즉각 받기 쉬운 일이고, 이로써 건전한 자아 이미지도 강화된다.

실제로 국가고시에 붙은 사람들의 경험담을 들어봐도 하루 공부 시간이 15시간에 이르면 주간 공부 시간이 100시간 이상이 되므로 세상에 통과하지 못할 시험이 없다고 한다. 하지만 15시간을 그저 참아낸다고 해서 공부가 되는 것은 아니다. 거의 계속 공부하는 습관을 들여서 어딘가에 앉기만 해도 공부가 그냥 되게 만들어야 한다.

나는 하루에 12시간 이상 일하곤 한다. 특히 방학 때는 15시간 이상 일할 때도 있다. 가끔 신입 컨설턴트들이 2~3시간 정도 컨설팅하고 나서 진이 다 빠진 채로 이런 질문을 한다.

"도대체 체력 관리 비결이 뭐예요? 저는 3시간 말하고 나면 힘들어 죽겠는데 그런 스케줄은 현실적으로 말이 안 돼요."

그러면 나는 이렇게 대답한다.

"비결은 따로 없고 그냥 하다 보면 다 돼."

싱거운 말 같지만 정말 그렇다. 공부 습관이 들지 않은 아이들에게도 똑같이 말하고 싶다. 머리로만 생각하지 말고 일단 책상 앞에 앉으라고. 집중이 안 되고 몸이 안 좋다는 핑계를 대는 대신 묵묵히 한 번 공부해 보라고. 처음에는 아주 힘들겠지만 그 시간을 견딜수록 점점 덜 힘들어지고 실력은 서서히 오를 테니. 드라마나 영화를 보면 한두 시간은 후딱 지나가고, 잠깐 웹서핑을 한다는 것이 5시간이나 허비하고, 친구와의 수다에 하루해가 어떻게 저물었는지도 몰랐던 경험이 있을 것이다. 공부도 그렇게 되면 얼마나 좋을까? "공부하다가 고개를 들어보니 창밖이 어둑어둑해졌네." "그냥 계속 앉아서 공부했더니 문제집 한 권을 다 풀어버렸어." "앗, 벌써 잘 시간이다!" 이런 습관의 힘은 공부뿐만 아니라 우리 인생 전체에서 필요하다.

공부는
누적이다

 시험 끝나면 리셋되는 공부는 이제 그만!

공부를 많이 해야 하는 것도 알겠고 계속해야 하는 것도 알겠다. 그래서 공부 습관까지 제대로 만들었다면 이젠 질적인 관리에 들어가야 한다. 우리는 초등학교, 중학교를 거치면서 '내신'이라는 학교 시험을 치러서 그 점수를 토대로 기본적인 성적을 평가한다. 학교 시험에는 언제나 일정 범위가 주어지고 해야 할 공부량이 정해져 있다. 학교 시험을 위해 시험 범위를 열심히 공부하는 일은 너무나 중요하고 당연하다.

하지만 시험을 위한 공부를 못 해도 문제가 생기지만, 시험만을 위한 공부를 해도 문제가 생긴다. 특히 시험 범위가 누적되지 않는 초등학생, 중학생은 더욱 그렇다. 그때그때의 시험만을 위한 단기적인 공부가 끝나면 더 이상 공부하지 않아 실력이 쌓일 틈이 없는 것이다. 공부는 쪽지 시험이 아니라서 누적의 성격을 띠지 않으면 공부 내용이 자기 것으로 남지 않는다. 많은 아이들은 시험을 다 치고 나면 시험 범위에 해당되는 단원들을 깔끔하게 잊어버린다. 그러고는 정작 그 단원의 내용이 나중에 필요할 때는 애써 공부했던 보람도 없이 기초 부족으로 고생하는 것이다. 이를 인지학적으로 설명하자면, 반복을 통해 대뇌의 장기기억에 안착시켜야 두고두고 필요할 때 꺼내어 쓸 수 있다.

중학교 1학년을 예로 들어보자. 컨설팅을 하다 보면 수학에 대한 어려움을 호소하는 경우가 많다. 초등 4학년 이후부터 조금씩 수학과 멀어지는 조짐을 보이다가 중학생이 되면 어느새 턱없이 높아진 수학의 벽에 부딪히게 되는 것이다. 소금물 농도를 구하는 문제나 퍼센트(%)를 계산하는 문제 등이 주를 이루는 '문자와 식' 단원은 중학교 1학년 1학기 기말고사 범위로 출제된다. 이 단원은 나중에 다른 많은 단원들로 연결된다. 그런데 이렇게 중요한 단원을 "이제 이 단원을 시험 칠 일은 없으니까 해방이다!" 하고 기억 저편으로 밀쳐놓으면 문제가 발생한다. '방정식, 부등식의 활용'에서 문제를 식이나 문자로 잘 바꾸지 못해서 많은 아이들이 고생한다. 고등학교에 올라가면 수리 영역의 문제 내용을 식으로 바꿀 줄 몰라서 아예 풀이에 대한 접근조차 하지 못하기 일쑤이다.

수학이라는 과목은 교과 내용이 나선형 누적 구조로 설계되어 있어서 앞 단원을 이미 알고 있다는 전제하에 새로운 단원의 학습이 시작된다. 그러므로 초등 6학년 1학기가 부실하면 중학교 1학년 1학기에 고생하게 되는 것이다. 미리 다음 학년을 공부한 학생들은 한 단원의 내용이 다른 단원들을 배울 때 어떻게 이용되는지 잘 알 것이고, 학교 시험과 상관없이 제대로 공부해 두고 끊임없이 복습해야 한다고 생각할 것이다. 하지만 대부분의 학생들은 그렇지 못하고, 학교 시험이 쉽게 출제되어 조금 공부했는데도 성적이 그런대로 잘 나왔다면 이 단원의 중요성을 깨달을 기회도 없다.

오랜 기간 컨설팅을 하면서 신기했던 점은 중위권 학생들보다 최상위권 학생들이 학습 컨설팅을 많이 요청한다는 것이었다. 언뜻 생각하면 최상위권 학생들은 이미 공부를 잘하니까 컨설팅의 필요성을 못 느끼고, 성적을 올리고 싶은 중위권 학생들이 더 컨설팅에 목맬 것 같은데 그렇지가 않다. 그것은 중위권 학생들이 자기 문제점 자체를 잘 인식하지 못하는 반면, 또래보다 월등히 뛰어난 성적을 유지하는 최상위권 학생들이 오히려 공부나 입시에 대한 관심도가 높기 때문이다. 많이 아는 놈이 먹고 싶은 것도 많은 법이다.

그와 반대의 경우, 아예 공부를 못해서 컨설턴트를 찾는 하위권 학생들이 있다. 그들은 현재 자기 상황에 대한 문제의식을 분명히 가지고 있다. 학교 성적은 나쁘고, 선행학습은 물론 전혀 안 되어 있고, 제 학년에 해당하는 문제도 약간만 어려워지면 손을 못 댄다. 게다가 학습 태도와 공부 습관도 잡혀 있지 않다. 지금 이대로는 안 되겠다는 위기감이 극한에 다다르면 학생과 부모님이 한마음으로 실낱같은 희망을 찾으려고 컨설팅을 의뢰하곤 한다.

보통 중요한 공부 시기를 다 놓치고 중학교 3학년 이상이 되어서야 나를 찾아오는 경우가 많은데 그 이유를 분석해 보면 이렇다. 초등학생과 중학생의 경우 학교 시험이 어렵지 않으므로 그 정도의 난이도에 맞춰 적당히 대비한다. 그리고 나서 중상위권 성적이 나오면 "지금은 이 정도의 성적이면 충분하겠지. 고등학교에 올라가서 좀더 열심히 공부하면 될 거야"라고 쉽게 만족한다. 하지만 컨설팅 이전에 학생의 학습 수준을 파악하기 위해 실제로 사전 테스트를 해보면 학교 성적과 상관없이 국어, 영어, 수학 실력이 형편없다는 것을 발견하게 된다. 학생 본인도 부모님도 공부를 꽤 잘하는 편인 줄 알다가 자기 현실을 맞닥뜨리면 충격받는다.

진짜 실력이 부족한데도 현재 어느 정도 내신성적을 유지하는 중위권 학생들은 학년이 올라갈수록 공부에 취약점을 드러내기 마련이다. 그런 학생들이 중학교 3학년 때까지 안일하게 보내고 고등학교에 입학하여 다시 공부를 시작하면 비로소 심화학습이 부족하다는 것을 깨닫고 뒤늦게 허둥지둥하게 된다.

사실 깊이 있게 어려운 부분까지 공부해야 한다는 것을 모르는 사람은 없다. 하지만 당장의 공부를 하기도 버겁고 코앞에 닥친 시험 대비에도 급급한 상황에서 멀리 내다본다는 것은 현실적으로 힘든 일임이 분명하다. 그래서 그때그때의 시험을 통해 자기반성 습관을 형성해 나가는 것이 중요하다. 시험을 위해 무엇을 준비해야 하고, 시험이 끝난 후에는 결과의 정확한 분석을 통해 자신이 무엇을 보충해야 하는지 파악하고 실천하는 것은, 앞으로의 성적을 높이는 데 결정적인 도움을 줄 것이다.

공부 잘하는 학생들을 지켜보면 누가 시키지 않아도 스스로 이렇게 해나가고 있다. 임지윤은 중학교 3년 내내 전교 1등을 한 번도 놓치지 않았던 우등생이었다. 지윤이는 초등학교 4학년 때부터 자신이 쳤던 시험지를 모두 모았고 그 오답 노트도 착실하게 정리했다. 시험을 볼 때마다 자신에게 부족한 점을 발견했고, 다음 시험까지 그것을 정리하고 극복해 나가다 보니 항상 전교 1등을 하고 있었다는 것이다. 지윤이뿐만 아니라 내가 지금까지 만난 최상위권 학생들은 대부분 시험이 끝나면 두 번 다시 펼칠 일이 없다는 듯 책을 덮는 것이 아니라, 자신에게 부족한 점을 빠르게 채우기 위해 더 많은 시간을 투자했다. 그 학생들에게는 1년에 네 번씩 치르는 학교 시험이 자신을 성장시키는 계기였다.

내신 공부는 모든 공부의 기초이다. 이렇게 중요한 내신 공부를 적극 활용할 수 있는 방법은 많다. 학교 시험 난이도에 맞춰 단편적인 공부를 하지 말고 그와 상관없이 시험 범위에 해당하는 문제들을 깊이 공부하고 열심히 연습해야 한다. 특히 수학의 경우, 학교 시험에는 절대 안 나올 것 같은 고난도 문제들도 시험 기간을 넉넉하게 두고 충분히 연습한다면 수학 실력이 월등히 좋아질 것이다. 당연히 학교 시험도 잘 볼 수밖에 없다.

공부는 '다시 보기'이다

나는 첫 컨설팅으로 전체적인 전략이 수립되면 두 번째 컨설팅부터는 문제집, 노트, 프린트물까지 아이의 모든 것을 확인하고 점검하면서 성적 올리기 작업에 들어간다. 제일 먼저 내 눈앞에서 아이가 공부하도록 시켜본다. 그러면 여러 가지 재미있는 점들이 발견된다.

"이 책으로 평소 네가 하던 방식대로 공부해 봐."

그러면 아이들은 보통 새로이 공부할 부분을 펼치고 내용을 읽은 뒤 문제 풀이에 들어간다. 문제를 다 풀면 채점을 하고 틀린 문제의 정답을 다시 한 번 본 후에 책장을 덮는다. 상당히 일반적인 방법이다. 그때 내가 다시 한 번 이야기한다.

"지난 시간에 공부했던 부분부터 다시 한 번 봐."

아이들은 그제야 이미 공부했던 부분의 내용을 다시 보거나 한번 푼 문제를 더 훑어본다.

공부의 기본은 '다시 보기'인데도 내가 지적하고 안 하고에 따라 다르게 행동한다. 다시 말하면 공부를 시작할 때 이전에 공부했던 내용을 다시 살펴본 후에 새로운 내용을 더하여 공부하는 습관을 들이기까지는 상당한 시간이 걸린다는 말이다. 내가 상담을 진행할 때마다 항상 이 훈련부터 시키는 이유는 그 때문이다. 수학 문제를 풀 경우, 지난번까지 풀었던 문제들 중 두 번 이상 틀린 문제나 꼭 알아야 할 필수 문제를 다시 풀리고 난 후에야 새로운 공부 계획을 제시한다.

그럼 이 사례에서 문제점을 찾아 한번 해결해 보자. 이 일반적인 공부 방식에서 첫 번째 문제점은 공부를 누적하지 않는다는 것이다. 한 번 했던 공부를 영원히 기억한다면 얼마나 좋겠는가? 하지만 인간의 두뇌는 그렇게 훌륭하지 않다. 반복적인 학습을 통해 장기기억으로 만들고 시험에 최적화되도록 해야 하는데 그 기본이 누적이다. 처음부터 공부한 데까지 다시 보는 일을 반복하지 않으면 공부에 투자한 시간은 공중으로 날아가고 만다. 한번 풀었던 문제를 다시 풀어 봤는데도 정답을 맞히지 못했다면 처음 상태와 다를 것이 없다.

두 번째 문제점은 이전에 공부했던 문제집을 가지고 다시 공부하라면 보통 학생들은 눈으로만 읽는다는 것이다. 게다가 정답까지 떡하니 체크되어 있는 문제집은 정말 도움이 안 된다. 당연히 그때는 다 알 것 같은데도 시험을 칠 때는 왜 헷갈릴까? 시험 때는 처음부터 끝까지 온전히 자기 힘으로 문제를 풀어야 하는 데 반해, 평소에는 문제집에 체크된 정답을 확인하는 정도에 그치기 때문에 이해됐다 싶으면 확실하게 안다고 착각하는 것이다.

공부는 철저하게 '다시 보기'가 돼야 한다. 그렇지 않으면 생각보다 머릿속에 남는 것이 없다. 그날 공부한 내용에 관해 문제집을 풀거나 시험을 치면 다 알 수 있을지 모른다. 하지만 1주일 뒤에는? 2주일 뒤에는? 한 달 뒤에는? 그때도 당일 공부한 것처럼 모든 문제를 척척 풀어낼 수 있을까? 그 물음에 자신감을 보이기는 어려울 것이다.

거의 공부를 안 하는 아이들에게 복습까지 요구하기는 쉽지 않으니 열외로 두더라도, 사실 자기 나름대로 열심히 공부하는 아이들도 '다시 보기'를 끊임없이 되풀이하지는 잘 못한다. 진득하게 앉아서 꼬박꼬박 숙제도 하고 공부도 하는데 도무지 성적이 오르지 않는다고 말하는, 소위 모범적인 유형의 학생들도 곧잘 이런 실수를 저지른다.

중학교 3학년인 박영선은 수업 시간에 선생님 말씀에 귀 기울여 충실하게 필기하고, 자신이 세운 계획대로 날마다 장시간 앉아서 공부하느라 여념 없다. 그런데도 학교 성적은 중상위권을 맴돌 뿐이다. 엄마는 그저 답답하기만 하다. "늘 책상 앞에 앉아 있는데 왜 성적은 그저 그럴까요?"

나는 그동안 영선이가 푼 문제집들을 체크했다. 빈틈없는 성격처럼 문제집은 정갈하게 풀려 있었고 채점도 잘되어 있었다. 물론 틀린 문제에는 빨간 펜으로 정답을 선명하게 표시해 놓았고, 왜 틀렸는지 그 이유도 해답지를 보고 잘 옮겨 적었다. 문제점을 발견했는가? 내가 "영선아, 틀린 문제는 언제 다시 보니?"라고 물어보자 영선이는 선뜻 대답하지 못했다. "틀린 문제는 잘 안 보는 것 같아요."

자신이 왜 문제를 풀고 있는지 생각하지 않고 공부하는 아이들이 너무 많다. 우리가 문제를 푸는 이유는 틀린 문제를 찾아서 다시는 안 틀리기 위해서이다. 그것을 체크하지 않는다면 왜 문제를 풀고 있는가? 몇 문제나 정답을 맞히는지 알아보려고? 나는 '다시 보기'를 몇 번이나 하고 있는지 곰곰이 생각해 볼 일이다. 그게 곧 성적을 결정한다.

옛말에 글을 잘 쓰기 위해서는 다독多讀, 다작多作, 다상량多商量이라고 했다. 여기서 다독은 여러 권을 읽는 것이 아니고 여러 번을 읽는 것이다. 공부의 원리는 옛 성현의 방식이나 지금의 방식이나 큰 차이가 없는 것이다.

 ## 고등학교 공부는 12년 누적 공부이다

내신은 오랜 공부 습관이 만들고, 수능 이상의 시험은 그 습관이 만든 실력으로 결정된다. 특히 고등학교 공부는 12년 동안 보고 듣고 익힌 모든 것의 최종 결과물이다. 하루, 일주일, 한 달, 일 년짜리 공부가 쉼 없이 이어지면 12년짜리 누적 공부가 된다. 내가 줄곧 강조하는 공부의 누적은 초등학교부터 고등학교까지 장기적이고 꾸준하게 이루어져야 한다. 중학교 공부는 초등학교 6년의 누적, 고등학교 공부는 초등학교 6년과 더불어 중학교 3년의 누적, 그리고 고등학교 3년까지 포함하면 우리가 대학 입시 이전까지 목표해야 하는 것은 12년 누적 공부이다.

그러니 현재 학년에서 잘 이해되지 않는 개념이나 제대로 공부하지 않은 단원이 있다면 그 공백 때문에 훗날 큰 어려움에 부딪히게 된다는 것을 명심해야 한다. 지금은 작은 공백에 불과하지만 그것들이 하나씩 10년가량 쌓인다고 생각해 보자. 그 공백들을 부지런히 찾아서 꾸준하게 메우며 공부의 탑을 튼튼하게 쌓아온 학생과, 어디에 공백이 생겼는지도 모른 채 공부의 탑을 부실하게 쌓아온 학생 중 누가 고등학교에서 빛을 발할지는 자명하다.

고등학교는 벼락치기 공부가 쉬이 통하지 않는다. 장기적이고 체계적으로 훈련된 독해력을 요구하는 국어, 오랜 학습을 통해 언어 능력을 발달시켜야 하는 영어, 앞선 개념에 대한 정확한 이해를 바탕으로 나선형 구조의 내용이 짜여 있는 수학과 같은 주요 과목만 떠올려도 그 사실을 금세 알 수 있다. 중학교 때까지는 드물지만 급격한 성적 상승이 일어나기도 한다. 가령 중간고사에서 전교 200등이던 학생이 기말고사에서는 전교 10등까지 도약하기도 하는 것이다. 그러나 고등학교로 올라오면 이런 사례는 급격히 줄어든다. 깊고 넓어진 학습량과 함께 심화된 사고력이 요구되고, 두 달가량의 시험 범위를 가진 내신뿐만 아니라 수능으로 12년간에 걸친 공부를 평가하는 만큼 장기적인 학습의 체계적인 누적을 필요로 하기 때문이다.

그런데도 고등학교 입학 이전까지 대부분의 학생들은 코앞에 다가온 중간고사와 기말고사 시험 범위에 해당하는 단원에만 골몰한다. 그렇지 않는 단원들은 거들떠보려 하지도 않는다. 지금 하고 있는 공부의 중요성과 앞으로 마주할 시험의 핵심을 알지 못하고 한 달짜리, 일 년짜리 학습만 생각한다면 최종적으로 좋은 성적을 거둘 수 없다는 것을 기억하자. 지금 하지 않은 공부는 언젠가 반드시 해야 한다.

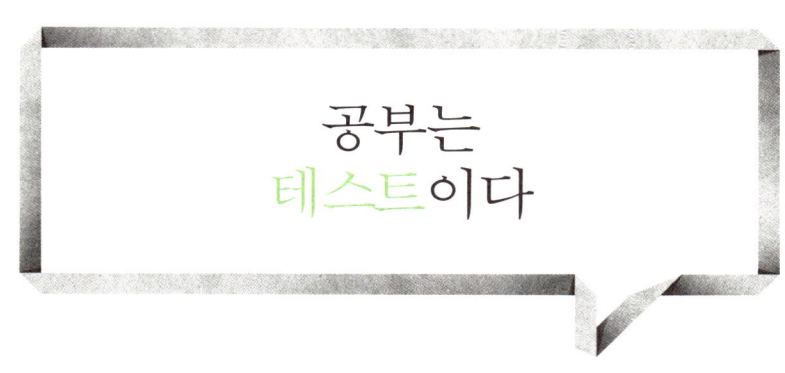

공부는
테스트이다

공부는 '신문 읽기'가 아니다

아이들은 "수업을 들으면 다 알겠는데 시험만 치면 성적이 안 나와요"라고 불평하곤 한다. 그런 아이들에게 나는 이렇게 다 답한다.

"수업을 알아듣는다는 것은 네가 수업 내용을 이해한다는 말이고, 시험을 잘 본다는 것은 그 이해를 바탕으로 엄청난 연습을 했다는 말이지. 다 이해됐다고 연습을 안 하면 시험은 잘 보기 어렵지."

그리고 신문 읽기를 예로 들어준다. "가령 네가 오늘 아침에 신문을 읽었어. 무슨 내용인지 다 이해했지. 그런데 갑자기 누가 신문을 덮고 네가 읽은 기사 제목들 중에 기억나는 것 20개를 똑같이 쓰라고 하면 너는 다 맞힐 수 있니?"

이 물음에 아이들은 십중팔구 고개를 흔든다.

"신문 내용이 이해가 안 됐니? 이해는 됐지? 그렇지만 시험을 잘 보려면 기사 제목 20개를 똑같이 쓸 수 있도록 공부해야 한다는 뜻이야. 애초에 이해와 공부의 목표 자체가 다르지."

독서를 많이 하면 공부를 잘할 수 있을 것이라고 생각하는 사람들이 있다. 독서 후에는 시험을 보지 않기 때문에 지혜가 쌓일지언정 지식이 쌓이지는 않는다. 공부는 배우고 익하고 시험 보는 것으로 완성된다.

아이들은 이해가 된 것과 공부가 된 것이 같다고 착각한다. 한 번 스르륵 훑어보고 공부가 끝났다고 말하는 학생들이라든지, 다 알아서 더 공부할 게 없다고 말하는 학생들은 대부분 이런 착각에 빠져 있는 경우가 많다. 이해된 것으로는 시험을 치를 수 없다. 기억된 것만이 시험에서 올바른 답을 낼 수 있다.

지금 학교 시험이 쉬워서 별다른 문제를 느끼지 못할지라도 고학년이 되어 시험 난이도가 높아져 이해만으로 충분하지 않게 되면, 이런 착각이 성적을 급격하게 떨어뜨리는 요인으로 작용할 것이다. 시험을 잘 치려면 대비에 만전을 기해야 한다. 시험 대비의 1단계는 내용 이해, 2단계는 내용 암기, 3단계는 문제 풀이 및 적용, 4단계는 무한 반복을 통한 실력 완성이다. '이해'는 시험공부의 시작에 불과하다.

특별히 어려운 내용이 아니라면 누구나 웬만큼 이해한다. 이해력이 뛰어난 아이라면 좀더 수월하게 공부할 수 있을 뿐, 잘 이해되지 않더라도 남들보다 예습과 복습에 충실하면 내용 이해도는 비슷하게 맞출 수 있다. 주어진 시간 안에 주어진 문제를 누가 가장 완벽하게 푸느냐가 관건인 문제는 그다음의 문제이다. 공부는 '테스트'이지 '신문 읽기'가 아니다. 우리는 테스트에 최적화된 공부를 할 필요가 있다.

 시험 전에 계속 시험을 보자

시험을 잘 보기 위한 유일한 방법은 실제 시험 이전에 스스로 시험을 많이 쳐보는 것이다. 그 시험들을 통해 자신이 잘 몰랐던 내용이나 계산 실수를 바로잡고 연습한다. 시험일까지 그와 관련된 문제를 더 풀거나 내용을 다시 한 번 암기하는 등 모든 오류를 없앤 후 시험장에 들어간다. 그렇게 모든 문제를 다 아는 상태에서 편안한 마음으로 풀수 있고, 고등학교 3학년생이 중학교 1학년 영어 시험지를 푸는 기분으로 시험에 임한다면 전교 1등은 내 차지이다. 이런 꿈같은 상황을 만들고 싶은가? 장담하지만 누구나 그에 합당한 노력만 하면 가능하다. 컨설턴트가 하는 일은 학생들이 그렇게 되도록 이끄는 것이다.

평소에 일상적으로 공부할 때도 날마다 시험을 치는 것처럼 긴장감을 가져야 한다. 문제집을 공부할 때는 '세월아~ 네월아~' 하지 말고 일정 시간을 정해서 문제를 푼 다음에 점수를 매겨라. 그 결과와 틀린 문제에 대한 객관적인 분석을 통해 해결 방안을 찾아야 한다. 자신이 무엇을 모르는지, 어디에서 헷갈리는지, 왜 실수가 잦은

지 확인하고 보충할 수 있는 방법은 시험(구두 테스트, 그대로 쓰기, 문제집 풀이)밖에 없다. 시험을 통해 자기 취약점을 파악하고 대비하지 않으면 실제 시험에서 그 모든 것을 뒤늦게 발견할 수밖에 없다.

시험은 선발 과정의 한 방법으로 우리는 그 시험을 통해 학업 능력을 평가받는다. 학업 능력이란 단지 지적인 능력만을 말하지 않는다. 지적인 능력을 발휘하기 위한 생각과 행동과 태도 등 모든 것을 포함한다. 시험으로 평가하고자 하는 것은 여러 가지가 있겠지만, 나는 시험을 위한 공부 과정을 통해 아이들이 자기반성, 인내심, 절제력, 지구력, 자신감 등을 얻고 자기 가치를 재발견하리라고 생각한다. 인생에서 공부가 무슨 의미를 가지냐고 공부라면 진저리 쳤는데도 공부 자체를 이해하면서 완전히 변화한 아이들을 많이 만났다.

시험이 가혹하다고만 생각하지 말고 공부를, 행동으로 실천하면 반드시 더 나은 결과가 따라주는 고마운 통과의례라고 생각하자. 그 결과의 가장 큰 지표는 성적이다. 매일매일 문제집을 풀면서도 스스로에게 성적표를 내밀 수 있는 학생이라면 마지막 진짜 성적표는 만점일 것이다. 아무런 평가를 받지 않는 삶이 꼭 좋은 것만은 아니라는 사실을 인정하고 자기 발전을 위해 노력했으면 한다.

 지금 당장 기억이 나는지가 중요하다

"지윤아, 수능 영어 단어는 언제 마지막으로 공부했니?"

"6개월 전에 한 번 다 끝냈는데요."

"지금 영어 단어를 테스트하면 그 단어책에 실린 단어들은 다 맞힐 수 있니?"

"헉……, 네? 다 맞히지는 못하죠. 많이 잊어버렸을 것 같아요."

아이들은 공부를 하면 공부가 끝났다고 생각한다. 놀지 않고 영어 단어를 외웠으니, 또 쉬지 않고 수학 문제를 풀었으니 공부를 한 것이다. 분명 공부를 안 한 것은 아니다. 하지만 3주가 지난 지금 그때 공부한 내용이 하나도 기억나지 않는다면 이것은 공부를 한 것일까, 안 한 것일까? 두 입술이 쉬이 떨어지지 않는다면 그냥 공부를 안 했다고 생각하자. 그렇게 생각하는 편이 성적을 올리기 쉽다. 끝내 그 진실을 인정할 수 없다면 별 성과 없이 힘들고 지루한 공부를 계속하게 될지도 모른다. 공부는 한 번 해서 결코 끝나지 않는다. 많은 반복과 확인 과정이 필요하다.

그렇다면 자신이 공부했던 내용을 항상 기억할 수 있으려면 어떻게 해야 할까? 아이들은 미리 공부해도 다 잊어버리니까 시험 치기 직전에 공부하면 된다고 말한다. 항상 벼락치기로 공부하는 중학교 2학년 김해진도 예외는 아니다.

"선생님, 저는 빨리 외우긴 하는데 금방 잊어버려요. 그래서 미리 시험을 준비해도 아무 의미가 없어요. 당일에 빡세게 공부해야 한다니까요."

"시험 범위가 책 한 권이면 어떡하려고?"

"네? 그러면 어떻게 시험 직전에 공부해요? 에이, 말도 안 돼. 그런 시험이 어디 있어요?"

　해진이는 말도 안 된다고 했지만 그런 시험은 있다. 아니 고학년으로 올라갈수록 대부분의 시험들이 범위가 늘어나면서 그렇게 된다. 한 과목의 시험 범위가 한 권에 이르지는 않지만 여러 과목이니 과목당 1/4~1/2권씩이라고 잡아도 6~7과목을 합쳐놓은 분량은 어마어마하다.

　나는 아이들의 유형에 따라 다른 공부법을 권유한다. 계획적인 아이들은 전체 분량을 일정 분량으로 나누어 날마다 조금씩 공부해 나가고, 주간 단위로 그 주일에 공부한 내용에 대한 이해나 암기 정도를 확인한다. 계획대로 잘 진행된 경우, 한 달 후에 매주 누적된 중요 내용과 오답을 모아 스스로 전체 시험을 처본다. 그러면 한 달 전부터 지금까지 공부한 것들이 대부분 머릿속에 남아 있게 된다. 이런 아이들은 평소 공부 습관이 몸에 배어 있기 때문에 그렇게 몇 번만 함께 공부 과정을 짚어주면 된다.

　하지만 계획적이지 않은 아이들이 더 많다. 그런 아이들은 먼저 이야기한 공부법을 매우 답답해하면서 몰아치기로 공부하려 한다. 그래서 나는 "일주일 동안 여기까지만 끝내고 가져와"라고 숙제를 낸다. 그때 공부량은 무리하면 이틀에도 해낼 수 있을 정도이다. 일주일 후 아이들에게서 공부를 마쳤다는 소리를 듣기는 쉽다. 나는 잘했다는 칭찬과 함께 아이의 실력이 적나라하게 드러나는 시험을 치른다. 아이가 시험을 두려워하지 않고 최대한 즐겁게 보도록 배려하지만 자신도 느낀다. 일주일 동안 공부한 내용을 거의 다 잊어버렸다는 사실을.

  잘못 든 공부 습관을 서서히 바꿀 수 있도록 유드하면서 일주일 동안 공부한 내용을 같이 복습함으로써 아이는 어떻게 공부하면 되는지 깨우치게 된다. 아이 혼자서는 잘 못해도 누군가가 곁에서 함께해주면 잘한다. 이렇게 처음에는 선생님의 도움을 받지만 머지않아 스스로 공부하는 방법을 터득하고 자기 행동을 수정하기 시작한다. 언제 공부를 끝냈는지는 중요하지 않다. 지금도 기억에 남아 있는지가 중요하다.

공부는
오답률로 말한다

 오답을 줄이는 과정

공부는 오답을 줄여가는 과정이다. 다시 말하면 공부에는 범위가 있고, 그 범위 내에서 자신이 모르는 내용과 실수를 줄여가는 과정이다. 문제집을 처음 풀었을 때 절반 정도 틀렸다. 해당 내용을 한 번 더 꼼꼼하게 공부하고 나서 다시 문제를 풀어보니 이제 20퍼센트 정도밖에 안 틀렸다. 아직도 어려운 내용을 보강하고 유사 문제들로 연습했더니 이젠 5퍼센트만 틀린다. 5퍼센트에 해당하는 문제들은 여러 번 반복해서 풀고 확인했기 때문에 앞으로는 틀리지 않을 자신감이 생겼다. 그래서 비슷한 수준의 문제집을 새로 한 권 더 사서 풀었더니 정말 틀린 문제가 10퍼센트 내외밖에 안 된다. 이처럼 전체 문제의 50퍼센

트나 틀리던 아이가 10퍼센트 이내로만 틀린다는 것은 실력이 늘어나고 공부가 잘되고 있다는 증거이다.

이렇듯 공부란 현재 자신이 아는 부분과 모르는 부분을 정확히 파악하여 개념을 다시 잡고 완전히 이해하는 과정을 거친 다음 문제에 잘 적용할 수 있는지 테스트해 보는 방식이어야 효과적이다. 문제집을 풀어서 오답이 수두룩한데도 그것을 제대로 점검하지 않은 채 공부가 끝났다고 생각하거나, 오답 문제들은 그냥 무시한 채 무턱대고 새 문제를 풀려 하는 아이들이 많다. 그래서 내가 아이들의 공부를 점검할 때 가장 우선적으로 파악하는 것이 자신이 낸 오답에 대해 아이가 어떻게 분석하고 대응했는지이다.

컨설팅 이후 첫 수학 과제는 대개 아이 본인이 푼 문제집에 대한 오답 공부이다. 2주가량 지난 후에 오답 공부가 끝난 아이들을 대상으로 오답 테스트를 해보면 아주 흥미롭다. 오답 공부를 통해 분명 이해하고 넘어갔다고 생각한 문제를 다시 풀어보는 아이들은 당황하기 일쑤이다. 한 번 틀렸던 수학 문제를 두 번은 거의 틀리지 않는 학생은 수학 실력이 아주 뛰어난 소수에 불과하고, 대부분의 학생들은 40~50퍼센트 정도의 문제를 풀지 못한다. 긴장감 탓인 것 같지만 긴장해도 자기 실력으로 충분히 풀 수 있는 문제는 풀린다.

다시 풀었는데도 풀리지 않아 틀린 문제와 이번에는 풀어서 맞힌 문제의 차이점은 무엇일까 생각해 보면 답은 명확하게 나온다. 틀린 문제가 더 어려운 문제라는 것이다. 오답을 확인하며 똑같이 공부해도 더 어려운 문제는 더 빨리 머릿속에서 사라진다. 그때는 다 이해한 줄 알았지만 미처 내 것으로 장악하지 못한 문제이기 때문이다. 오답 공부라도 그날 공부한 기억만으로 그에 대해 다 알았다는 착각에서 벗어나야 한다. 오답 공부에도 지속적인 재확인이 반드시 필요하다.

오답을 꾸준히 줄여나가는 공부를 하면 성적은 당연히 오른다. 자신이 몰랐던 것을 허투루 넘기지 않고 콕 짚어 알아가는데 성적이 왜 안 오르겠는가? 만약 문제집 다섯 권을 풀었는데 오답률이 약 30퍼센트로 동일하다면 오답 공부를 소홀히 하고 있는 것이다. 우리가 주목해야 할 점은 얼마나 많은 문제집을 풀었느냐가 아니라 처음에 비해 오답률이 조금이라도 줄어들고 있느냐, 그래서 점점 실력이 향상되는 것을 느끼느냐이다. 오답이 많이 나오는 학생들은 처음에는 오답 공부만 하기도 시간이 오래 걸리고 어렵겠지만 이 공부는 할수록 점점 재미있어진다.

공부 시간이 많은데도 성적이 오르지 않는 학생은 자신이 이미 알고 있어 쉽게 공부할 수 있는 내용에 시간을 투자하고 있는 것은 아닌지 확인해야 한다. 이미 알고 있는 내용은 아무리 반복해도 오답이 줄어들지 않는다. 공부하기 힘들더라도 자신이 모르는 내용에 시간을 들여 오답률을 줄여야 한다.

 목표 대학이 상위 1%라면 문제집도 1%만 틀려야 한다

"어느 대학에 가고 싶니?"

"서울대에 합격하면 제일 좋고요. 정 안 되면 연세대나 고려대요."

"어느 정도 수준으로 공부를 잘해야 갈 수 있을까?"

"글쎄요."

나에게 컨설팅을 의뢰하는 학생들은 대부분 명문대 진학을 목표로 한다. 성적이 우수한 학생이든, 아직 그렇지 않은 학생이든 좋은 대학에 들어가고 싶어 한다. 합격이야 물론 그 대학에 들어갈 수 있을 만큼 공부를 잘하면 되는데, 도대체 그게 어느 정도의 수준인지 현실적으로 분명하게 제시하기 어렵다. 초등학교 때부터 매달 전국 단위의 시험을 쳐서 자기 성적을 객관적으로 체크할 수 있다면 이 문제가 명확해질 것이다. 하지만 우리나라 교육정책은 그렇지 않고, 아이들에게도 시험에 대한 부담감이 너무 클 수 있다. 그래서 내가 성적표와 더불어 확인하는 것이 있다. 바로 문제집이다.

우리나라에서 문제집을 안 푸는 학생은 없다. 대부분이 숙제를 하거나 자기주도학습을 할 때 문제집을 이용한다. 하지만 한 권의 문제집을 몇 번 보느냐는 저마다 다르다. 문제집에 실린 문제들을 한 번 풀어보고 버리는 아이가 있는가 하면, 한 번 풀었던 문제집을 보고 또 보는 아이도 있다. 이것이 문제집 활용도의 차이인데, 후자의 방법이 실력 향상에 탁월하다.

나는 무엇보다 틀린 문제의 개수에 주목한다. 전체 문제 수에 대해 틀린 문제 수, 즉 오답률을 주시하는데 이는 학생의 실력을 검사하는 데 매우 유용한 자료가 되어준다.

예를 들어 고등학교 1학년 권수정은 수학이 취약해서 늘 수학 공부에만 시간을 투자하는 학생이었다. 언어와 외국어 영역 모의고사 점수는 1등급으로 나쁘지 않은 편이었다. 1학년 문제 중에서도 난이도가 조금 높은 문제들은 지속적으로 틀렸지만 현재 점수가 좋은 편이라 긴장도 별로 안 하고 있었다. 그러나 지금처럼 수학 공부에만 90퍼센트 이상의 시간을 투자할 경우 다른 영역 성적이 하락할 것 같았다. 나는 수능 언어와 외국어 영역 기출문제집을 2∼4주 이내에 풀게 하고 수정이의 전체 오답률을 체크했다. 그 결과 외국어 영역에서는 5∼6퍼센트, 언어 영역에서는 20퍼센트 정도의 오답률이 나왔다. 언어 영역의 경우 1학년 수준의 문제들은 잘 맞혔지만 3학년 수준의 문제들에서는 오답률이 급격히 높아졌다. 이런 상황에서 언어 영역에 지속적인 시간 투자를 해주지 않는다면 3학년 때는 3등급으로 전락할 가능성이 컸다. 학년이 올라갈수록 수정이도 자연스럽게 언어 영역을 더 공부하겠지만 성적이 획기적으로 오르는 영역이 아니다. 더구나 그때 대부분의 공부 시간을 수학에 뺏기기 쉽다.

여기에서 중요한 점은, 기출문제 기준으로 5퍼센트 오답률 과목과 20퍼센트 오답률 과목은 학습 방향과 시간 투자에서 전혀 다른 양상으로 공부해야 한다는 것이다. 오답률 5퍼센트의 외국어 영역에서는 자신이 취약한 파트의 문제 유형, 어휘, 문법 등을 보강하고 비교과까지 준비할 수 있을지 고민해야 한다. 이에 비해 오답률 20퍼센트의 언어 영역에서는 고급 독해 수준에 이를 수 있도록 공부 계획을 따로 잡아야 한다. 단번에 해결하기 어려운 문제이므로 시간을 두고 어려운 지문에 대한 독해 연습, 선지選支에 대한 명확한 근거를 찾는 연습, 문학작품 공부 등을 차근차근 준비하여 오답률을 줄여야 한다.

수학의 경우에는 마지막 기출 난이도의 수능 문제를 풀고 이를 기준으로 학습 방향과 시간을 결정하기 어렵다. 일반적인 문제집과 수능 기출문제집의 난이도 차이가 너무 크기 때문이다. 따라서 자신이 지금 풀고 있는 수학문제집의 오답률을 체크하는 것이 바람직하다.

실제로 어떤 문제집을 풀어도 다 맞힐 정도로 공부가 끝나면 진짜 시험도 잘 볼 수밖에 없다. 시중에서 널리 보고 있는 『기본정석』이나 『쎈 수학』의 오답률이 30퍼센트인데 명문대에 합격할 수 있겠는가? 좋은 대학에 가고 싶다면 우선 자신이 풀고 있는 가장 기본적인 교재도 왜 30퍼센트나 틀리는지 분석하고 보충해야 할 것이다. 그리고 철저한 오답 공부를 통해 20퍼센트, 10퍼센트, 5퍼센트로 점점 오답률을 낮추다 보면 수학 실력은 자연스럽게 향상될 것이다. 1퍼센트 이하로 오답률을 줄여서 『쎈 수학』 정도는 눈 감고도 풀 수 있게 된 다음, 비슷한 수준의 『개념원리 수학』이나 『개념＋유형 수학』 문제집으로 테스트하면 처음부터 5퍼센트 이내로밖에 틀리지 않을 가능성이 높다. 이것이 바로 수학 실력이 올랐다는 결정적인 증거이다. 그리고 나서 좀더 높은 난이도의 『일품 수학』, 『1등급 만들기 수학』, 『EBS 수학』 등에 도전하면 된다.

최초 오답률은 현재 실력의 척도이다. 문제집을 풀 때 처음부터 5퍼센트밖에 안 틀리는 학생들은 100점 만점에 95점 정도의 실력을, 30퍼센트 틀리는 학생들은 70점 정도의 실력을 가지고 공부를 시작하는 것이다. 최초 오답률에서 차이가 날지라도 이는 얼마든지 극복할 수 있다. 오답률 30퍼센트로 공부하기 시작해도 문제집을 열 번 풀어서 1퍼센트로 낮춘다면 상위 1퍼센트의 명문대에 들어갈 수 있다.

수능 1등급 커트라인은 상위 4퍼센트이지만, SKY 합격 커트라인은 문과 1퍼센트 이내, 이과 1~1.2퍼센트 정도이다. 시험 난이도에 따라 다르지만 100점 만점에 93~96점 정도가 1등급 커트라인으로 형성되는 현실을 감안할 때, 수능에서 만점에 가까운 성적을 받아야 상위 1퍼센트에 포함된다는 결론이 나온다. 그렇다면 실제 수능보다도 더 쉬운 문제집은 1퍼센트 이내만 틀려야 하는 것 아니겠는가. 내가 가고 싶은 학교가 상위 1퍼센트 대학이면 문제집도 1퍼센트만 틀려야 하고, 상위 10퍼센트 대학이면 10퍼센트만 틀려야 한다는 것을 명심하자. 상위 몇 퍼센트 대학에 가고 싶은가?

 ## 100점 받겠다는 생각으로 문제집을 풀자

"서영아, 100점 받겠다는 생각으로 시험을 준비하니?"

"네, 그렇죠. 좀 자신 없는 과목은 그렇지 않지만, 대부분 다 맞히겠다는 각오로 공부하죠."

"그러면 문제집을 풀 때는? 문제집 한 권을 다 맞히겠다는 생각으로 공부한 적은 있니?"

"네? 아뇨, 그런 생각은 해본 적 없는데요. 선생님 진짜 창의적이시네요!"

문제집 한 권을 다 풀었다. 그런데 틀린 문제가 거의 없다. 이런 순간을 꿈꿔본 적 있는가? 물론 친구한테 "나 방금 문제집 한 권 다 풀었는데 전체에서 두 문제만 틀렸어" 하고 이야기하지도 못한다. 친구가 째려볼지 모르니까. 그냥 혼자 룰루랄라 기분이 좋아진다. 공부를 잘하게 된다는 것은 이렇게 기분 좋은 비밀이 생기는 것이다.

현실성이 떨어지는 이야기인 것 같지만 나는 컨설팅을 하면서 많은 아이들이 그런 경험을 갖도록 노력한다. 또한 많은 아이들이 그런 경험을 하면서 무엇을 얻는지를 지켜본다. 단 한 번이라도 그 순간을 경험한 아이들은 더 이상 힘들어하지 않고 성취감과 만족감 속에서 공부의 즐거움을 만끽한다. 긍정적인 성취 경험이 생긴 것이다. 교육 심리학의 동기 부분에서 가장 강조하는 것이 긍정적인 성취 경험인데, 이는 향후에 '하면 된다'라는 자신감으로 연결된다. 도중에 포기하지 않고 그렇게 될 때까지 계속 공부를 밀어붙이기만 하면 누구나 그런 행복한 경험을 할 수 있다. 어차피 오답률을 줄인다는 것은 무수한 반복으로 가능하다. 오답 문제와 관련된 개념은 더욱 철저하게 이해하고 암기하게 되니 이것이 하나 둘 실력으로 쌓인다.

'단 한 권이라도 이 문제집에 나오는 문제들은 하나도 빠짐없이 다 풀 수 있을 때까지 공부하겠다'는 각오로 문제집을 펼치자. 단 한 권의 문제집도 완벽하게 공부하지 못한 채 시험장에 들어가는 우를 범하지 말자. 명문대에 가는 것이 이렇게까지 안 해도 될 만큼 쉽다면 그것도 너무 시시하지 않은가?

오답이 없는 경험을 한다는 것

공부는 자기평가에서 시작해서 자기평가로 끝난다. 즉 자기가 모르는 내용이 얼마나 많은지에 대해 평가하는 것부터 시작하여 자기가 모르는 내용이 얼마나 많이 줄었는지에 대해 평가하는 것으로 끝난다. 그저 공부를 한다는 사실에만 자족하지 말고 '이 정도까지 공부해야 완벽해지는구나'를 경험해야 한다. 대학에 입학하기 전에 어떤 문제를 풀어도 거의 틀리지 않는 경험을 해본다는 것은 정말 가치 있는 일이다. 그래서 나는 아이들과 함께하는 마지막 순간까지 그동안 공부했던 내용들을 끈질기게 확인하고 다시 해당 문제들을 풀고 정답을 설명하게 한다. 아이들이 오답을 완벽하게 없애고 더 이상 공부할 것이 없는 수준이 됐을 때 내가 꼭 하는 말이 있다.

"왜 이렇게까지 공부해야 하는지 이제 확실히 알겠지?"

"네, 안 그랬으면 이런 기분이 뭔지 평생 모르고 살았을 것 같아요. 이제야 공부에 대해 이해할 수 있을 것 같아요."

결과를 떠나 스스로에 대한 자부심으로 충만해지는 경험은 어떤 것과도 바꿔서는 안 될 만큼 귀중하다. 컨설팅을 진행하다 보면 중간중간 좌절하는 학생들도, 마지막까지 흐트러짐 없이 마음을 다잡고 돌진하는 학생들도 만나지만, 어떤 아이든 대학에 가겠다는 목표가 바뀌지 않는 이상 공부를 멈출 수 없다.

어차피 해야 할 공부라면 후회 없이 완벽하게 해내는 것이 훨씬 현명한 선택이 아닐까. 먼 훗날 자신을 돌아봤을 때 내 10대의 끝자락은 그토록 뜨거웠다고 자랑스러워할 수 있으려면 말이다. 그래서 고등학교 3학년생이나 재수생들과의 마지막 컨설팅은 언제나 가슴 뭉클하다. 함께 땀 흘리고 가슴 졸이며 고통을 참아낸 시간들로 인해 그 아이들과 나는 같이 성장했기 때문이다. 올해도 더 많은 아이들에게 이 말을 하길 간절히 소망한다.

"그동안 아주 잘했다. 이제 정말 네가 원하는 다 학에 들어갈 수 있겠다. 합격, 미리 축하할게."

Round 2

명문대에 합격하려면
성실한 공부만으로는 어림없다

고등학교 공부는 초등학교 6년, 중학교 3년, 고등학교 3년의 12년 누적 공부이다. 초등학교부터 고등학교까지 성적 관리와 대입 전형 선택에도 전략이 필요하다. 자신이 원하는 대학 합격을 목표로 준비하기 시작하는 적기부터 수능 및 비교과(포트폴리오) 완성 시점까지 명확하게 짚어준다.

공부가 잘 안 되는 이유부터 파악하라

나는 왜 공부를 못하는가?

1라운드에서 공부를 반드시 잘할 수밖에 없는 방법을 먼저 이야기했다. 이 책을 읽는 독자들 중 일부는 다른 책이나 유능한 선생님의 강의, 명문대생 선배의 공부 비법 등을 통해 이미 다 알려진 이야기를 반복하고 있다고 생각할지 모른다. 사실 아이들은 대부분 자신이 왜 공부를 못하는지, 어떻게 하면 공부를 잘할 수 있을지 대충은 알고 있다. 하지만 그렇게 잘 알면서도 왜 공부를 여전히 못할까? 왜 우리 아이는 만년 꼴찌에서 벗어나지 못할까?

잘 알지만 공부를 시작할 엄두가 안 난다! 공부 자체를 왜 해야 하는지 모르겠다! 그냥 공부하기 싫다! 이렇게 자신은 공부 체질이 아니라고 지레 물러서는 학생들은 이제 주목하자. 공부를 안 하고 못하는 데는 반드시 이유가 있는데 크게 세 가지 경우로 나뉜다.

첫째, 자신이 왜 공부를 못하는지 스스로 알고 있는데도 아이의 의지가 부족하여 여전히 아무것도 하지 않는 경우이다. 둘째, 자신이 왜 공부를 못하는지 스스로 알고 있고 아이 본인도 개선하려고 노력하지만 난관에 봉착한 경우이다. 셋째, 자신이 왜 공부를 못하는지 아이도 부모님도 그 원인을 제대로 파악하지 못하는 경우이다.

앞서 내가 썼듯이 공부는 양이고 누적이고 테스트이지만 공부가 잘 안 되기 때문에 수많은 학생들이 오늘도 공부에서 한 걸음 더 멀어지고 있다. 자, 그러면 왜 그렇게 공부가 안 될까?

꿈이 없는 아이들

"공부를 잘하기 위해서는 꿈과 목표가 있어야 한다"는 말은 수없이 들었을 것이다. 어찌 보면 지극히 상식적인 말이지만 우리의 현재 직업이 초등학교 시절의 꿈과 일치하는 경우가 얼마나 될까?

어느 날 한 달 동안 5킬로그램을 감량하면 1억을 준다는 TV 광고가 방송된다고 가정하자. 아마도 남녀노소를 불문하고 전 국민이 기꺼이 몸무게 감량에 도전할 것이다. 1억을 받으면 뭘 할까 꿈꾸면서. 하지만 누군가가 무턱대고 다이어트를 강요한다면 짜증만 솟구칠 것이다. 오히려 그 스트레스를 먹을거리로 풀어서 살이 더 찔지도 모른다. 스스로 다이어트의 필요성을 절감한다고 해도 자신이 원하는 몸무게에 이르는 과정은 갖가지 유혹을 참아내느라 괴롭고 고달프다.

그런데도 그 고통을 모두 인내하는 것은 다이어트 성공 이후 아름다워질 자기 모습을 기대하기 때문이다.

공부도 마찬가지이다. 사실 공부를 하는 과정이 늘 즐거울 수만은 없다. 공부를 재미있어 하는 사람으로 타고났다는 이야기보다, 공부를 포기하고 싶은 순간이 있었지만 그 고비를 극복했다는 사람들의 경험담이 더 많은 것은 그만큼 공부가 어렵기 때문일 것이다. 하지만 지금 이 순간 더 놀고 싶고 더 자고 싶어도 훗날 꼭 하고 싶은 일이 있으면 그 꿈, 혹은 목표를 이루기 위해 모든 것을 참아내고 노력할 것이다. 이렇게 공부가 그 꿈이나 목표를 위해 꼭 필요한 과정이 되어야 한다.

하지만 꿈과 목표가 없는 아이들은 어떻게 공부를 시작할 마음을 다잡을 수 있을까? 꿈과 목표가 생기기 전까지는 어떻게 공부를 해나가야 할까?

많은 아이들을 컨설팅해 보니 초등학생뿐만 아니라 고등학생조차 자신이 진짜로 무엇을 좋아하는지, 무엇을 잘하는지, 그래서 자신에게 어떤 직업이 어울리는지 잘 몰랐다. 실제로 "저는 무슨 일을 해야 할까요? 제가 잘할 만한 직업을 선생님이 몇 가지 추천해 주면 그중에서 하나를 골라볼게요"라고 말하는 아이들도 상당했다. 자기가 아는 직업 100가지를 적어보라고 말하면(이때 축구 선수, 농구 선수, 야구 선수 등은 총칭 '운동선수'로 쓰도록 했다) 어떤 학생은 1시간이 넘도록 다 쓰지 못한다. 그만큼 많은 아이들이 세상에 존재하는 직업을 거의 모른다.

그런 아이들에게 '네 꿈을 위해 공부해라'는 말은 전혀 도움이 되지 않는다. 그 대신 공부에 대한 자신감을 심어주자. 아이에게 10시간 동안 수학 공부에 몰두해 볼 기회가 생겼다. 다음 날 수업 시간에 아이는 평소 어렵게만 느껴졌던 수학 내용이 머릿속에 쏙쏙 들어온다는 것을 깨달았다. 그러면 아이는 "아, 나에게도 수학적인 감각이 있을지 몰라" 하고 우쭐해진다. 아이는 다음번 수업 시간에도 좋은 기분을 느끼고 싶어서 다시 수학 공부에 매달린다. 그렇게 수학을 잘하게 되고 자신감을 충전하면 자기가 잘하는 수학 관련 학과에 관심이 생기고 직업까지 궁금해하면서 비로소 꿈과 목표를 구체적으로 그린다.

다소 두루뭉술한 이야기처럼 들리는가? 하지만 많은 아이들이 실제로 이렇게 공부에 집중하게 됐다! "책상 앞이라면 1시간도 버티지 못하는 우리 아이가 어떻게 10시간 동안 수학 공부를 하나요?"라고 반문하는 독자도 있겠지만, 나는 오랜 컨설팅을 통해 수많은 아이들이 이렇게 변화하는 모습을 지켜봤다. 공부를 잘하고 싶어 하지만 열심히 공부해 본 적이 한 번도 없는 아이에게 단 하루라도 좋으니 공부라는 것을 해보자고 설득한다. 처음에는 자의가 아니라 타의에 의해 억지로 앉아 있게 되지만, 일단 선생님이 이끌어주는 대로 공부해 보면 긴 시간의 공부도 생각보다 어렵지 않다는 것을 스스로 깨닫는다. 이때 학습 교재는 아이의 실력보다 아주 약간만 어려운 것을 선택하여, 선생님의 설명을 일방적으로 듣기보다 아이가 스스로 풀도록 해야 한다. 이렇게 시작하기 어려울 뿐 일단 공부에 첫 발을 들이밀면 대다수 아이들은 잘 따라온다.

영어 단어 암기를 예로 들어보자. 외우기가 귀찮고 반복하기는 더더욱 싫어서 1~2년이 지나도록 단어집 한 권을 붙들고 다 암기하지 못하는 아이들이 있다. 이럴 때는 단어 공부를 해야 하는 동기를 부여하는 동시에 단어집 한 권을 하루 만에 다 외우는 일이 그리 어렵지 않음을 깨닫게 해야 한다. 그래서 나는 독해 문제집을 풀린 다음 왜 해석이 안 되고 오답이 나오는지 아이가 스스로 분석하도록 한다. 그러면 대개 단어를 모르기 때문이라고 대답한다. 공부의 필요성을 절실하게 깨달은 그 순간 단기간에 자기 약점을 극복할 수 있는 방법을 제시하는 것이다. 딱 3일 동안만 단어집에 실린 단어들을 모두 외워보자고 제안하면 아이들은 일단 그렇게 해보겠다고 약속한다. 이렇게 단어집을 한 권 끝내고 나면 그때부터 아이 스스로 복습하는 일은 훨씬 쉬워진다. 단지 아이들은 자기 안의 공부 본능을 깨닫지 못하고 있을 뿐이다.

중고등학교 시절에 공부를 싫어하고 일본 애니메이션에 빠져 살았던 친구가 있었다. 당시 그 친구는 일본 애니메이션을 제대로 감상하려고 일본어 학원에 다니고 싶어 했다. 하지만 학교 공부에 소홀한 탓에 엉망인 성적표를 들이밀며 부모님에게 일본어 학원에 보내달라는 말을 차마 입 밖으로 꺼낼 수 없었다. 결국 일본어를 독학했는데 그러다 보니 공부 기술을 터득하게 됐다. 그리고 그 공부 기술을 다른 과목들에 적용하자 놀랍게도 성적이 올랐고, 비로소 일어일문학과에 진학하여 본격적으로 일본어를 공부하고 싶은 꿈이 자리 잡았다. 죽도록 하기 싫은 공부를 하면서 공부 쪽으로 성공하겠다고 다짐하는 학생은 없다. 어떤 방식으로든 성취감을 맛봐야 아이들은 자신도 학습에 소질이 있다고 다시 생각하며 자신감을 얻고 공부를 목표로 삼게 된다.

공부량의 절대치가 부족한 아이들

얼마 전 한 TV 프로그램에서 전국 고등학교의 전교 1등들을 모아놓고 여러 실험을 했다. 그 프로그램에서 어떤 서울대 입학생이 인터뷰하면서 "고등학교 1학년 겨울방학 때가 되어서야 공부하지 않으면 안 되겠다는 사실을 깨달아서 그때부터 깨어 있는 모든 시간 동안 공부만 했다. 정말 독하게 공부했다"는 말을 했다. 그 학생이 뒤늦게 열심히 공부하여 단기간에 성적을 끌어올렸다는 무용담이 여기저기 매스컴을 통해 전해졌다.

많은 아이들이 이 이야기를 잘못 이해해서 "지금은 놀고 고등학교 2학년 때부터 공부해도 서울대에 들어갈 수 있구나" 하고 생각하는 것을 보면 너무나 안타깝다. 이 이야기의 핵심은 '아직 늦지 않았으니 지금 이 순간부터라도 열심히 공부해라'인데, 공부를 안 하는 아이들에게는 '아직 시간이 있으니 조금 더 놀아도 된다'로 들린다니. 아마도 그 아이들은 글의 주제를 잘 찾아내야 하는 국어 실력이 형편 없을 것이다.

1라운드에서 누누이 말했듯이, 공부는 그 양을 부족하게 하거나 제대로 누적하지 않으면 절대로 넘을 수 없는 산이다. 그런데 어떤 아이들은 학원과 과외 수업을 10시간 받은 후 자기가 10시간 동안 공부했다고 착각한다. 학교 수업 시간에 한 번 듣는 것만으로 학교 시험에서 만점을 받을 수 없듯이 학원이나 과외 수업 역시 일방적으로 듣기만 한다면 그것은 자기 공부가 아니다. 실제로 아이들의 공부 시간을 설문해 보면 학교나 학원, 과외 수업 시간까지 포함시키는 경우가 많다. "그 시간 외에 네가 스스로 공부한 시간은 몇 시간이나 되니?"라고 물어보면 채 1시간도 되지 않는 경우가 허다하다.

공부량의 기준은 혼자서 반복해서 익히고 스스로 테스트하는 시간이다. 이렇게 스스로 공부하는 시간이 없으면 절대로 실력이 늘지 않는다. 이 점은 부모님들도 간과하는 부분이다. 부모님들은 아이가 무조건 학교나 학원에서 수업을 들으며 오래 앉아 있으면 많이 공부했다고 생각해서 아이의 스케줄을 빈틈없이 채워 넣으려 한다. 그러나 아이가 들은 수업 내용에 대해 스스로 돌아볼 시간을 가지지 않으면 머릿속에 남는 양은 절반도 되지 않을 것이다.

직접 운전해 보지 않고 옆에서 지켜보기만 한다고 운전을 잘할 수 없고, 아무리 많은 경기를 시청해도 직접 운동장에서 공을 차보지 않으면 축구 실력이 향상되지 않는 것과 같은 이치인데, 학생뿐만 아니라 부모님들도 유독 공부에 대해서만 예외를 둔다. 단지 보는 것만으로, 얼핏 이해하는 것만으로는 어떤 시험에서도 높은 성적을 기대할 수 없는데도 아이들은 복습을 위한 숙제를 내주면 불만이 가득하다. 집에 돌아와 부모님이 '공부'라는 단어를 꺼내지도 못하게 "내가 학교와 학원에서 하루 종일 얼마나 열심히 공부하고 왔는데 집에서 또 공부하라는 거야?" 하고 짜증을 낸다. 그런 아이들에게 말해 주고 싶다.

"너는 그저 하루 종일 남이 공부한 내용을 바라만 보고 왔을 뿐이야!"

등산이 쉬울까, 공부가 쉬울까? 정답은 "공부가 쉽다"이다. 왜냐하면 공부는 멍하니 앉아서 하는 척이라도 할 수 있지만 등산은 하는 척을 할 수 없기 때문이다. 많은 학생들이 진짜로 공부하는 것이 아니라 가짜로 공부하는 척한 것을 공부를 했다고 착각한다. 이제부터라도 진짜 공부를 하자.

잘못된 방법으로 열심히 공부하는 아이들

"저는 아무리 공부해도 결과가 좋지 않아요"라고 실망하는 아이들의 공부법을 보면 주변에 공부 잘하는 친구들의 방법을 그대로 모방하는 경우가 많다. 자신만의 공부법을 찾지 못하고 이 방법, 저 방법을 따라 하다 보면 '다른 친구들은 되는데 나는 안 된다'는 결론에 빠져들 뿐이다.

수학 공부법 중에 '오답 노트'라는 것이 있다. 오답 노트에 자신이 틀린 문제와 함께 풀이 과정을 정리하면서 다시 풀어보는 방법이다. 수학 만점을 맞는 학생들에게 수학 공부의 비결을 물어보면 반드시 한 번쯤은 나오는 방법 중 하나이기도 하다. 그런데 수학 40점을 받는 아이에게 오답 노트를 정리하라고 시키면 어떻게 될까? 100문제 중 10문제 이하만 틀리는 아이에게는 적합할지 모르지만, 50문제 이상을 틀리는 아이가 오답 노트를 정리하게 되면 안 그래도 수학이 어렵고 싫은데 아예 질려버린다.

영어 독해는 어떨까? 대개 영어 지문에 자신이 모르는 단어가 나와도 아는 단어만으로 유추하면 그 의미를 쉽게 파악할 수 있다고 말한다. 하지만 한 문단을 미처 넘기기도 전에 낯선 단어만 10개 이상이어서 도저히 유추할 수 없는 아이에게도 이런 독해 방법이 적합할까?

성공적으로 공부하려면 자신에게 맞는 방법을 가능한 한 빨리 찾는 일이 우선적으로 요구된다. 부모나 학습 컨설턴트 등 아이만의 공부법을 함께 찾아줄 수 있는 도우미가 있다면 시너지 효과가 클 것이다.

잘못된 공부법의 또 다른 대표적인 예는 좋아하는 과목, 잘하는 과목만 공부하는 것이다. 어려워서 잘 이해되지 않고 좀처럼 풀리지 않는 내용은 더 많은 시간을 들여 꼼꼼하게 공부해야 하는 것이 상식이다. 하지만 우리 아이들은 어떠한가? 자신이 싫어하는 과목이라면 예습, 복습은 고사하고 학교 수업 시간에 졸거나 아예 안 듣는 아이들도 많다. 이런 아이들이 좋아하는 과목이 다행히 국어, 영어, 수학 같은 중요 과목이면 상급 학교에 진학할 때 크게 문제가 되지 않겠지만 도덕, 가정, 기술 같은 과목에만 국한될 경우 낭패를 피할 도리가 없어진다.

특히 여학생들의 경우 어떤 선생님을 좋아하면 그 선생님이 담당하는 과목을 공부하고, 그렇지 않으면 절대 공부하지 않겠다고 다짐하는 기막힌 상황도 비일비재하다. 자신이 싫어하는 선생님에 대한 복수가 그 과목을 포기하고 낮은 점수를 받겠다는 것이라니 그저 답답한 노릇이다.

이렇게 잘못 공부하는 경우, 의지력이 있는 아이라면 공부가 가장 잘되는 시간에 취약 과목을 공부하도록 도와주고, 정 어려워하는 내용이나 과목에 대해서는 공부 도우미의 지도를 통해 극복할 수 있다. 의지력이 떨어져서 자신이 싫어하는 과목을 도저히 공부할 수 없는 아이라면 학원 선생님이나 과외 선생님, 혹은 동영상 같의 선생님같이 자신에게 잘 맞는 공부 도우미를 빨리 찾아줘서 과목에 대한 거부감을 없애는 것이 중요하다.

실제로 세 번째 대학 입시를 준비하는 곽현주라는 학생이 있었다. 현주는 남들이 봐도 노력하는 아이였는데 여러 번 실패한 경험으로 인해 스스로를 믿지 못하고 좌절감에 빠져 있었다. 현주와 컨설팅을 진행하다 보니 엄청난 노력에 비해 결과가 참담했던 이유가 분명하게 드러났다. 현주에게서 잘못된 공부 습관들이 많이 발견됐고 시험을 볼 때도 시간 배분이나 기술적인 여러 부분들이 아쉬웠다. 다행히도 현주는 첫 컨설팅만으로도 상당히 교정됐고, 자신감을 되찾아 네 번째 수능을 통해 자신이 원하는 대학에 합격할 수 있었다.

공부는 자신과 안 맞는다고 느끼는 아이들

나는 스포츠를 좋아하지 않는다. 좋아하지 않을 뿐만 아니라 잘하지도 못한다. 어릴 적에 누군가가 "배구 선수가 되는 건 어때?"라고 나에게 말했다면 "말도 안 되는 소리 하지 마세요"라고 대꾸했을 것이다. 어차피 나는 운동신경도 없고 공과도 잘 맞지 않아 앞으로도 쭉 배구를 못할 것이 분명하다는 확신을 갖고 있기 때문이다. 그런데 공부에 대해 이런 확고한 선입견을 가진 아이들이 의외로 많다. "공부와 나는 선천적으로 안 맞아. 아무리 공부해 보려고 해도 이렇게 재미없고 지루하니 내가 공부를 잘하게 될 리 없어"라고 단정 짓는다.

내가 만났던 아이들 중에도 물론 공부와 담쌓은 아이가 있었다. 장난기로 똘똘 뭉쳐 까불기 좋아하는 권형수는 영어 학원 수업을 빼먹기 일쑤였다. "저는 영어가 너무 싫어요. 체질적으로 안 맞거든요"라고 입버릇처럼 말하던 형수가 어느 날 "영어 수업을 들으려고 해도 무슨 말을 하는지 하나도 모르겠어요. 아무것도 아는 게 없는데 숙제를 하려니 너무 힘들어요"라고 털어놓았다.

사실 이런 아이들은 현재 자기 실력에 비해 너무 과도한 과제를 강요받아 공부에 흥미를 잃은 것을 넘어서서 아예 '공부 자체가 내게 안 맞는다'는 부정적인 자아 이미지가 형성되어 있는 것이다. 그럴 때는 과목의 중요도를 따지기 이전에 아이가 가장 '덜 싫어하는' 과목부터 공부하도록 도와줘서 그 틀을 먼저 깨야 한다. 딱 한 과목에 대한 흥미를 다시금 불러일으키고 자신감을 심어주기만 해도 아이는 자신을 가뒀던 틀을 깨부수고 다른 과목들에까지 확장할 수 있다. 최선이 아니라면 차선이라도, 그것도 아니라면 차악이라도 우선해야 한다.

 머리에 따라 공부법은 다르다

높은 지능을 가진 아이들
그리 오래되지 않은 과거만 하더라도 지능에 대한 관심은 별로 높지 않았다. 정상적으로 발달한 아이와 그렇지 못한 아이를 구분하는 척도 정도로만 사용됐을 뿐이다. 하지만 최근 아이의 지능에 대한 관심이 높아졌으며, 실제로 지능검사를 받기 위해 찾아오는 부모님들의 수도 점점 늘어나고 있다.

높은 지능에 대한 기준은 무엇일까? 현재 가장 공신력 있는 지능검사인 웩슬러 검사는 120 이상부터 우수 구간으로 여긴다. 전국 또래 집단에서 약 10~15퍼센트의 아이들이 이에 포함된다. 130이 넘어가면 최우수 구간에 해당하며, 소위 천재성이 있는 아이들이 여기에 속한다.

그렇다면 이렇게 우수, 혹은 최우수 아이큐를 가진 아이들도 일반적인 지능의 아이들과 똑같은 방법으로 학습해야 할까? 지금까지 무수한 컨설팅을 진행하면서 많은 아이들을 관찰한 결과, 지능에 따른 학습의 차이가 분명히 있었다.

실례로 언어 영재 판정을 받은 초등 5학년 아이에게 수능 언어 영역 문제를 풀린 적이 있었다. 이 아이는 그동안 사교육을 받지도 않았고 선행학습은 물론 한 번도 경험해 보지 못했다. 부모님조차 이 평범한 아이가 다른 아이들과 특별히 다르다고 생각하지 못했기 때문에 일반적인 학교 수업만 듣고 있었다.

그런데 이 아이의 지능검사를 실시한 후 언어적인 지능이 매우 발달했다는 것을 알았고, 언어 영역 시험의 결과도 예상대로 우수했다. 부모님보다 아이 본인이 더 놀라워했는데, 자신보다 한참 나이 많은 고등학생만 풀 수 있는 문제라고 생각해서 아예 시도할 엄두조차 내지 못했던 터였기 때문이다. 컨설팅 후 이 아이는 또래 친구보다 더 높은 난이도로 학습하도록 계획했고, 그것이 오히려 아이의 동기를 부여하는 계기로 작용했다. 지금은 중학생이 되어 한국어능력시험을 준비하고 있다.

자기 능력치를 정확하게 안다는 것은 이만큼 중요한 일이다. 모든 아이들이 이 친구처럼 뛰어나지 않겠지만, 생각보다 많은 부모님들이 자녀의 지능을 제대로 알지 못한 채 일반적인 학습만 시킨다. 지능이 높은 아이들은 자기 능력치에 맞도록 공부하면 훨씬 높은 목표를 가질 수 있다. 그래서 높은 지능을 가진 아이들은 반드시 선행학습을 해야 한다.

학습 동기는 자기 능력보다 어려운 과정을 공부할 때 생긴다. 따라서 자기 능력보다 너무 쉬운 공부나 너무 어려운 공부는 학습 동기에 도움이 되지 않는다. 그러므로 현재 자기 능력을 객관적으로 파악할 필요가 있다.

대체로 세 자리 아이큐 중에서 가운뎃자리가 학생이 선행 가능한 연수라고 말한다. 예를 들어 아이큐가 120인 학생은 두 학년을 선행해도 무리가 없다는 것이고, 반대로 100인 학생은 선행학습보다 현행학습에 충실해야 한다는 것이다. 선행학습에 대한 여러 오해들이 있는데, 가장 잘못된 것은 무조건 선행해야 공부를 잘한다고 생각하는 것이다. 많은 부모님들이 얼마나 선행해야 하느냐고 묻는다. 나는 항상 이렇게 대답한다. 몇 학년이나 앞서 공부해야 하는가는 중요하지 않고, 아이에게 선행학습이 가능한가, 가능하지 않은가가 중요하다고 말이다. 지금 말하는 선행학습을 반드시 해야 하는 아이들은 전국에서 약 15퍼센트에 지나지 않는다. 그 외에 나머지 아이들은 현행학습에 충실한 것이 올바른 방법이다.

지능이 높은 아이들이 선행학습으로 얻게 되는 효과는 다음과 같다. 먼저 학습에 대한 흥미가 훨씬 높아진다. 이런 아이들은 학교 수업에 큰 흥미를 느끼지 못하는 경우가 많다. 평균 아이들을 대상으로 짜인 커리큘럼이라, 자신이 이미 알고 있는 것만 계속 되풀이한다고 생각하기 때문에 쉽게 지루함을 느낀다. 그러다가 선행 공부를 통해 새로운 내용을 배우게 되고 학습 속도가 빨라지면서 자연스럽게 흥미를 붙인다.

요즘 학교에서도 영재반을 만들어 따로 수업하곤 하지만 아직까지 활성화되지 못했기 때문에 공교육에서 이를 기대하기는 현실적으로 어렵다. 공교육은 소수의 우수한 아이를 위한 교육이 아니라 다수의 평범한 아이를 위한 보편적인 교육을 목표로 하기 때문이다. 따라서 한 반에 한두 명 있을까 말까 한 아이들 중심으로 수업 진도를 나가 달라고 요구할 수는 없는 노릇이다.

그러다 보니 이런 아이들이 찾는 곳이 영재원이다. 대학 부설이나 교육청에서 모집하는 영재원이 있는데 실제로 수업에 대한 아이들의 만족도가 매우 높다. 하지만 영재원도 실질적인 대학 입시와 직결되지 않아 아이가 영재원에 들어갔다고 해서 무조건 안심하기는 이르다. 특정 과목에 치중된 심화 위주의 커리큘럼이라 학교 수업과 동떨어진 내용이 많아서 대학 입시의 기본적인 토대가 되어주는 내신 관리에 소홀해질 우려가 있기 때문이다.

이를 보완하기 위해서는 나머지 과목에 대한 대비책이 필요하다. 그렇다고 자신이 좋아하는 공부에서 떼어놓고 다른 부족한 과목을 공부하라고 몰아붙이면 아이가 학업에 대한 흥미마저 잃어버릴 수 있다. 본인이 좋아하는 공부 시간을 충분히 확보해 주되, 아이가 더 노력해야 하는 과목들을 공부하는 시간을 중간중간 섞어서 계획해 주는 것이 좋다.

초등 4학년 김현우는 아이큐 140 이상의 영재로 판정받았다. 부모님은 현우가 남다르다는 사실을 알았지만 어떻게 가르쳐야 할지 몰랐다. 그런데 현우는 심리적인 문제도 약간 가지고 있었다. 학교 수업에 흥미를 보이지 못했을뿐더러 또래와의 관계에도 답답함을 호소했던 것이다. 현우의 상태를 점검한 후 나이와 상관없이 비슷한 지능을 가진 아이들을 모아놓은 반에서 수업을 받게 했다. 놀랍게도 현우는 첫 수업부터 무척 만족스러워하며 적극적으로 참여했고 같은 수업을 듣는 아이들과도 원만하게 어울렸다. 나중에 현우가 말하기를, 수학 시간에 수학자에 관해 이야기했는데 아이들이 너도나도 자기가 알고 있는 수학자에 대해 자유롭게 말하니까 잘난 척한다는 욕을 먹지 않아도 되어 가장 좋았다고 한다.

무엇보다 그 수업을 통해 현우의 잘못된 습관도 발견할 수 있었다. 좌뇌와 우뇌가 불균형한 영재 판정을 받은 아이들에게 일반적으로 나타나는 습관인데, 수학 문제를 풀 때 풀이 과정을 쓰지 않고 암산으로 해결하려는 경향이 있어서 종종 사소한 계산 실수가 생긴다. 초등학교 때는 난이도가 높지 않아 심각한 문제로 자각하지 못한다. 하지만 중고등학교로 올라갈수록 난이도가 급격하게 높아져서 계산 실수의 빈도가 잦아지고 내신 시험에서 서술형 문제를 풀 때 풀이 과정을 꼼꼼하게 챙기지 못하여 감점당하기 쉽다. 그래서 아무리 쉬운 문제라도 풀이 과정을 반드시 적도록 현우를 지도했고 아직 완벽하게 고쳐지지는 않았지만 조금씩 나아지고 있다.

일반 지능을 가진 아이들

우리나라 학생들의 평균 지능은 100이다. 50퍼센트 이상의 학생들이 90~109 구간에 해당한다. 아이큐 100은 자기 학년의 공부를 소화하는 데 무리가 없다는 것을 의미한다. 일반 지능을 가진 학생들의 공부법은 앞에서도 많이 언급한 것처럼 성실하게 학습하면 된다. 다만 몇 가지만 주의하자.

지능이 평균인 아이들은 현행학습에 충실한 것이 유리하다. 그런데 많은 부모님들이 선행학습을 일반적인 공부법이라고 생각하고 선행 정도와 공부 잘하는 정도가 같다고 오해하곤 한다. 절대 그렇지 않다. 여기에서 말하는 선행학습은 내신 교과목에 대한 선행을 말하는데, 보통 아이들이 무리하게 선행하면 진도가 나가더라도 완벽하게 이해하기는 어렵기 때문에 큰 의미가 없을 뿐만 아니라 오히려 현행학습까지 방해한다.

선행학습을 주도하는 학원에서는 시험 결과가 좋지 않으면 처음 공부하는 내용이라 그렇다고 말한다. 즉 그 내용을 여러 번 학습해야 자신이 원하는 결과를 얻을 수 있다는 말인데 그것이 진정한 선행학습일까? 나도 본격적인 컨설팅에 들어가기 전에 사전 설문을 통해 아이들의 선행학습 정도를 파악한다. 대부분의 아이들이 선행학습을 하고 있지만 실제로 테스트해 보면 별 도움이 되지 못했다는 것을 알 수 있다. 아이가 위 학년의 진도를 앞서 나간다는 것을 자랑스럽게 생각하는 부모님이라면 그 선행이 의미 있는 학습인지 반드시 확인해 보길 바란다. 다시 한 번 말하지만 선행학습이 효율적인 아이들은 전국에서 15퍼센트 정도밖에 되지 않는다.

그렇다면 일반 지능을 가진 아이들은 학교 공부만 열심히 하면 될까? 그 질문에 대한 대답도 '아니오'이다. 선행학습은 하지 말라면서 학교 공부만 해서도 안 된다니 혼란스러울 것이다. 하지만 지능검사로 전체 지능지수만 알 수 있는 것이 아니다. 크게는 언어성과 동작성 검사, 작게는 열 가지가 넘는 소검사 결과가 모여서 아이큐를 이룬다. 지능이 평균인 아이라 해도 모든 소검사 점수가 평균이지는 않다. 학교 시험 점수가 평균 80점인 학생이 모든 과목에서 똑같이 80점을 받는 것은 아닌 것과 마찬가지이다. 자세히 들여다보면 국어는 90점인데 수학이 70점인 경우도 있고 사회는 60점인데 과학이 100점인 경우도 있다.

우리는 지능검사를 통해 두뇌의 고유한 각 영역에 대한 능력치를 검사한다. 언어성 지능이 높지만 동작성 지능이 떨어지는 경우도 있고 정보처리지능은 높은데 처리속도지능이 떨어지는 경우도 있다. 따라서 전체 지능지수만 보고 모든 과목을 같은 강도로 학습해서는 안 된다. 아이는 강점 지능과 관련된 과목을 좀더 심화해 학습하고, 약점 지능과 관련된 과목은 차근차근 정의와 개념부터 꼼꼼하게 다지면서 공부해야 한다.

물론 지능은 유동적인 수치이다. 키가 자라는 것처럼 지능도 선천적으로 고정된 것이 아니라 후천적인 노력으로 계발된다. 중요한 점은 아이의 지금 지능과 학습 상황을 정확하게 파악하고 그에 맞는 솔루션을 대입해야 한다는 것이다.

고등학교 1학년인 장일우는 초등학교 때 영재 판정까지 받았던 우수한 학생이었다. 하지만 불안정한 가정사로 인해 방황한 후 공부 의욕을 완전히 상실했고, 나를 찾아와 지능검사를 했을 때는 간신히 평균 지수가 나왔다. 이미 전 과목 과외로 성적을 관리받고 있었지만 효과가 없었다. 일우의 지능검사 결과를 자세하게 분석한 결과, 수학적인 머리는 좋은 편인 데 비해 학습으로 훈련됐더야 하는 언어성 지능이 낮았다.

그래서 수학의 경우, 학기 중에는 내신 진도에 맞춰 현행학습에 집중하고 방학 동안 한 학기 정도만 선행학습을 해보기로 결정했다. 대신 선행학습 중에 아이가 놓치는 부분은 없는지, 제대로 이해하고 있는지에 대해 시험을 통해 자주 점검했다. 20퍼센트 이상 오답이 발생하는 단원은 다시 복습시켰다.

상대적으로 취약했던 영어와 국어 같은 과목의 경우에는 그동안 부족했던 공부량을 따라잡을 때까지 거의 날마다 수업을 받았다. 그날 수업한 내용은 반드시 당일에 복습하면서 특히 중요한 내용을 꼭 암기하고 넘어가도록 했다. 컨설팅 후 처음 치른 내신시험에서 일우는 10점 이상 점수가 올랐다. 그렇게 일우가 안정적인 학습 패턴을 찾고 나서는 스스로 공부할 수 있도록 기간을 두어 컨설팅을 진행하고 있다. 일우는 지금도 현행학습 위주의 공부를 하지만 성적은 계속 향상되는 중이다.

낮은 지능을 가진 아이들

낮은 지능은 웩슬러 지능검사 기준으로 90 이하를 말한다. 학교 수업을 따라가는 데 다소 어려움이 있거나 응용력이 떨어진다고 의심되면 지능검사를 받아보는 편이 좋다. 부모님들은 아이의 지능이 낮다는 것을 받아들이기 힘들어한다. 검사 결과에 대한 신빙성 여부를 따지거나 아이의 컨디션을 거론하며 현실을 회피하려든다. 그래서 지능이 낮은 아이들에게 가장 긴요한 것은 부모님이 먼저 현실을 인정하는 일이다.

이런 상황에 맞닥뜨렸을 때 부모님들의 반응은 크게 두 가지로 나뉜다. 아이의 상태를 어렴풋이 아는 경우와 전혀 알지 못하는 경우이다. 부모가 제 자식을 가장 잘 안다고들 하지만, 아이러니하게도 후자의 경우가 더 많다. 아이에 대해 정확하게 인지하지 못하고 있기 때문에 아이에게 맞지 않는 학습법을 잘못 강요하고, 그 결과 성적이 오르기는커녕 시간이 지남에 따라 더욱 악화되는 악순환에 빠져든다.

많은 부모님들이 아이큐를 불변의 수치라고 생각하여 아이의 지능이 낮으면 크게 낙담한다. 하지만 지능은 우리 몸의 근육처럼 어떻게 사용하느냐에 따라 좋아지기도 하고 나빠지기도 한다. 특히 아이가 한창 자라는 성장기에는 더더욱 그렇다. 지적인 결손이 의심스러운 80 이하의 수치가 아니라면 학업을 이행하는 데 큰 문제는 없다.

다만 다른 아이들보다 학습 목표를 달성하는 데 시간이 오래 걸릴 수 있기 때문에 이를 염두에 두고 공부하는 것이 좋다. 지능이 낮은 아이에게 각종 경시대회를 준비시킨다든가 하는 목표는 무리이겠지만, 학교 수업 위주로 내신만 꼼꼼하게 관리해도 상위권 대학에 진학하는 일이 불가능한 것은 아니다. 내신 공부를 할 때는 당연히 선행학습은 피하고 현행학습에 집중하되, 무엇보다 철저한 복습이 가장 중요하다. 이런 아이에게는 학습의 기초가 특히 튼튼해야 하므로 완전히 이해하고 자기 것으로 만들 때까지 반복적으로 공부해야 한다. 사교육을 선택할 때는 아이와 함께 수업을 듣는 학생 수를 고려해야 한다. 많은 학생들이 한꺼번에 듣는 강의식 수업일수록 진도를 빠르게 나가기 때문에 가능한 한 소규모로 학생들 각각의 수준에 맞춰 진행되는 수업을 찾는 것이 현명하다.

중학교 1학년 박하나가 지능검사를 했을 당시 90 초반의 결과를 보였다. 또래보다 전반적인 발달이 더딘 편이었는데 실제로 학교에서도 내신성적으로 평균 50~60점을 받았다. 습관적으로 들었던 학원 수업을 제외하면 하나는 스스로 공부해 본 시간이 거의 없었다. 그나마 학원도 의무감으로 다녔을 뿐이라 당연히 아무런 소득도 얻지 못했다.

그래서 컨설팅을 진행하면서 최대한 하나가 무리하지 않는 선에서 학습 계획을 세웠고 가장 기초적인 난이도의 수업에 들어가게 했다. 내가 가장 중점을 두었던 부분은 동일한 방법을 꾸준히 적용하는 것이다. 하나 같은 경우에는 학습 방법에 여러 경우의 수를 두는 것보다 본인이 인지하기 쉬운 한두 가지 방법만 적용하는 것이 효과적이다. 그래야 아이가 습득하는 데도 어려움이 없고 나중에 스스로 공부할 수 있는 힘까지 길러진다. 하나는 특히 암기를 힘들어했다. 영어를 공부할 때는, 영어 단어를 외우는 것부터 오답 테스트를 하는 것까지 한번 정해놓은 방식대로만 하게 해서 꾸준히 훈련시켰다. 그 결과는 기대보다 더 좋아서 하나의 성적이 많이 올랐다. 스스로 공부하고자 하는 의지가 하나에게 생겼다는 것이 가장 의미 있는 결실이었다.

수년 전 서울대는 서울대 재학생의 약 10퍼센트가 지능이 100 이하라는 통계 자료를 발표했다. 이는 지능도 습관과 노력으로 극복할 수 있다는 것을 보여주는 좋은 증거이다.

성격에 따라 공부법은 다르다

놀고만 싶어 하는 활동적인 아이들

컨설팅을 요청하는 부모님들 중에는 이런 자녀 때문에 어려움을 토로하는 분들이 적지 않다. 남학생의 경우 운동을 너무 좋아한다거나 여학생의 경우 친구를 너무 좋아한다는 것이다. 이런 아이들에게 어떤 과목을 좋아하느냐고 물어보면 예체능 과목 빼고 다 싫다고 대답하곤 한다. 하지만 이런 아이들에게도 분명 강점은 있다. 그것이 공부 쪽으로 잘 발휘되지 않을 뿐이지 교정만 제대로 해준다면 다른 유형의 아이들보다 높은 추진력을 보인다.

활동적인 아이들의 가장 큰 장점은 에너지가 충만하다는 것이다. 하고 싶은 것도 많고 갖고 싶은 것도 많다. 그런데 가만히 앉아 있는 것을 싫어하고 여러 번 반복하는 것은 질색하니 공부가 좋을 리 없다. 만약 이런 아이가 초등학생이라면 학습에 대한 흥미 유지가, 중고등학생이라면 목표 설정과 동기부여가 가장 중요하다. 공부라면 진저리 치는 중고등학생들을 컨설팅하다 보면 초등학교 때 부모님이 여러 종류의 학습지를 한꺼번에 시켰거나 스파르타식 학원에 보냈던 경우가 많다. 아이가 가만있지 못하니 어떻게든 붙잡고 공부시키려 애썼는데 오히려 역효과를 가져온 것이다.

이런 아이들에게는 학습 계획을 세울 때 공부 시간보다 휴식 시간을 더 길게 주는 것이 좋다. 또한 '한 번에 길게 한 과목'보다는 '짧게 여러 번 다양한 과목'을 공부하게 하는 것이 좋다. 특히 같은 패턴의 문제들이 계속 반복되는 학습지는 피하는 편이 현명하다. 아이에게 문제집을 직접 고르게 하되, 너무 쉬운 난이도보다는 적당히 머리를 써야 하는 난이도를 선택하는 것이 아이의 흥미를 유지하는 데 유리하다.

사교육을 선택할 때는 아이의 강한 경쟁심을 살려서 일대일 과외보다 소규모라도 그룹 수업이 낫다. 시험을 칠 때마다 결과를 공개해서 아이의 승부욕을 자극하는 것이 지속적인 동기부여에 도움이 된다. 이때 비슷한 수준의 아이들로 그룹을 구성하는 것이 가장 좋다. 그렇지 않으면 아예 공부를 포기하거나 현실에 안주해 버릴 가능성이 높기 때문이다.

초등 6학년인 김힘찬은 머리가 좋은 편이었지만 잠시도 한자리에 잠자코 있지 못하고 운동장을 누비면서 축구를 할 때 가장 행복해했다. 공부라면 고개를 내젓기에 우선 힘찬이에게 공부 동기를 부여하는 데 힘썼다. 그래서 일단 서울대를 목표로 정해놓고 그날 컨설팅이 끝나는 대로 부모님과 함께 직접 서울대에 다녀오도록 했다. 그 이후에 충분한 휴식 시간을 중간중간 주면서 여러 과목들을 짧게 짧게 공부하도록 했더니 곧잘 따라왔다. 처음부터 확 달라지지는 않았지만, 공부 자체에 대한 흥미를 잃도록 과도하게 밀어붙이지 않고 꼭 필요한 공부는 놓치지 않도록 지도한 결과, 힘찬이는 중학교에 진학한 후에도 좋은 성적을 내고 있다.

규범을 잘 지키고 온순한 아이들

부모님과 선생님들의 만족도가 가장 높은 유형이다. 그런 탓에 오히려 방치되는 경우가 많아서 안타깝다. 규범적인 아이일수록 더욱 세세한 공부 계획과 가이드라인이 필요하지만, 아이가 스스로 알아서 잘한다고 생각하기 때문에 모든 것을 맡기고 결과만 체크한다. 그러다 보니 아이가 혼자서 해내는 데는 한계가 있을 수밖에 없고 고학년이 되어 갑자기 떨어진 성적표를 내밀면 망연자실해진다. 하지만 컨설팅 이후 가장 많은 변화와 빠른 성적 향상을 보여주는 아이들은 대개 이런 유형이다. 아이가 성실하기 때문에 정확한 학습 방향을 제시하고 올바른 공부법을 알려준다면 성적은 자연스러 오르기 마련이다.

이런 유형의 자녀를 뒀다면 공부 결과보다 과정을 더 세심하게 살펴줘야 한다는 점을 명심하자. 혼자서도 잘하는 것처럼 보일 테지만 분명 아이가 효율성이 떨어지는 공부를 하고 있을 가능성이 크다. 특히 이 유형에 속하는 아이들은 우선순위를 잘못 세우거나 제대로 세우지 못한 채 많은 것을 한꺼번에 해결하려다가 하나도 온전하게 마무리 짓지 못할 때가 많다. 시험공부를 할 때도 자신에게 중요한 과목과 부족한 과목을 잘 선별하여 시간을 배분하고, 학습 방법이나 공부 기술도 배워서 효율적으로 준비하도록 지도해야 한다. 암기 과목을 공부하는 요령부터 노트 필기를 하는 방법까지 어찌 보면 "이 정도는 스스로 알아서 하는 것 아니야?"라고 생각되는 부분까지 일일이 가이드라인을 잡아주는 것이 좋다.

그렇다고 아이의 의존도를 높이라는 말은 아니다. 규범성이 강한 아이들은 응용력이 부족해서 주어진 방법대로만 고수하려는 경향이 짙기 때문에 처음부터 올바른 공부의 기틀을 잡아줘야 한다는 것이다. 어느 정도 기틀이 잡힌 후에는 스스로 하도록 지켜봐도 된다. 다만 그렇게 판단하는 시점은 다른 아이들에 비해 더 여유를 두는 것이 좋겠다.

학업 계획을 세울 때는 활동적인 아이들과 달리 학습 시간을 길게 잡아도 무방하다. 대신 그 시간 안에 공부해야 하는 과목이나 분량들을 구체적으로 정해놓자. 시간만 정하고 "네가 알아서 공부해"라고 말하면 아이가 좋아하기는커녕 오히려 막막해하고 당황스러워한다.

사교육을 시킬 때는 많은 학생들이 한꺼번에 듣는 강의식 수업보다 소그룹 수업이나 일대일 과외가 잘 맞는다. 성격상 꼼꼼하게 공부하는 편이라 학습 진도도 다소 느릴뿐더러 잘 모르는 부분이 생겨도 아이가 적극적으로 질문하려 하지 않기 때문이다. 선행학습을 성급하게 진행하기보다 철저한 복습으로 완벽하게 마무리하는 것이 좋다.

중학교 3학년 이정민은 초등학교 때부터 우등생으로 칭찬만 받아왔다. 그런데 중학생이 되자 성적이 급격하게 떨어졌다. 부모님은 정민이의 공부 재능을 못 미더워하면서 일찌감치 예체능 쪽으로 전환하는 것이 어떻겠냐고 말했다.

그런데 컨설팅을 통해 그동안 부모님이 정민이의 학습을 전적으로 본인에게만 일임했다는 것을 알게 됐다. 그동안 혼자서 공부하느라 많이 애끓인 데 비해 늘 그 결과가 아쉬워서 정민이는 스트레스 지수가 높았고 기도 푹 꺾여 있었다. 학습 계획, 공부 방법, 진로 설정까지 구체적인 로드맵을 그려주자 정민이는 완전히 달라졌다. 무엇보다 시험 기간 전에 공부 계획은 어떻게 세우는 것이 가장 좋은지에 대해 자세하게 일러주자 내신에 대한 자신감을 도로 회복했다.

탐구심이 깊은 아이들

이 유형에 속하는 아이들은 대부분 이과적인 성향을 가지고 있는 경우가 많다. 사물의 원리나 이론에 관심이 많아 과학이나 수학에 두각을 나타내기도 한다. 호기심이 왕성하여 질문이 많은데, 새로운 사실 한 가지를 배우더라도 그것이 어디에서 비롯됐는지, 그 원리는 무엇인지 등 깊고 상세하게 설명해 줘야 만족감을 느끼며 흥미로워한다.

그러다 보니 이런 아이들에게는 어떤 선생님을 만나느냐가 가장 중요하다. 정해진 진도만 기계적으로 나가는 것보다 더 자세한 내용까지 풍부하게 다뤄주길 바라기 때문에 아이의 질문을 모두 소화할 수 있는 선생님을 선택해야 한다. 또한 이런 아이들은 탐구심이 강하여 쉬운 문제보다 어려운 문제를 훨씬 흥미로워하므로 교재든 학원 수업이든 난이도 조절에 특히 주의를 기울여야 한다.

탐구심이 남다른 아이들은 영재, 아니면 문제아 양극단으로 나뉘곤 한다. 실제로 컨설팅을 통해 만나봐도 그렇다. 자기 유형대로 원활하게 학습한 경우에는 영재로 두각을 나타내지만, 그렇지 못한 경우에는 학교나 가정에서 천덕꾸러기 신세를 면하지 못하기도 한다. 그러니 부모님의 역할도 아주 중요해진다.

이 유형의 아이들은 좋아하는 과목과 싫어하는 과목이 분명하다. 대체로 수학과 과학을 좋아하고 국어나 기타 암기 과목을 싫어한다. 이런 특성을 감안하여 아이가 좋아하는 과목 위주로 학업을 계획하되 싫어하는 과목을 잘 안배하는 것이 포인트다. 아이가 싫어하는 과목일수록 성적이 낮게 나오기 마련이라 대개 그 과목 위주로 공부 시키려 하지만, 그러다 보면 전체 학습에 대한 의욕도 덩달아 떨어질 우려가 있기 때문이다. 공부 계획을 세울 때 그날의 목표를 너무 많이 잡지 말고 아이에게 좋아하는 과목과 싫어하는 과목을 하나씩 선택하여 학습하게 하자.

고등학교 1학년 김태훈은 전형적인 이과 남학생이었다. 나를 찾아왔을 때 태훈이는 수학과 과학은 열심히 공부하고 있었지만, 국어와 영어 학습량이 부족했고 성적도 저조했다. 특히 언어 영역 모의고사 성적이 좀처럼 오르지 않아 고민이 많았다. 사실 탐구심이 깊은 학생들은 자기 주관이 뚜렷하고 고집이 센 편이라 설득하기 쉽지 않다. 태훈이도 부모님이 통제하기 어려운 학생이었지만 컨설팅을 진행하면서 정확한 데이터에 근거하여 객관적으로 설명해 주니 납득하고 기꺼이 따라왔다. 긴 지문을 분석하는 방법부터 문제 유형에 따라 달리 접근하는 요령까지 언어 영역에 숨어 있는 원리를 알려주자 태훈이는 훨씬 수월하게 공부할 수 있었고, 머리가 좋아서 결과도 빠르게 나타나 짧은 시간 안에 높은 성과를 보여줬다.

집중력이 낮은 아이들

성격과 집중력은 관계없다고 여길지 모르지만 유난히 집중력이 떨어지는 아이들을 보면 비슷한 성격을 가지고 있다. 머릿속에 생각이 많거나 주변 환경에 쉽게 휩쓸리는 성격을 지닌 아이들이 대부분 집중을 잘 못한다. 학교에서 수업을 듣더라도 수업 내용보다는 선생님이나 교실 분위기, 친구들에게 더 관심을 보인다. 학원을 선택할 때도 자기가 아는 친구들이 다니는 곳을 선호하고 낯선 곳에는 가지 않으려 한다.

이런 자녀를 둔 부모님은 아이가 많이 공부한다고 생각하지만, 유심히 살펴보면 아이가 책상 앞에 오래 앉아 있어도 실제로 집중해서 공부하는 시간은 길지 않다. 그러므로 아이의 학습이 효율적으로 이루어지고 있는지 반드시 점검할 필요가 있다. 다른 유형보다 아이의 개선에 절대적인 시간이 필요한 경우가 대부분이기 때문에 혼자 공부하도록 하는 것보다 누군가가 밀착하여 지도해 줘야 한다.

공부에 집중할 수 있도록 아이의 환경을 가장 먼저 정돈하자. 특히 스마트폰이나 핸드폰은 아이의 집중력을 방해하는 주범이다. 많은 아이들이 공부하면서도 스마트폰이나 핸드폰을 손에서 놓지 못하고 자꾸 그리로 눈길을 돌린다. 책상에는 가능한 한 교과서나 문제집 외에 어떤 것도 두지 말고 컴퓨터도 공부방에 두지 않는 것이 현명하다.

사교육을 선택할 때는 많은 아이들이 함께 듣는 학원보다 소규모 수업이나 일대일 과외가 유리하다. 그렇다고 엄격하고 무서운 선생님을 골라 아이를 가르친다고 공부의 효율이 높아지는 것은 아니다. 아이의 성향과 특성을 고려하여 눈높이를 맞춰 긴장감을 적당히 풀어주면서 수업을 이끄는 선생님이 더 바람직하다.

이런 아이들은 잘못 길든 공부 습관을 교정하기까지 상당히 오랜 시간이 걸리므로 아이도 부모님도 끈기를 가져야 한다. 특히 과외 수업을 받는 경우 아이가 선생님만 의존하는 것 같다고 고민하기도 한다. 아이가 하루빨리 스스로 공부하는 모습을 보여줬으면 좋겠는데 아직도 숙제만 간신히 해내니 부모님으로서는 답답할 따름이다. 부모님이 원하는 결과를 바로 보여주지 않더라도 시간을 가지고 아이에게 스스로 공부할 수 있는 습관이 형성될 때까지 기다려줘야 한다.

고등학교 1학년 강은영은 집중력이 현저히 낮은 학생이었다. 어린 동생들 때문에 집에서는 공부하기 힘든 상황이었지만, 맞벌이를 하는 부모님이 미처 은영이의 공부까지 챙겨주지 못했고 성적은 늘 하위권에 머물렀다. 영어 과외를 받았는데, 강압적인 선생님과의 관계가 좋지 못하여 전체 학습에 대한 흥미까지 잃어버리고 말았다.

은영이를 처음 만났을 때 이 모든 상황들이 맞물려 무척 심각한 상태였으므로 과감한 결단이 필요했다. 나는 기존에 받던 과외를 모두 정리하게 하고 은영이의 공부 습관을 바로잡는 데 총력을 기울였다. 은영이는 날마다 나를 찾아와서 일대일로 컨설팅하고, 컨설팅이 끝난 후에는 늦게까지 자습실에서 과제를 하곤 했다. 그동안 안이하게 공부하다가 꽉 짜인 학습 계획을 감당하기 힘들어하기도 했지만, 은영이 같은 유형을 잘 이해하고 있었기에 여러 차례 고비를 넘길 수 있었다. 컨설팅 이후 첫 시험에서는 성적이 두드러지게 오르지 않았다. 그래도 은영이는 점점 능동적으로 공부하는 태도를 보여줬고 그에 따라 성적은 꾸준히 올라갔다.

명문대 합격에 필요한 진짜 조건을 알아내라

 대학 입시의 프레임부터 파악하라

수능과 수시 모두에 에너지를 투자하라

1라운드에서 누구나 성적이 오를 수밖에 없는 키워드를 '양, 누적, 테스트, 오답률'로 정리했다. 그렇다면 누구나 명문대에 갈 수 있는 키워드는 무엇일까? 그 키워드를 뽑아 들기 전에 우선 현재 대학 입시의 핵심부터 이해하자.

2008년 이후 해마다 언론을 통해 수시모집의 확대가 보도되고 2013년 입시에서는 서울대, 연세대, 고려대를 비롯한 상위권 대학의 모집 정원 중 80퍼센트까지 수시모집으로 선발하기 이르렀다. 하지만 3000개가 넘는 대학의 수시 전형으로 학생과 학부모들은 혼란스러웠고 입시에 대한 이해가 턱없이 부족했다.

이에 따라 2014년에 '대입 전형 간소화(전형 방법을 6개로 제한, 학교생활기록부 전형 유형을 '교과'와 '종합'으로 구분, '종합' 전형에는 입학사정관 등이 참여)' 정책을 발표했다. 또한 교육부는 특기자 전형의 모집 규모가 축소될 수 있도록 제한적으로 운영하고 논술고사와 면접, 그리고 적성고사까지 지양하도록 권고했다. 하지만 대학에서는 수능으로만 학생들을 뽑기에는 한계가 있기 때문에 수시로 선발하려는 추세는 앞으로도 중요한 요소가 될 것이고 여전히 62.2퍼센트 정도의 인원을 수시로 뽑고 있다. 대학 입시 제도가 늘 종잡을 수 없게 변화무쌍한 와중에도 수험생과 부모님이 반드시 수시모집을 주목하고 이해해야 하는 이유가 여기에 있다.

2008년에 변별력이 지나치게 떨어졌다는 비난을 받으며 수능 등급제가 폐지된 후, 2010년에 한국직업능력개발원은 2008년 수능이 사교육비 지출을 줄이는 데 효과가 있었다는 연구 결과를 내놓았다. '대입 정책의 변화가 사교육비 지출에 미치는 영향'이라는 이 보고서에서는 이런 연구 결과를 바탕으로 "수능의 영향력이 낮아지면 그만큼 사교육도 줄어든다"고 결론지었다. 이에 발맞추듯 그해 중장기대입선진화연구회는 응시 과목을 절반으로 줄이는 2014학년도 수능 체제 개편안을 발표했다.

매년 정부는 교육과정을 개편했지만 사교육비를 줄이지 못한다는 여론의 뭇매도 동시에 맞아왔다. 그중에서도 시험장 교문 앞에 커다란 엿을 붙이며 부모님들이 간절히 기도하게 만드는 수능은 골치 아픈 문젯거리였다. 수능의 영향력 약화를 통해 사교육비를 경감할 수 있다는 결론은 정부와 교육부처에 반가운 소식이었을 것이다.

2014학년도 수능 체제 개편안은 다음과 같은 목적을 가지고 있다. "과도한 시험 준비 부담이 없는 수능, 별도의 사교육 없이 학교 수업을 통해 준비할 수 있는 수능, 교육과정 취지 반영으로 고등학교 교육 정상화에 기여하는 수능." 즉 사교육을 받지 않고도 수능을 충분히 준비할 수 있도록 하겠다는 방침이다. 정부의 중장기 정책이라는 점, 사회 여론이 호의적이라는 점, 대학에서도 호응을 보내고 있다는 점에서 일단 그 기조는 유지될 것으로 보인다.

사실 수능은 소수의 최상위권 학생들에게 유리한 시험이다. 그래서 많은 사람들이 단 한 번 치러지는 시험에 대한 부담감을 줄이고 대부분의 수시 전형에서 요구하는 것처럼 일정 등급 이상만 충족하면 동등한 지원 자격을 부여하는 추세를 환영한다. 대학의 입장에서도 자율적인 선발 정책으로 우수한 학생들을 뽑을 수 있기 때문에 매력적이다. 시험 부담을 완화하고 점수로 줄을 세울 필요 없이 잠재력과 특기로 학생을 선발할 수 있도록 입학사정관제를 도입하겠다는 취지에도 손색이 없다.

다만 수능에 투자하던 시간과 자원을 이젠 어디에 어떻게 쏟아야 할지 그 방향과 전략을 잃고 혼란에 빠진 수험생과 부모님들이 생겨났을 따름이다. 그들은 언론에서 쏟아지는 뉴스에 촉각을 곤두세우지만 내가 보기에는 너무나 많은 오해를 하고 있는 것 같다.

언론을 다 믿지 마라

이제 입학사정관제가 본격적으로 자리 잡아가고 수시모집의 중요성이 유지됨에 따라 학교생활기록부 종합 전형과 입학사정관제, 그리고 특기자 전형 앞에서 수험생과 부모님들은 새로운 가능성을 엿보기보다 또 다른 난관에 봉착한 것만 같다. 이런 혼란스러운 당혹감 속에서 가장 오해하기 쉬운 것은 바로 특기 하나만으로 대학에 입학할 수 있다는 생각이다. 언론에서 곤충 박사나 독서왕, 봉사왕같이 독특한 이력을 가진 학생들이 수시 전형을 활용하여 대학에 입학하는 사례를 부모님들이 보고, 내 아이도 특이한 활동이나 봉사에 매진하면 성적이 아닌 특기로 대학에 합격할 수 있으리라는 환상을 갖는 것이다.

하지만 그런 사례는 극소수라는 점을 명심해야 한다. 대다수 학생들은 고등학교 3년간 탄탄하게 다져온 내신을 기본으로, 자신의 특기나 창의성, 혹은 인성을 보여줄 수 있는 활동을 '플러스알파'로 준비해야 합격률이 높아진다.

물론 한 가지만 잘해도 대학에 갈 수 있는 확률이 이전에 비해 높아진 것은 사실이다. 하지만 한 가지만 준비해서는 입시 전형 과정의 수많은 변수에 대비할 수 없고, 특히 까다로운 상위권 대학 입학의 문을 통과하는 것은 더욱 어려워진다. 상위권 대학의 경우 특기는 물론 내신이나 수능, 논술과 같은 모든 요소를 골고루 갖춘 지원자들만도 모집 정원을 초과하기 때문이다. 만약 한 가지 특기로 이 지원자들을 넘어서고자 한다면 특정 분야에 대한 재능과 열정이 남달라서 그 분야의 교수님과 토론하면서도 밀리지 않을 만큼 넓은 지식과 깊은 식견을 가지고 있어야 한다. 어릴 때부터 한 달에 최소 40시간 이상을 투자해 왔을 만큼 장기적이어야 함은 물론이다.

그동안 나는 전국에서 찾아와 수시 입학 상담을 받았던 아이들 중에서 상위권 대학을 지원하려는 아이들은 대체로 어느 요소도 빠지지 않는다는 사실을 발견했다. 그래서 이런 아이들은 어떤 전형에 지원하더라도 문제 될 것이 없었다. 잘 관리된 내신성적을 바탕으로 지역균형선발이나 학교생활우수자 같은 내신 중심 전형에 지원해도, TEPS를 비롯한 각종 비교과 서류를 바탕으로 특기 중심 전형에 지원해도 괜찮았다.

언론에서 주목할 만한 이력을 가진 아이들도 물론 있었지만 손가락으로 꼽을 정도로 극소수였다. 10여 년간의 컨설팅을 통해 무수한 합격 사례를 지켜보고 만들어온 경험으로 다시 한 번 강조한다. 언론이 보도하는 독특한 사례에 휘둘리지 마라. 명문대에 합격한 학생들은 대부분 진학에 필요한 기본적인 핵심을 지켜가며 묵묵히 공부하고 있다는 사실을 꼭 기억하길 바란다.

명문대 전형의 핵심은 이것이다

이제 명문대 진학을 위해 가장 안전하고, 어찌 보면 가장 단순한 키워드를 정리하겠다. 바로 내신과 수능, 그리고 특기(논술+서류)라는 3요소를 모두 갖춰야 한다는 것이다. 비장의 키워드를 기대했는데 너무나 당연한 이야기를 또 듣는 것 같아서 허무한가? 하지만 이렇게 허무할 정도로 단순한, 이 명문대 진학의 키워드를 전부 갖춘 사람은 많지 않다. 이는 대학 입시에 대해 잘못된 인식을 가지고 하나에만 집중하거나 모두를 준비하는 게 어렵기 때문일 것이다.

가장 좋은 방법은 내신성적을 기본 실력으로 충실하게 다지면서 특기를 필살기로 갖추고 내신 중심의 수시 전형에 지원하는 것이다. 내신성적이 우수한 학생들은 특기자전형에 지원하는 학생들에 비해 상대적으로 체험활동 경험이나 비교과 서류에 약한 경우가 많다. 그런데 내신성적도 훌륭하면서 특기자전형 지원자와 비교해도 손색없도록 준비되어 있는 학생이 내신 중심의 전형에 지원한다면 어떨까? 당연히 동일한 전형에 지원한 다른 학생들보다 눈여겨볼 수밖에 없고, 내신성적이 비슷하다면 그 학생에게 더 높은 점수를 줄 확률이 커진다.

언뜻 어렵고 막막하게 보일지라도 거꾸로 누군가는 이런 방법을 선택하여 굳건하게 마음먹고 제대로 준비하기 시작한다면 남다른 경쟁력을 갖춰 자신이 원하는 대학에 들어갈 확률을 훨씬 높이는 셈이 된다. 사실 한 가지에만 집중하는 것이 오히려 더 어렵고 최종적으로 대학에 입학할 수 있는 확률도 더 낮춘다. 다른 비교과 활동이나 서류 같은 특기 없이 내신에만 집중하다가 자칫 실수라도 하게 되면 그만큼 내신 중심 전형에서 경쟁력이 약화된다. 마찬가지로 특기에만 집중했더라도 정량화된 평가가 어렵기 때문에 자신이 노력한 만큼의 결과가 나오지 않을 수 있다.

2년 전에 나를 찾아왔던 아이는 지방 명문고에서 전교 3등 이내의 등수를 엎치락뒤치락 유지해 온, 우수하고 성실한 학생이었다. 그런데 컨설팅 직전의 중간고사에서 몸이 좋지 않아 시험에 집중하지 못했고, 그 결과 지금까지 한 번도 받아보지 못한 성적표가 나오게 됐다. 내신의 비중이 높은 고등학교 2학년 2학기 시험이었다는 점과 3학년을 코앞에 둔 상황이라는 점 때문에 아이는 심리적으로 무너졌다. 기말고사에서도 한 번 떨어진 성적은 복구되지 않았다. 이 아이에게는 내신이라는 한 가지 무기밖에 없었고 다른 비교과 활동이나 공인인증시험 같은 특기를 준비하지 않았기에 타격이 더욱 컸다.

만약 학교생활우수자전형을 목표로 내신에 집중할지라도 특기로 내세울 만한 비교과 서류를 하나씩 만들어왔더라면, 딱 한 번의 작은 실수로 중간고사를 망쳤다고 온 세상이 무너진 듯 절망적으로 느껴지지는 않았을 것이다. 그 아이가 나를 찾아왔던 이유도 자기 실수를 만회할 비교과를 어떻게 전략적으로 준비하고 어떤 전형을 고려할 수 있을지 상담하기 위해서였다. 비교과와 관련하여 아무것도 갖춰지지 않은 2학년 2학기에 서류를 준비하기 시작하는 것은 어려운 일이다. 하지만 그 아이는 수능의 모든 영역에서 고르게 1등급을 유지하던 실력을 바탕으로 내가 추천한 공인인증시험과 여러 대회에서 높은 점수를 받을 수 있었다. 결국 학교생활우수자전형에 지원하여 내신성적이 더 좋은 학생들 틈바구니에서도 합격을 얻어냈다.

내신과 서류가 모두 부족한 경우에는 논술 전형을 노려볼 수도 있다. 실제로 논술 전형이 확대되면서 이를 준비하는 지원자들도 많이 보인다. 그렇지만 지원 장벽이 높지 않은 만큼 경쟁률이 매우 세고

글을 잘 쓰는 학생이라도 어떤 논제가 출제되는지, 그날의 컨디션이 어떠한지 같은 '운'에 의해 합격이 크게 좌우된다.

대학 입시에서 가장 중요한 핵심은 변수를 줄이는 것이다. 이를 위해서는 탄탄한 내신을 기본으로 다른 어떤 전형에도 유리할 수 있도록 준비해 놓는 것이 필요하다. 내신이든 논술이든 무엇이든 한 가지에만 집중하면서 좋은 대학에 합격하길 기대하는 것은 어불성설이다.

사실 한 가지에만 집중하려는 학생이나 부모님들을 보면, 대학 입학 전형이나 언론을 핑계 삼아 다른 준비를 하지 않을 이유를 일부러 찾기도 한다. 내신 경쟁에서 도피하기 위한 수단으로 서류나 논술에 집중하거나, 특기를 준비하기 막막하고 귀찮아서 내신에만 몰두하는 경우이다.

대표적으로 올림피아드를 예로 들어보자. 대학 입시에 올림피아드 성적을 반영하지 않는다고 발표된 바 있다. 그런데 올림피아드를 준비하지 않는 만큼 그에 상응하는 다른 합격 요소를 갖추기 위해 노력하고 있는가? 올림피아드 준비는 올림피아드 대회에서 우수한 성적을 거두기 위한 공부로 끝나지 않는다. 당연히 논술이나 구술 면접에 더 유리하도록 잠재적인 실력이 향상되고 내신과 수능 성적을 잘 받는 것과도 높은 상관관계가 있다. 대학 입장에서도 점수화하여 반영하지 않을지라도 올림피아드 준비 과정을 통해 학생이 지원 분야에 얼마나 관심을 가지고 노력했는지 확인할 수 있다. 동일한 지원 자격을 갖춘 학생들이 있다면 올림피아드 준비나 입상까지 경험한 학생을 뽑지 않을 이유는 없는 것이다. 올림피아드 성적을 반영하지 않겠다는 말을 더 이상 올림피아드를 준비할 필요가 없다는 의미로 받아들이면 난감하다. 그러면서도 다른 준비까지 회피하는 모습을 보이면 더더욱 곤란하다.

 아이가 다니는 12년 학교가 대학까지 이어진다

학교 선택이 대학 입시에 미치는 영향

가난한 1950~1960년대를 보내야 했던 지금 5060 부모님 세대에게 대학 입학 여부는 등록금, 즉 가정 형편의 문제였다. 40대 이상의 학력고사 세대 부모님이라면 서울대 수석을 한 학생이 밤 9시 뉴스에 나와서 "교과서 중심으로 학교 수업에 충실했다"고 인터뷰했던 모습을 기억한다. 그때만 해도 초등학교부터 고등학교까지 어느 학교를 다니든 학교 수업과 교과서 중심으로 공부하면 대학에 합격할 수 있었다. 본고사를 치른 30대 후반, 사교육 열풍이 시작됐던 세대의 부모님은 "학원에 조금 다니고 과외를 약간 받았지만, 서울대에 수석으로 합격하면 뉴스에 나와서 교과서만 봤다고 말해야지"라는 우스갯말을 서로 주고받았다. 그렇다면 본고사, 수능 세대를 거쳐서 복잡한 수시, 정시 전형으로 대학 입시를 치르는 지금은 어떠할까?

본고사 세대는 난이도 상에 해당하는 문제를 잘 풀어낼 수 있어야 했으므로 소위 '강남 8학군'과 특목고, 비평준화 지역의 상위권 고등학교에 진학하는 것이 대학 합격에 한 걸음 더 가까워지는 방법으로 통했다. 초등학교, 중학교 때 최상위권이었던 아이들이 많이 모여드는 고등학교로 진학해야 수준 높은 수업을 만들어가며 본고사를 준비할 수 있었기 때문이다. 수십 명을 대상으로 수업하는 학교에서는 '평균' 학생의 수준에 따라 수업을 진행할 수밖에 없으므로 학생들의 평균 수준이 높은 학교에서는 그만큼 수업 내용의 난이도가 올라간다.

실제로 특목고나 상위권 고등학교의 경우 (이런 수업 방식이 비난받기도 하지만) 교과서 진도는 1~3개월 사이에 끝내고 나머지 기간에는 문제집을 통한 응용 학습으로 수업을 진행했다. 또한 고등학교 2학년 1학기까지 3년 정규 진도가 모두 끝나고 2학년 2학기부터 본고사 준비에 들어갔다. 특목고 학생들은 이미 한 번의 치열한 입시를 뚫었기 때문에 심화 수업이나 논술 수업을 하기에 용이하다. 그러니 이들 고등학교에 진학하는 것이 대학 입시에 유리할 수밖에 없었다.

하지만 특목고가 대학 입학을 위한 고등학교로 전락했다는 비난의 목소리가 높아지고 수능과 본고사 대비를 위한 대치동 사교육이 점점 극심해지자 대학 입시에 또 다른 변화가 찾아왔다. 바로 학교 수업과 시험에 충실할 수 있도록 대학 입시에 내신 반영 비율을 높이는 전형이 여럿 추가된 것이다. 내신 반영 비율이 높아진다는 뜻은 특목고나 강남 8학군같이 성적이 우수한 아이들이 많이 모인 고등학교 학생들에게 불리해진다는 의미이다.

특목고에 다니는 학생들의 경우 내신시험을 보는 날에 감기를 앓아 한두 문제 실수하면 전교 석차가 수십 등 떨어지기도 한다. 특히 상대평가를 하는 지금, 특목고 · 자사고 · 강남 8학군 고등학교 등 상위권 학교에서는 내신 등급을 확보하는 게 어려워졌다. 이런 고등학교에 진학하길 희망하는 학생과 부모님은 대학 입시 제도의 변화에 맞춰 심사숙고해야 한다. 추첨으로 배정되는 일반고에 들어갔을 경우 내신 1등급을 받을 수 있는 학생이 특목고나 자사고에서는 중하위 등급을 받을 수도 있기 때문이다.

고등학교 입학 전까지 최상위권을 유지했던 학생이 우수한 고등학교에 진학한 후 낮은 등급을 받고 그로 인한 스트레스를 호소하는 일이 허다하다. 내신시험을 볼 때마다 성적 압박으로 인한 스트레스가 극심해져서 공부 능률이 떨어지고 그것이 다시 성적에 반영되어 대학 입시에 더욱 불리해지는 결과를 초래하는 것이다. 물론 주변 분위기에 잘 휩쓸리고 갖가지 유혹에 쉽게 빠지는 아이에게는 공부 환경이 중요하므로 상위권 중고등학교 진학도 고려해 볼 만하다. 경쟁심이 강하고 뚝심도 있는 아이 역시 경쟁이 좀더 치열한 학교에 진학하는 편이 학업 실력 향상에 도움이 된다.

그렇다면 시기별로는 어떤 학교를 선택하는 것이 좋을까?

초등학교 선택 포인트

초등학교 입학 전까지 부모님은 아이의 두뇌 계발에 힘쓰고 자유로운 환경에서 아이의 성향과 장단점을 파악하는 데 주력해야 한다. 하지만 초등학교를 선택할 때는 무엇보다 집안 사정을 잘 고려해야 한다. 자녀가 한둘인 가족이 늘어나면서 내 아이만큼은 남들과 다르게, 아니 남들보다 더 많이 못 해주더라도 남들이 해주는 정도는 나도 해주고 싶다는 양육 가치관이 지배적이기 때문이다.

온라인 학부모 카페나 지역 커뮤니티에 심심치 않게 올라오는 질문들 중 하나는 "아이를 사립 초등학교에 보내고 싶은데 돈이 많이 들까요? 한 달에 얼마나 드나요?"이다. 사립학교의 경우 다양한 교외활동으로 인해 수업료가 많이 들어간다. 가정의 경제 형편이 불안정해지면 특별활동비에 대한 부담 때문에 아이를 국공립학교로 전학시켜야 하는 상황이 발생한다. 이런 일이 일어나지 않으려면 6년 동안 아이가 안정적으로 초등학교에 다닐 수 있도록 부모님이 무리한 욕심을 내지 않아야 한다. 또한 차를 타고 통학하는 경우가 많기 때문에 독립심이 부족한 아이는 많은 스트레스를 받을 수 있다.

초등학교 시기에는 학교보다 담임선생님과 부모님의 역할이 훨씬 중요하므로 학교의 이름보다 아이의 특성과 가정환경을 고려하여 학교를 선택하는 것이 현명하다. 어느 초등학교에 입학하든 아이가 학교생활에 잘 적응하도록 부모님이 적극적으로 도와줘야 한다. 담임선생님과 주기적으로 연락을 주고받아 아이가 선생님이나 친구들과 어떻게 지내는지 자주 체크해야겠다.

중학교 선택 포인트

대학 입시를 코앞에 둔 고등학생의 경우 시간 관리가 필수적이기 때문에 거리가 먼 학교까지 통학하기가 부담스럽지만, 중학생의 경우 시간이 비교적 여유롭기 때문에 집 앞에 있는 학교만 고집할 필요는 없다. 중학교를 선택할 때는 통학 거리 30분 이내의 학교들 중에서 아이에게 가장 잘 맞는 학교를 찾아주면 된다.

특목고를 염두에 둔다면 중학교 내신도 중요하그로 아이의 실력에 비해 월등한 학교보다는 약간 높은 수준의 학교에서 공부하는 편이 좋다. 중학교 2~3학년의 내신이 특히 중요하다. 초등학교 시절을 자유롭게 보냈다면 중학교 1학년부터 중고등학교에 맞는 공부 습관을 하루빨리 만들어줘야 한다.

중학생 자녀를 둔 부모님들은 아직 대학 입시가 먼 이야기라고 생각한다. 한두 과목이 뒤처지기 시작해도 "나중에 학원에 보내거나 과외를 하면 중학교 교과서 내용쯤은 어떻게든 금방 따라잡겠지"라는 안이한 태도를 보이기도 한다. 그러나 중학교 1학년 때부터 앞으로 6년을 내다보며 공부하는 아이와 고등학교에 올라가서 공부하겠다는 아이 중 누가 이길까? 당연히 전자의 승리일 것이다.

많은 부모님들이 좋은 내신을 쉽게 받을 수 있는 중학교에 아이를 보내려 하는데, 이때도 아이의 성향이나 공부 특징을 잘 살펴보고 결정해야 한다. 자유로운 분위기의 중학교를 선택한다면 자칫 아이의 마음이 느슨해지고 경쟁심이 약해질 수 있다. 내신시험이 쉽게 나오면 시험공부를 할 때 몰입도가 낮아질 수밖에 없다. 중학생들은 대체로 시험에 나오지 않는 내용을 공부하지 않으려 한다. 이렇게 중학교 때 쉽게 얻은 성적에 만족하다가는, 내신시험에서 좀더 어려운 심화 내용까지 다루는 고등학교에 올라가면 대학 입시와 직결되는 내신을 포기하게 된다. 게다가 내신시험이 수능보다 더 쉽게 출제되는 고등학교에 진학했다면 내신시험 수준으로 공부하던 아이는 수능 준비가 더욱 힘들어진다. 학교 공부보다 수능 공부가 훨씬 어렵기 때문이다.

신설 중학교나 정원 미달 중학교도 유심히 살펴봐야 한다. 신설 학교의 건물이나 교실에 최신 설비가 갖춰져 있어 아이에게 더 좋은 교육 환경처럼 보이지만 행정 체계가 제대로 잡혀 있지 않을지 모른다. 또한 학생 수가 적은 학교의 경우에도 그 이유를 꼼꼼히 따져볼 필요가 있다.

요즘은 초등학생도 이성에 눈뜨기 때문에 이미 사춘기에 접어든 중학생이라면 여자 중학교, 남자 중학교, 남녀공학 중학교 가운데 어느 학교에 보낼지에 대해서도 고려해야 한다. 내성적이고 낯가림이 심한 여학생의 경우 남녀공학 중학교에서 공부하면 친구들과의 관계로 부담을 느낄 수 있다. 요즘 초등학생들에게 연애란 새삼 놀랄 일도 아니므로 아이가 이성 문제에 영향받기 쉽고, 혹은 이성들과 공부하길 꺼린다면 여자 중학교, 남자 중학교로 진학시키기를 추천한다. 하지만 그렇지 않은 경우라면 남학생과 여학생이 서로의 단점을 채워주고 장점으로 경쟁하는 남녀공학이 조별 수행이나 협동심 발달에 더 많은 도움이 된다.

고등학교 선택 포인트

특목고나 자사고가 아니라 인문계 고등학교, 혹은 마이스터고를 비롯한 전문계 특성화 고등학교를 생각하는 학생과 부모님도 있을 것이다. 중학교 3학년 아이의 컨설팅을 진행한 적이 있는데, 그 아이는 도무지 공부에 뜻이 없고 성적도 바닥이었다. 그 아이의 엄마는 "어떻게든 아이를 인문계 고등학교로 보내주세요"라고 요청했다. 아이와 어느 정도 친해지고 난 후에야 아이의 속마음을 들을 수 있었다. "지금도 학교에서 꼴찌 수준인 데다가 수업 내용을 하나도 이해하지 못해서 내내 딴짓만 하는데, 고등학교 3년을 또 이렇게 보내고 싶지 않아요. 실업계 고등학교에 들어가면 나도 참여할 수 있는 수업이 있을 것 같아요. 그러면 지금보다 학교생활을 더 열심히 할 수 있지 않겠어요?"

때로는 나이 어린 아이가 욕심 많은 부모님보다 현실적으로 훨씬 올바른 판단을 내린다. 아이는 현재 중위권 학생도 대학에 갈 수 있을지 없을지 불분명한데 중학교 꼴찌인 자신이 인문계 고등학교에 다닌들 대학에 갈 리 없다고 말했다. 또한 그 3년 동안 하루 종일 수업 시간에 바보처럼 자리만 채우고 앉아 있기에는 시간이 너무 아깝다고 생각했다. 그래서 아이에게 무엇을 하고 싶으냐고 물었다. 아이는 독서와 글쓰기를 좋아하고 거기에 소질도 있다고 자부했다.

나는 문예창작학과에 대해 설명해 줬다. 아이는 문예창작학과를 목표로 그런 전문계 고등학교가 있는지 찾아보는 동시에 전문계 고등학교 출신자를 위한 대학 전형들도 알아봤다. 하지만 그 결과가 신통치 않자 잠깐 인문계 고등학교에 진학해서 공부해야 할까 진지하게 고민하기도 했다. 결국 아이는 고심 끝에 창작을 할 수 있는 전문계 특성화 고등학교를 선택했다. 고등학교 입학 이전부터 대학 입시를 목표로 독하게 공부해서 1학년 중간고사에서 생애 최초로 100점을 받은 과목을 만들어냈다. This와 That도 몰랐던 아이가 영어듣기 평가에서 모든 문제를 맞혔다고 알려왔을 때의 감동은 지금도 생생하다. 이처럼 부모의 뜻과 욕심보다 자신이 하고 싶은 일을 더 잘하려면 대학에 가야 한다는 판단이 서야 아이는 몸과 마음을 움직인다.

최상위권과 상위권 학생들이 특목고, 자사고, 인문계 고등학교를 놓고 신중하게 선택해야 하듯이, 중하위권 학생들도 인문계 고등학교, 마이스터고, 전문계 특성화 고등학교를 선택할 때 장기적인 안목을 가져야 한다. 부모님 입장에서는 급변하는 교육제도 속에서 입시 정보가 부족하고 교육관이 흔들려, 내 아이도 다른 아이들처럼 특목고 입시를 준비해야 할 것 같고 적어도 인문계 고등학교에는 들어가야 할 것 같은 불안감에 시달릴 수 있다. 그럴 때는 교육 전문가를 통해서라도 아이의 내적인 성향과 학업성적의 객관적인 위치를 빨리 파악하고, 아이에게 맞는 공부 방법과 학교를 찾아주도록 힘써야 한다.

내신과 선행 심화학습은 명문대로 도약하는 발판이다

 내신만을 위한 공부를 버려라

내신은 공부 머리보다 공부 습관으로 결정된다

부모님들은 대체로 내 아이의 머리가 좋다고 믿는다. 머리는 참 좋은데 공부를 안 해서 성적이 잘 나오지 않는다는 것이다. 진실은 조금 다르다. 보통 지능이 얼마나 발달했는지를 나타내는 지표로 사용하는 아이큐는 일반적인 집단 내에서 넓게 퍼진 종 모양의 정규분포 곡선을 그린다. 즉 아이들은 대부분 90~110의 평균 지능을 가지고 있으며, 그 이상의 우수 지능을 가진 아이들은 넓게 잡아도 10~15퍼센트밖에 되지 않는다는 말이다. 한 반에 30명이라면 3경 내외만이 '머리 좋은 아이'일 확률이 높다.

다행이랄까, 부모님들의 그런 믿음은 아이가 초등학교에 다닐 때까지는 강하게 유지되다가 중학교에 입학하면서 많이 깨어진다. 그런데 이번에는 내 아이가 마음만 잡으면 금세 성적이 올라서 다른 아이들을 따라잡을 수 있을 것이라는 오해로 사태를 방치한다. 보통 아이가 고등학교 2~3학년이 되어서야 다급한 심정으로 찾아오지만 그때는 안타깝게도 손쓸 수 없는 경우가 많다.

초등학교 때는 재학생의 50퍼센트에 해당하는 부모님들이 자기 아이가 SKY 대학을 갈 것이라고 기대한다. 하지만 아이가 중학교에 올라가면 20퍼센트, 고등학교에 올라가면 약 4퍼센트의 부모님들이 자기 아이가 SKY 대학을 갈 것이라는 기대를 고수한다. 실제는 50만 명 중 1만 명인 2퍼센트만 SKY 대학에 들어간다. 그마저도 재수생을 감안하면 재학생 중 1퍼센트 남짓 합격하게 된다.

이런 잘못된 믿음은 왜 시작되는 것일까? 그 이유를 찾으려면 초등 성적표를 주목해야 한다. 초등 시험은 보통 난이도가 높지 않아 웬만하면 90점을 넘길 수 있고, 학교에 따라서는 100점을 맞는 것도 크게 어렵지 않다. 그러나 중학교부터는 교과목의 수준과 시험의 난이도가 높아진다. 같이 뛰놀던 또래 친구들도 자의든 타의든 초등학교 때보다 더욱 열심히 공부하게 된다. 이런 이유 때문에 초등학교 때는 다 같이 100점을 맞던 아이들이 중학교에 입학하여 첫 시험부터 정규분포곡선에 가까운 점수 분포를 나타내는 것이다.

여기서 점수 격차를 만들어내는 핵심적인 요인은 바로 공부 습관이다. 늘어난 학습량과 심화된 교과 내용을 소화하기 위해서는 수업 시간에 집중하고 자기 내용으로 정리하여 복습하는 공부 습관이 다져져 있어야 한다. 사실 머리 좋은 아이들은 공부 습관이 나쁜 경우가 많다. 또래보다 공부에 시간을 덜 투자해도 성적이 잘 나오기 때문이다. 하지만 중학교 이후부터는 똑똑한 머리도다 뚝심으로 성실하게 공부하는 습관이 큰 힘을 발휘한다. 머리는 별로 뛰어나지 않지만 착실했던 아이들이 중학교부터 두각을 나타낸다. 이는 고등학교로 올라가면 그 격차를 더욱 크게 벌린다. 중학교까지는 벼락치기로 공부 습관의 공백을 메울 수 있을지 몰라도 결국 고등학교에서 그 한계가 여실히 드러날 수밖에 없다.

예전에는 성실하지 않아 내신이 나빴던 아이들도 좋은 머리로 수능에서 높은 성적을 얻어 상위권 대학에 가기도 했다. 그러나 수능의 난이도가 낮아져 변별력이 사라지고 수시 비중이 80퍼센트가량 차지하는 현재의 대학 입시에서는, 내신을 튼튼하게 다져두지 않으면 상위권 대학의 문턱에도 가까이 다가가기 어렵다.

그렇기 때문에 초등학생이든 고등학생이든 컨설팅을 요청하는 아이와 부모님들에게 내신을 장기적인 공부 습관과 체력을 기르는 연습장으로 활용하라고 제일 먼저 강조한다. 초등학교 성적만으로 아이에 대한 판단은 금물이다. 평상시 아이의 학습 태도나 시험을 준비하는 전략에 대해 세밀한 측정이 이뤄져야 한다.

아이가 중학생이라면 지금 내신성적이 어느 수준인지가 무척 중요하다. 중학교 내신이 대학 입시에 반영되지 않아 가볍게 생각하곤 하는데 고등학교 내신의 바로미터가 된다는 사실을 주목해야 한다. 내신성적으로 대학에 입학할 수 있는 가능성이 크게 좌우되는 현재 입시에서 고등학교 내신이 실전이라면, 중학교 내신은 실전에서 일어날 수 있는 실수와 오류를 치열하게 줄이는 연습장이 되어야 한다.

2012년에 중학교 2학년으로 진학한 학생들부터 성적표에 등수가 아닌 등급으로 표기되는 절대평가로 바뀌었다. 일정 수준 이상의 학업 성취를 보이면 A, B, C 등으로 나뉘는 등급을 받게 되는 것이다. 또래보다 좋은 점수를 받아야 높은 등수가 나오던 상대평가보다 내신의 영향력이 줄어들었다. 그러나 내신은 여전히 학생들을 평가하는 중요한 기준이다. 오히려 이런 평가 제도하에서는 실수 하나로 한 등급 아래의 급수를 받게 되면 더욱 큰 격차를 남긴다는 것을 인지해야 한다.

지금 받은 성적표의 3년 앞을 내다보라

컨설팅을 하면 현재 중학교 내신 등수나 등급에 만족하고 있는 아이와 부모님들을 만나곤 한다. 현실을 냉정하게 분석하지 못한 채 달콤한 청사진을 그리고 있는 것이다. 사실 초등학교부터 고등학교까지 다양한 유형의 아이들을 상담하다 보니, 성적을 비롯한 아이의 현재 상태를 바탕으로 그 아이가 앞으로 상급 학교에 진학하면 어떤 성적표를 받아 들지 예상된다. 그래서 지금 아이가 받아 온 중학교 성적표를 앞에 두고 웃는 모습과 함께, 고등학교에 올라간 아이가 제 뜻대로 성적이 유지되거나 향상되지 않아 답답한 고민으로 걱정스러워하는 모습이 겹쳐지는 것이다.

우선 성적표를 볼 때 주의 사항부터 살피자. 등수가 표기된 성적표라면 아이가 몇 점을 맞았는지도 중요하지만 아이의 현재 실력을 파악하는 가장 확실한 방법은 점수보다 전교 등수를 보는 것이다. 전교 등수뿐만 아니라 과목별 등수도 꼼꼼히 살펴야 아이가 잘하는 과목과 못하는 과목을 구분할 수 있고 그에 따른 공부 계획을 효과적으로 세울 수 있다. 이렇게 성적표를 분석하다 보면 전체적인 성적이 좋을지라도 그중에서 아이가 어떤 과목에 더 취약한지 발견하게 되고, 나아가 아이의 학습 유형과 태도에 관련된 문제점도 보인다. 이렇게 과목별로 접근하는 방법은 등수가 아니라 등급으로 표기되어 있는 경우에도 마찬가지이다.

또한 자신이 지망하는 대학에 합격하려면 몇 등급을 유지해야 하는지, 구체적으로는 전교생 중 상위 몇 퍼센트 안에 들어야 하는지 미리 파악하여 더욱 철저하게 내신을 관리하는 것이 필요하다. 2015년 서울대 수시 전형을 예로 들어보면, 절반에 가까운 학생들을 모집하는 지역균형선발전형은 한 고등학교당 2명을 추천하게 되어 있다. 이 말은 전교 2등 이내에 들어야 서울대 지역균형선발전형에 지원할 수 있는 자격을 얻는다는 뜻이다. 고려대도 계열별로 2명씩 추천하게 되어 있으니 최상위권 대학에 지망한다면 전교 5등 안에는 들어야 한다.

성취평가를 하는 중학교에서는 등수에 대해 모르다가 갑자기 고등학교부터 달라지는 성적표에 많이들 당황한다. 그러므로 중학교 때 'A' 성적에만 만족하기보다는 상위 몇 퍼센트인지 객관적인 점검이 필요하다. 공부가 12년 누적인 것처럼, 최상위 내신성적을 유지하는 것도 중학교 때부터 이어진다는 점을 유념하자. 따라서 중학교 입학 후부터는 자신이 원하는 대학에 들어가기 위해 내신성적을 어느 수준으로 유지해야 하는지 정확하게 파악하고 차근차근 준비하는 일이 지금의 대학 입시에서 급선무이다.

대학 입시는 교집합으로 이루어져 있다

내신만 철저하게 관리하면 좋은 대학에 들어갈 수 있을까? 유감스럽게도 상위권 대학은 내신, 수능, 비교과에서 모두 완벽하게 준비된 학생들을 원한다. 게다가 이렇게 준비된 지원자들은 거의 항상 상위권 대학의 모집 정원을 상회한다. 더욱이 절대평가로 전환되어 학생의 실력을 상대적으로 비교할 수 있는 자료로 내신을 활용하기 어렵다고 판단한 대학에서 비교과, 면접, 논술에 대한 평가 비중을 높일 수 있다.

여기까지 이야기하면 어두운 표정으로 눈앞이 캄캄해진다고 토로하는 부모님들이 많다. 하지만 나는 가장 쉽게, 그리고 전략적으로 이 모든 것을 준비하는 방법을 알려줄 것이다. 일단 우리가 흔히 착각하는 오해부터 바로잡자. 바로 내신 공부 따로, 수능 공부 따로, 비교과 준비 따로 해야 한다는 생각이다. 결코 그렇지 않다. 내가 강조하고 싶은 것은 내신 공부를 통해 이 모든 것이 대비될 수 있고, 또한 그렇게 해야 한다는 것이다.

국어_ 국어의 경우 중학교 시험까지는 교과서에서 배운 지문이 나오지만, 고등학교 입학 이후에 치르게 되는 모의고사와 수능에는 교과서에 나오지 않는 지문도 등장한다. 그래서 국어 성적이 중학교 때 상위권이었고 고등학교 내신도 그럭저럭 잘 나오는 편일지라도 수능 유형의 시험만 중위권으로 떨어지는 경우가 종종 생긴다. 수능이 요구하는 사실적 판단력과 비판적 사고력 같은 기본적인 독해력을 기르지 않은 채 눈앞에 놓인 시험 범위를 암기하는 데만 치중했기 때문이다.

수능이 요구하는 독해력은 단기간에 높이기 어려울뿐더러 책을 많이 읽는다고 무조건 좋아지는 것도 아니다. 이를 위해 속독 학원이나 논술 학원을 다니기도 하는데 조금쯤은 도움이 되겠지만, 평소 국어 교과서 공부와 내신시험 대비를 통해 체계적이고 꾸준하게 독해력을 향상하는 것이 가장 효과적이다.

우선 생각해야 할 점은 학교 시험뿐만 아니라 수능의 기본적인 시험 범위 역시 교과서라는 점이다. 교과서는 국가가 설계한 교육과정의 목표에 맞도록 충실하게 구성되어 있다. 12년 교육과정을 평가하는 수능 문제를 출제할 때도 가장 핵심적인 참고 자료는 자연스레 교과서일 수밖에 없다.

따라서 국어 교과서에 실린 문학작품과 비문학 지문을 꼼꼼하게 파악하는 것은 물론, 해당 단원의 학습 목표는 무엇인지부터 어떤 활동을 통해 국어 능력을 향상시키고자 하는지까지 분석할 필요가 있다. 흔히 교과서에 나와 있는 다양한 활동 문항은 생각하기 번거롭고 쓰기 귀찮아서 그냥 넘어가곤 하는데, 수업 시간에 다루지 않더라도 작은 문항 하나까지 직접 고민하고 풀어보는 것이 중요하다. 그런 문항들은 비판적 사고력과 창의적 상상력을 기르도록 고안된 것으로, 수능에서도 이를 참고하여 출제 문항을 만들어내기 때문이다. 더불어 체계적인 글쓰기 연습까지 가능하므로 논술 학원에 따로 시간을 투자하지 않아도 논술 실력이 좋아진다.

또 하나, 국어 예습을 하거나 시험에 대비할 때 단원 내용이나 지문 분석부터 보지 말고 참고서를 구입하여 단원평가문제를 먼저 풀길 바란다. 수능은 교과서 내용에 대한 암기력을 측정하는 것이 아니라, 그 외의 낯선 지문을 통해 기본적인 독해력을 측정한다. 아직 공부하지 않은 상태에서 미리 참고서의 단원평가문제부터 풀어봄으로써 수능형 시험 실력을 갖췄는지 스스로를 테스트하는 동시에 수능 적응력도 높일 수 있다. 또한 그 단원에서 자신이 모르는 것을 미리 파악하고 공부에 들어가서 훨씬 효율적으로 내신에 대비하여 학습할 수 있다.

지금까지 국어 내신 공부를 통해 수능과 논술에도 대비할 수 있는 방법을 말했다. 이제 비교과에 대해서도 이야기하겠다. 내신과 수능에도 도움이 되는 주요 과목으로 비교과를 준비하면 시간을 훨씬 효율적으로 활용할 수 있다. 이는 국어뿐만 아니라 수학, 영어, 탐구 과목에도 공통적으로 적용되는 방법이니 잘 기억해 두자.

대표적인 국어 비교과를 몇 가지 추천하자면 우선 ToKL국어능력인증시험과 KBS한국어능력시험이 있다. 내신에서 생활국어 파트를 공부하거나 수능에 나오는 쓰기, 어휘, 어법을 공부하다 보면 자연스럽게 두 시험도 대비할 수 있다. 거꾸로 이 두 시험을 준비하면 비교과 서류를 갖추는 동시에 까다로운 파트를 학습할 수 있는 일석이조의 효과가 있다고도 말할 수 있다. 게다가 이런 시험에는 수능보다 어려운 지문이 출제되기 때문에 좀더 수준 높은 공부를 하는 기회가 된다. 이외에도 한자능력검정시험은 고등학교 수준의 내신과 수능에 나오는 사자성어와 한문 어휘를 대비시키고, 논술과 면접에서 출제되는 지문과 문항을 이해하는 데 도움이 되므로 3급 정도로 준비하여 응시하는 것을 추천한다.

　　수학_ 내신과 수능을 전부 잡는 수학 공부의 핵심은 내신시험 기간에 수능 준비까지 끝내는 것이다. 교과서와 시중에 나와 있는 일반 문제집뿐만 아니라 모의고사를 포함한 수능 기출문제집까지 내신시험 기간에 모두 풀어보면 내신 만점에 더욱 가까워지는 것은 물론이고 수능형 문제에까지 미리 적응할 수 있다. 내가 컨설팅하는 아이들에게 권하는 방법으로, 이를 실천한 아이들은 내신 고득점과 함께 수능 모의고사에서도 지속적인 성적 상승 효과를 거뒀다. 이런 방법으로 학습하면 수학 공부에 오랜 시간을 투자하여 많은 문제를 풀어보게 되므로 기본적인 수학 실력이 오를 수밖에 없는 것이다.

　　어느 과목이나 그러하듯 수학 공부도 질과 양이 모두 중요하다. 풀이 방법이 쉽게 떠오르지 않거나, 고난도 문제일지라도 골똘히 생각했는데 틀렸을 경우, 어떤 개념의 공백이나 사고의 오류가 있었는지 분석해 보는 것이 매우 중요하다. 그리고 이런 공백이나 오류를 시험

전에 발견해야 한다. 나는 실제 시험을 통해 자신의 수학 실력을 시험대에 올리겠다는 생각을 버리라고 말한다. 모든 실력 검증 시험은 무수한 연습 과정에서 끝내고 실제 시험은 가볍게 연습한다는 마음으로 임해야 한다.

이를 위해서는 많은 문제를 풀어보는 시간을 확보하는 것이 첫째요, 그 시간만큼 오답을 분석하고 정리하는 시간을 확보하는 것이 둘째요, 자신이 풀어본 모든 문제집에서 오답이 나오지 않을 때까지 다시 풀어보는 시간을 확보하는 것이 셋째이다. 지금 이렇게 공부하지 않으면서 수학 성적이 안 오른다고 한탄하는 학생이 있다면 당장 수학의 이 세 가지 왕도를 실행해 보자.

일단 이렇게 시간을 최대한 확보해야 교과서뿐만 아니라 시중 문제집을 초급이나 중급에서 시작하여 최상급까지 풀어보고 수능 기출 문제까지 내신시험 범위에 해당하는 문제들을 모두 정리할 수 있다. 상위권 학생이라면 시험 전 열 권에 가까운 문제집을 푸는 것도 가능하다. 이렇게 공부한다면 수학 실력을 끌어올리는 계기로 내신시험을 충분히 활용할 수 있을 것이다.

유다은은 고등학교 2학년 1학기 수학 내신성적이 저조했고 수능 모의고사에서도 수리 영역 3등급이 나왔다. 다은이는 여름방학 동안 열 권 이상의 수학문제집이 너덜거릴 만큼 문제들을 풀고 또 풀었고, 2학기에는 내신과 수능 모의고사에서 모두 1등급을 받았다. 나를 감동시킬 정도로 다은이가 다소 무리한 분량의 숙제를 성실하게 해왔을 뿐만 아니라 잠을 줄여가며 핏발 선 눈으로 공부한 성과였다. 처음이 어렵지 문제집 한 권으로 개념 정리와 연습을 끝내면 다음 권은 더 쉽게 풀리고 점점 공부에 가속이 붙는다.

한편 수학 성적이 나쁜 아이라면 교과서와 문제집 한 권을 풀고 오답만 정리해도 시간이 부족할 것이다. 그럴 때는 교과서와 한 권의 문제집을 세 번 정도 반복하여 풀어보면서 수학적인 개념과 정의를 확실히 정리하는 것이 효과적이다.

이과의 경우 내신을 대비함으로써 수학 교과과정에 대해 꼼꼼하게 이해하는 것은 수리 논술과 면접에도 도움을 준다. 최근의 출제 문항을 살펴보면 수학 교과과정에 대한 이해를 바탕으로 심화한 창의적인 내용을 묻는 경우가 많았다. 모든 개념과 증명을 스스로 정리하는 습관을 들이고, 문제를 풀 때마다 논리정연하게 풀이 과정을 쓰는 연습을 하는 것이 중요하다. 풀이 과정을 쓸 때는 빠르지만 바른 글씨로 줄을 맞춰 쓰는 연습을 하는 것이 논리적인 사고를 형성하는 데 도움이 된다.

고난도의 심화 내용을 학습하는 것도 필요하다. 이는 결국 수학 실력을 향상시키므로 내신과 수능 성적을 관리하는 데 도움이 된다. 또한 수학 성적이 최상일 경우 수학경시대회나 공인인증시험을 준비하는 과정도 마찬가지로 내신과 수능, 수리 논술과 면접에 많은 도움이 될뿐더러 좋은 성적이 나온다면 비교과 서류도 더불어 갖출 수 있다.

영어_ 영어는 듣기와 말하기, 쓰기와 읽기를 충실하게 다지면서 기본 실력을 만들어가는 과정 자체가 내신, 수능, 비교과 준비와 연계성이 높은 과목이다. 특히 수능 영어의 경우에는 국가영어평가시험 NEAT, 수준별 영어와 통합 영어, 그리고 새롭게 거론되는 절대평가까지 여러 방법론이 거론되어왔다. 이럴수록 모든 파트에서 영어 기본기를 탄탄하게 다져가는 학습이 더욱 필요할 것이다.

하지만 기본적인 영어 실력이 뛰어난 아이도 학교 시험에서 만점을 받는 것은 쉽지 않다. 학생들의 영어 실력이 상향 평준화되어 있는 데다가 교과서 안의 한정된 범위에서 문제를 출제하다 보니 세세한 부분까지 공부하지 않으면 틀리기 쉽다. 그러므로 영어 교과서를 전부 외우다시피 공부하는 것이 좋은데, 특정 구문·문법·어휘는 내신을 통해 확실하게 익힌다는 생각으로 접근해야 한다. 상위권 학생들은 내신을 대비하면서 자신에게 부족한 파트를 찾아내고, 중하위권 학생들은 기본 실력을 향상하는 계기로 삼자.

가장 먼저 시작해야 할 일은 영어 교과서 본문이 담긴 mp3 파일을 들고 다니면서 반복적으로 듣고 여러 차례 소리 내어 읽는 것이다. 이렇게 하면 교과서 암기는 물론 듣기와 말하기 연습까지 동시에 할 수 있다. 내가 추천하고 싶은 방법은 본문뿐만 아니라 듣기 파트의 지문과 연습문제의 지문까지 모두 듣고 소리 내어 읽고 암기하는 것이다. 해당 단원에서 학생이 알아야 할 모든 표현들이 교과서의 전 파트에 걸쳐 익히도록 구성되어 있고, 교과서의 구문 하나하나는 영어 교육의 효과를 위해 세심하게 고안되어 있기 때문이다. 어휘부터 표현까지 교과서의 모든 내용을 자기 것으로 만든다는 생각으로 공부하면 영어 실력의 절대적인 향상으로 내신과 함께 수능과 비교과를 준비하는 데도 많은 도움이 된다.

많은 학생들이 영어 비교과 서류로 TEPS 성적을 준비하는데, 현재 수능 외국어 영역과 가장 유사하다는 점에서 나도 권하고 있다. 수능보다 높은 수준의 지문들을 접할 수 있으므로 상위권 학생들은 난이도 있는 학습이 가능하다. TEPS 시험에 꾸준히 응시하면 자신에게 어떤 파트가 부족한지 발견하여 보완해 나가고, 좋은 성적을 거두어 내신과 수능 점수만으로 어필하기 어려운 자신의 영어 실력을 증명할 수 있다.

탐구 과목_ 문과든 이과든 자신이 지망하는 학과와 연계할 수 있는 과목을 선택하는 것이 유리하다. 지금까지 나는 비교과 서류를 준비할 때 주요 교과목 공부에도 도움이 되어야 한다는 점을 핵심 원칙으로 강조했다. 지망 학과와 관련 있는 비교과 서류를 준비했는데 내신과 수능에도 도움이 된다면 일석삼조가 아닌가.

예를 들어 서울대 인문계열에 지원하는 학생이라면 국사를 선택하고 한국사능력검정시험을 준비한다. 상경계열에 지원하는 학생이라면 경제를 선택하고 경제경시대회와 TESAT이나 법경시대회를 준비한다.

이처럼 탐구 과목은 내신을 꼼꼼하게 준비하는 것이 수능 성적으로 연결되며, 미리 시간을 좀더 투자한다면 비교과 서류도 다른 과목에 비해 비교적 어렵지 않게 만들 수 있다. 문과도 그러하지만 특히 이과라면 비교과 준비를 통해 대입 논술과 면접에서 빛을 발할 수 있다.

말 많은 선행학습

좋은 선행 VS 나쁜 선행

선행先行. 어떤 것보다 앞서 가거나 앞에 있다는 의미를 가진 이 단어가 최근 언론에 자주 등장하고 있다. 선행학습은 적절하지 않다는 주장이 지배적이다. 첫째, 학생이 학교 수업에 흥미를 잃게 된다는 점, 둘째, 많은 양을 소화하기 위해 주도적인 공부가 아니라 학원 강사에게 끌려가는 공부가 된다는 점, 셋째, 수박 겉핥기 식으로 공부하여 성적 향상에 별 도움이 되지 않는다는 점을 대표적인 근거로 든다.

실제로 2002년 한국교육개발원이 선행학습의 효과를 연구했는데, 중학교 2학년 때까지는 그 효과가 나타나지만 고등학교에 올라가면 큰 차이가 드러나지 않는다는 결과를 발표한 바 있다. 그 이유에 대해 한국교육개발원 김양분 교육조사연구실장은 고등학교 3학년이 되면 모두가 공부에 집중하기 때문에 선행학습 여부에 따른 차이가 좁혀진다고 분석했다.

그러나 나는 이와는 조금 다른 주장을 펼칠 것이다. 바로 좋은 선행은 필요하다는 것이다. 이는 10여 년간 격동하는 입시 현장에서 무수한 컨설팅을 통해 초등학생이 고등학생으로 성장하여 대학에 들어가기까지 모든 과정을 내 눈으로 지켜본 경험에 근거한 결론이다. 좋은 선행은 수능이 쉬워지고 입학사정관전형이 강화되면서 수시모집이 확대된 입시 현실에서는 더더욱 필수적인 전략이다.

긍정적인 선행 효과도 있다

최근에는 대학 입시뿐만 아니라 국제중과 과학고를 중심으로 한 특목고 입시를 위해 선행학습을 하는 모습을 많이 볼 수 있다. 이런 학교들은 설립 목적 자체가 '특수한' 분야에 대한 자질을 갖춘 학생들에게 '특화된' 교육을 제공하는 것이다. 다른 학생들보다 특정 분야에서 앞선, 즉 선행하여 학습하고 있는 학생을 선발하는 것이 부자연스러운 일은 아니다. 물론 그런 자질을 갖추기 위해 선행학습을 진행하는 현재 주객전도의 풍토에 대해 비판하기도 한다. 예컨대 영재고는 자신이 가진 잠재력을 펼치지 못하는 영재들을 위한 학교이지만, 보통 머리를 가진 아이를 영재 수준의 학습 진도와 공부량으로 교육하여 입학시키는 경우를 생각하면 된다.

그러나 영재로 타고난 아이와 영재로 만들어진 아이를 명확하게 구분할 수 있을까? 머리 좋은 아이도 적절한 교육을 받지 못하면 평범한 수준에 머물고, 보통 머리를 가진 아이라도 좋은 공부 습관과 교육적인 계기를 통해 자신에게 잠재된 능력을 증폭시키기도 한다.

머리 좋은 아이에게 선행학습이 효과적일뿐더러 꼭 필요하다는 것은 영재교육에서 상식적인 견해이다. 미리 많이 할수록 더 높이 개발되는 것이다. 이는 공부뿐만 아니라 김연아의 피겨스케이팅, 박지성의 축구, 사라 장의 바이올린에도 공통점으로 적용된다. 영재성이 있는 아이들은 호기심이 강하여 다음 진도를 궁금해한다. 평균 지능의 아이들을 기준으로 가르치는 학교 교과과정을 금세 소화한 아이가 다른 아이들에 비해 더 앞서서, 더 깊이 공부하고 싶어 하기 때문이다. 이처럼 내 아이가 다른 아이들보다 더 많이 흡수할 수 있는 스펀지를 가졌다면 선행심화학습이 자연스러운 교육과정이다.

평범한 아이에게는 선행학습의 부작용이 따르는 것이 사실이다. 아이가 감당하지 못할 만큼 무리한 선행은 힘들고 지루하여 학습에 대한 아이의 흥미를 떨어뜨린다. 하지만 적절한 선행을 통해 앞선 과정을 미리 접해보면 향후 학습에서 어떤 어려움이 생길지 예상하고 장기적인 로드맵을 그릴 수 있다. 막상 새 학기가 시작되고 나서 생각지 못했던 암초에 부딪혀 당황하는 것보다 자신에게 부족한 공부를 미리 찾아서 효과적인 학습 전략을 수립하는 것이 좋지 않겠는가? 그렇지 않다면 수능 직전까지 교과서 진도를 허겁지겁 뒤따라가느라 정신없이 시간을 보내게 될지 모른다. 선행을 해야 하냐, 말아야 하냐의 문제가 아니라 선행을 할 수 있느냐, 없느냐의 문제임을 다시 강조한다.

중학교 1학년 강인선은 중위권 성적으로 공부에 별 흥미를 보이지 않았다. 웩슬러 지능검사도 인선이가 지극히 평범한 아이라는 결과를 보여줬다. 그런데 앞으로 6년 동안 대학에 합격하기 위해 얼마나 많이, 그리고 깊이 공부해야 하는지 이야기했더니, 인선이는 공부 잘하는 아이들처럼 자기도 중학교 2학년 말까지 고등학교 1학년 교과과정을 끝낼 수 있는 계획표를 짜달라고 말했다.

대학에 들어가는 일이 자기가 생각했던 것보다 훨씬 어렵고 미리 준비해야 가능하다는 사실에 충격받았을까. 인선이가 선행학습 도중에 포기하지 않을까 다소 걱정스러웠다. 그런데 내 염려가 무색하게도 인선이는 오히려 즐기면서 공부해 나갔다. 일단 공부 시간 자체가 늘어나니 그동안 뒤처졌던 성적이 올랐다. 자신보다 공부를 잘한다고 생각했던 아이들보다 앞선 내용을 배운다는 데 자신감도 얻었다. 인선이는 평범한 아이였지만 선행학습을 통해 공부에 대한 재미를 깨우고 경쟁 동기를 불러일으켰던 좋은 사례이다.

이처럼 상위 0.2퍼센트의 영재가 아니어도 선행학습에 대한 흥미와 욕심을 보일 수 있다. 또한 선행학습은 꼭 사교육을 통해서만 가능한 것도 아니다. 내가 컨설팅했던 한 아이는 어려서부터 엄마가 영어 비디오를 틀어주면 스스로 돌려 보면서 발음을 따라 하고 내용을 외웠다고 한다. 자라면서도 영어 테이프를 반복하여 들으면서 공부했을 뿐 영어 학원에 다닌 적은 없었다. 중학교 이후로는 영어 공부에 시간을 쏟지 않았지만 이 아이는 영어 내신시험과 외국어 영역 모의고사에서 늘 만점을 받았다. 국어 내신시험과 언어 영역 모의고사도 마찬가지였는데, 역시 어릴 때부터 독서량이 엄청났다고 한다. 이 아이가 영재였을까? 그저 평균적인 수준의 머리를 가진 평범한 아이였다. 이 아이에게 많은 책과 영어 비디오들이 꽂힌 책장이 없었다면 자기 잠재력을 발견하거나 발전시키지 못했을 것이다.

어디까지 공부하고 고등학교에 들어갈까?

그렇다면 이제 선행학습 로드맵을 구체적으로 살펴보자.

국어에 대해 많은 아이들이 공부를 하지 않아도 성적이 잘 나오거나, 공부를 해도 성적이 별로 오르지 않는다고 이야기하곤 한다. 이는 국어가 많이 공부해도 성적을 빨리 올리기 어려운 과목이라는 뜻이며, 우리말인 국어를 가볍게 여기고 현재 성적이 자신의 진짜 실력이라고 오해하는 학생들이 많다는 뜻이다.

실제로 많은 학생들이 다른 과목에 비해 국어의 평균 점수가 높다. 하지만 국어 시험의 난이도가 조금만 높아져도 성적은 급락한다. 기본적인 실력 이외에 특히 수능 언어 영역에 필요한 독해력과 사고력을 갖추지 못했기 때문이다. 중학교 때까지는 국어 실력의 허점이 잘 드러나지 않아서 소홀하게 공부하다가 고등학생이 되어 수능 모의고사를 치르고 나면 그때서야 자기 문제점을 깨닫는다.

따라서 미리 수능이나 모의고사 지문을 접하여 자신의 독해력을 점검하는 것이 좋다. 중학교 2학년이나 3학년 때 헷갈리는 문제는 고등학교에 들어가도 똑같이 헷갈린다. 국어 능력은 단기간에 향상되지 않고 언어 영역은 학년 구분에 크게 영향받지 않으므로 기출문제를 통해 자기 실력을 확인할 수 있다. 수능 기출문제집을 풀어보면 수능이 요구하는 사실적 독해력과 비판적 사고력을 키우는 데 도움이 된다. 또한 어떤 유형의 문제에 취약한지 찾아내서 이를 해결하기 위한 전략도 수립할 수 있다. 고등학교 국어와 문학 교과서에 실린 문학작품의 양이 방대하므로 지금부터라도 교양을 쌓는다는 마음으로 하루에 두세 작품씩 읽어나가자.

영어의 경우 학교 내신시험보다 TEPS 같은 공인영어시험을 통해 자기 실력을 파악하고 목표를 수립해야 한다. 중학교 3학년인데 TEPS 600점이 나오지 않는다면 영어로 비교과를 만드는 것보다 수능에서 만점을 받는 것을 목표로 하는 것이 좋다. 수능을 우선적으로 준비하면서 실력이 올랐을 때 TEPS처럼 좀더 어려운 영어 시험에도 도전하면 된다.

수능 기출문제집을 풀었는데도 그다지 어렵게 느껴지지 않는다면 TEPS 성적 향상을 목표로 공부할 때이다. 상위권 학생은 800~850점 정도를, 영어 특기자로 대학에 들어가고 싶으면 최소한 900점 이상을 목표로 준비한다. 또한 수능과 TEPS 기출문제를 정기적으로 풀어보면 어떤 파트의 공부가 부족한지 발견할 수 있다. 특히 어휘에 취약하다면 고등학교 수준의 단어장이나 기출문제에 나오는 단어들을 정리하여 꼼꼼하게 외우자.

수학의 경우에는 우선 현재 자기 교과 진도를 파악하고 수능을 치르기 얼마 전까지 그 진도를 끝마칠지 계획하는 것이 필요하다. 수능 직전까지 수학 진도를 나가는 일만도 버거운 상황을 피하려면 자신의 목표와 수준에 맞게 공부 진로를 설정해야 한다.

수학 교과과정은 나선형으로 이루어져 학년이 올라갈 때마다 완전히 새로운 내용을 배우는 것이 아니라 이미 배운 내용을 한 단계 더 심화하여 다음 과정에서 배우게 되어 있다. 지금까지 배운 진도에 해당하는 문제를 수능 기출문제집에서 찾아서 미리 풀어보는 것은 선행학습인 동시에 제 학년의 심화학습이기도 하다. 또한 중학교 과정은 연산 위주로 구성되어 있는 데 반해, 고등학교 과정과 수능 수리영역은 사고력과 응용력을 요구하는 문제들을 많이 다루므로 수능 기출문제집으로 미리 훈련해 보는 것도 효과적이다.

많은 학생들이 기본적인 선행학습을 시도하는 사회 분위기에서 선행하고 고등학교에 입학한 학생과 그렇지 않은 학생의 차이는 분명히 존재한다. 그렇지 않은 학생에 비해 선행한 학생의 수학 내공이 더 높기 쉽다. 간단히 이야기하면 수학적인 머리가 좋은 만큼 수학을 잘하기 때문에 그 힘든 선행 과정을 끝내고 고등학교에 입학했을 가능성이 높다는 뜻이다. 나보다 수학적인 능력이 뛰어난 학생이 선행까지 했다면, 고등학교에 올라가서 똑같이 공부해도 그렇지 않은 내가 그 학생을 따라잡기란 정말 어려운 일이 아닌가? 그래서 미리 시간을 확보하여 공부하고 연습할 기회를 만든다는 것은 항상 의미가 있다.

탐구 과목에서는 어떤 과목을 선택하는 것이 자기 적성과 진로에 적합한지 먼저 고민해야 한다. 수능과 내신은 물론 비교과와 논술, 그리고 자기소개서에 써야 할 '지원 동기'와 '지원을 위한 노력' 항목과도 연관되기 때문이다. 탐구 과목은 수학처럼 나선 구조가 아니라 확장심화 구조로 되어 있기 때문에 선행이라는 표현이 어울리지 않다. 초등학생이 이문열의 『삼국지』나 어려운 과학 잡지를 읽는 것을 선행학습이라고 할 수 없는 것이다. 교육의 평등을 주장하는 것도 좋지만, 아이의 능력과 현실적인 상황을 너무 무시하는 것도 국가나 아이의 미래에 바람직한 것은 아니다. 과학탐구의 경우 이과에 지원할 학생들은 고등학교 입학 전에 융합과학까지 진도를 나가는 경우가 많다. 비교과 서류를 제대로 준비하기 위해 물리1이나 화학2처럼 특정 과목을 미리 공부하는 학생들도 적지 않다.

명문대 합격,
준비와 완성 시기가 결정한다

대학 입시 준비는 빠를수록 유리하다

언제가 적기일까?

부모님들을 많이 만나다 보면 "언제부터 준비해야 하나요?"라는 질문을 자주 받는다. 그럴 때마다 늘 "지금부터 준비해야 합니다"라고 대답하곤 하는데 사실이다. 대학 입시 준비는 빠를수록 좋다. 아이가 대학에 들어가기 위해 공부해야 하는 양은 어느 정도 정해져 있다. 쉽게 중간고사를 예로 들어보자. 시험 과목과 범위, 아이가 풀어야 하는 문제집이 정해져 있다. 그럼 두 달 전에 준비하는 아이, 한 달 전에 준비하는 아이, 일주일 전에 준비하는 아이 가운데 누가 더 완벽하게 시험을 준비하고 누구에게 더 좋은 결과를 기대할 수 있을까? 중간고사와 마찬가지로 대학 입시도 먼저 준비하기 시작하는 사람이 더 높은 고지를 바라볼 수 있는 것이다.

그렇다고 대학 입시 준비를 무조건 일찍 시작하는 것이 좋을까? 그렇지는 않다. 대부분 엄마 등쌀에 떠밀려 컨설팅을 받으러 오는 초등 저학년 아이들은 내적 동기보다 외적 동기 때문에 간신히 공부하고 있는 경우가 많았다. 그동안 투자한 시간과 노력이 있으니 성적이 어느 정도 나오긴 하지만 그 상태로 최상위권까지 치고 올라가는 일은 무리이다. 자신에게 뚜렷한 목표나 의지가 없는 이상 최선을 다하지 않기 때문이다. 반면 발등에 불이 떨어진 고등학생들은 절박한 만큼 죽을힘을 다한다. 안타깝지만 그때는 시간이 많지 않으므로 잘 준비되어 있지 않으면 따라잡기가 쉽지 않다.

따라서 초등학교 때부터 일찍 시작할수록 아이의 절실한 목표와 굳센 의지가 중요하다. 초등 2학년인데 국제중이나 과학고 같은 중간 목표가 있고 부모님의 욕심만큼 아이도 그 목표로 의지를 불태우는 상황이라면 바로 준비하기 시작하는 것이 좋다. 중학교에서 고등학교로 넘어가는 시기이거나 현재 고등학생이라면 그런 것과 상관없이 바로 대학 입시를 준비하기 시작해야 한다.

입시 준비를 한다는 것은 지도를 그린다는 뜻이지, 초등학생에게 수능 공부를 시킨다는 뜻은 아니다. 김연아 선수가 유치원 때 스케이트를 탔지만 큰 대회는 연습을 거쳐 수년 후에 나가는 것과 같다. 초등 2학년 때부터 10년간의 큰 계획을 세우는 작업이 로드맵 작업이다.

준비 없이 대학 가기 힘든 세상

2015학년도 대학의 입학 전형 유형은 핵심 전형 요소 중심으로 간소화됐다. 수시 전형은 학교생활기록부 위주, 논술 위주, 실기 위주로 나뉜다. 학교생활기록부 위주(학교생활기록부 교과와 학교생활기록부 종합)에서는 비교과, 교과, 면접 등뿐만 아니라 자기소개서와 추천서를 활용할 수 있고 실기 위주에서는 특기 등 증빙 자료를 활용할 수 있는 전형이다. 이전 학년도와 비교했을 때 대학 입시가 크게 간소화됐지만 처음 대학 입시를 준비하는 학생들의 입장에서는 내가 어떤 방법으로 준비하는 것이 유리할지 여전히 막막한 부분이 있다. 또한 이전 연도까지 전형 개수가 3,000여 개에서 2015학년도에는 1,800여개로 줄었다고 해도 수능과 내신, 논술 및 비교과를 모두 준비해야 한다는 점에서 수험생에겐 달라진 것이 없다.

어떤 장소에 처음 갈 때 우리는 대개 어떻게 하는가? 그곳까지 자가용을 운전할지, 대중교통을 이용할지 최단 거리를 미리 따져 쉽게 찾아간다. 아니면 무작정 출발하여 헤매다가 겨우 도착하거나 아예 찾는 것을 포기하고 다시 돌아가기도 한다. 대학 입시라는 것은 재학생이라면 누구에게나 초행길이다. 미리 어느 길이 나에게 잘 맞는지 찾아보고 준비해야 그동안의 자기 노력을 헛되지 않게 할 수 있다.

수시 전형을 준비하기 위해 외국어 특기가 있는 아이가 찾아왔다. 고려대에 가고 싶어 해서 당시 고려대의 외국어 특기자전형이었던 국제학부전형을 아이에게 추천했다. 하지만 그 전형에 지원하려면 최근 2년 이내에 응시한 외국어공인성적표가 필요했다. 아쉽게도

1학년 초에 외국어공인시험을 치른 것이 전부인 아이는 유효 기간이 지난 성적표를 낼 수 없어서 자신에게 잘 맞는 전형인데도 포기해야 했다.

이렇게 비슷한 유형의 전형일지라도 대학마다 조금씩 달라 복잡하게 느낄 수밖에 없다. 자신이 원하는 대학과 전형에 대해 미리 파악해 두지 않는다면 막상 원서 접수 기간이 다가와도 지원하지 못한 채 정시만 바라봐야 하는 불상사가 생길 수 있다. 반면 점점 불안해진 수험생들이 닥치는 대로 여러 전형에 대한 준비를 다 하려들다가 오히려 시간을 낭비하는 경우도 많다. 따라서 자신의 강점과 약점에 따라 맞춤형 전략을 세워야 한다. 미처 자격을 갖추지 못한 전형을 미리 제외하고, 학교생활기록부나 논술 등 자신의 강점과 성적을 고려하면 목표 전형을 추릴 수 있다. 미리 결정하지 않으면 나중에 결정당하게 된다.

지금 시점에서 무엇을 준비하면 되는가?

초등학생 자녀를 둔 부모님이라면 아이가 학습에 얼마나 흥미를 보이는지, 과목에 대한 호불호가 어떻게 갈리는지 미리 판단해야 한다. 일반적으로 초등학생들은 자신이 잘하는 과목을 좋아하고 못하는 과목을 싫어한다. 초등 과목은 일반적이고 단순한 지식을 다루므로 만약 아이가 싫어하는 과목이 있다면 그 과목의 공부량이 부족하거나 학습법이 잘못되어 있을지 모른다. 이를 미리 파악하여 학년이 올라감에 따라 점점 어려워지는 공부에 미리 대비해야 하는 것이다.

특히 영어의 경우 두뇌의 언어 학습 기관이 한창 발달할 때이니 미리 공부를 시작해 두는 것이 좋다. 그렇다고 수능형 영어 공부를 곧장 해야 한다는 것은 아니다. 고등학교에 올라와서 수능 모의고사 시간에 영어 듣기 문제를 많이 틀리는 학생들은 대부분 어릴 때 영어 공부를 하지 않았다. 초등학생이라면 영어만큼은 중학교에 들어가기 전에 어느 정도 실력을 완성하는 것이 유리하다. 영어 공부의 완성도를 판단하기 위해서는 공인인증시험에 응시하는 것도 좋은 방법이다. TEPS나 TOEFL 같은 고난도 시험보다 TOSEL이나 Jr. TOEFL 같은 시험이 또래의 영어 실력과 비교해 보기에 용이하다. 국제중에 지원하는 학생들은 TOSEL intermediate 2급 정도의 영어 실력을 가지고 있다. 많은 독서와 한자 공부는 나중에 고등학생이 되어 언어 영역을 공부하는 데 큰 도움이 된다.

아이가 중학생이라면 내신을 관리하는 방법을 익히고 수능에 대한 기초를 닦아야 한다. 초등학교에 비해 공부 환경이 많이 달라지므로 미리 수업을 듣는 방법, 노트에 필기하는 방법, 암기하는 방법 등 학습법을 점검하는 것이 좋다. 또한 중간고사와 기말고사를 처음 치르게 되므로 시험을 잘 치기 위해 공부 계획을 세워 알차게 준비하는 방법도 알아두자.

아이의 성향과 특성을 감안하여 문과와 이과에 대한 방향을 미리 고민해 두는 편이 좋은데, 뚜렷한 진로가 보이지 않는다면 홀랜드 적성검사 같은 전문적인 검사를 받아보는 방법도 있다. 고등학교에 올라가면 곧이어 수능 모의고사를 치르므로 미리 수능에 대한 기본 훈련을 시작한다. 특히 초등학교 때 영어 준비를 잘 마친 학생이라 해도 문법이나 어휘 공부가 제대로 되어 있지 않은 경우가 많으니 수능 어휘나 문법에 대한 공부를 따로 시작해야 한다.

중학교 공부를 1년쯤 해보면 아이가 내신 대비에 강한지, 특기를 살리는 것이 좋은지 어느 정도 윤곽을 잡을 수 있다. 내신이 잘 관리되는 아이라면 내신 전형인 학교생활우수자전형들을 살펴보면서 추가로 준비할 수 있는 비교과 서류들이 있는지 리스트를 만들어보자. 상위권 대학 입시를 준비하는 학생들은 문과와 이과를 불문하고 영어 비교과 서류는 하나씩 가지고 있으니 학교생활우수자전형을 목표로 해도 공인영어시험 점수는 확보해 놓아야 한다.

물론 특목고를 준비하는 아이가 아니라면 중학교 때 비교과 성적은 대학 입시에 반영되지 않는다. 하지만 중학교 때 비교과 시험을 접하지 않은 아이가 고등학교에 올라가 좋은 성적을 내기란 매우 어려운 일이다. 자신이 잘할 수 있는 분야의 시험들을 미리 준비하고 응시하는 경험을 쌓는 것이 이롭다.

과목에 대한 호불호가 강한 아이들은 내신을 관리하기 쉽지 않다. 그렇다면 아이가 잘하는 과목에 대한 서류들을 만들어 특기자전형을 준비하자. 서류라는 것은 단순한 수상 실적뿐만 아니라 그 분야에 대한 여러 활동 자료들을 함께 말한다. 과학에 특기가 있는 아이라면 과학 캠프에 참여하거나 한 가지 주제로 연구하여 논문을 써보는 것도 좋은 자료가 되어준다.

고등학생은 실질적인 대학 입시 준비에 들어가야 한다. 가장 중요한 것은 매번 성적표를 분석하는 일이다. 수능 모의고사든 내신시험이든 성적표를 들여다보면 자신이 보강해야 하는 부분을 찾을 수 있다. 특히 수능 모의고사 성적표는 전국 단위 백분위가 제시되기 때문에 자신의 현재 위치를 정확하게 파악할 수 있어 동기부여에 도움이 된다.

또한 많은 학생들이 수능 모의고사 성적표에서 점수나 등급만 확인하는 데 그치지만, 자신의 오답 문항을 통해 스스로 취약한 영역이 무엇인지까지 분별할 수 있다. 예를 들어 언어 영역 성적을 놓고 단순히 등급만 알고 일반적인 공부를 하는 학생과, 오답 문항을 보고 자신이 문학과 비문학 중 어디에 약한지, 비문학에서도 과학 지문과 인문 지문 중 어디에 약한지 파악하고 그에 맞춰 준비하는 학생은 그 다음 시험 결과가 당연히 다를 수밖에 없다.

시간이 별로 없으므로 새로운 뭔가를 준비한다기보다 자신이 가지고 있는 것을 최대한 활용하는 편이 현명하다. 공인인증시험 같은 비교과에 어설프게 도전했다가는 내신과 비교과 둘 다를 잃어버릴 수 있다. 성적표를 분석하여 자신의 현재 상황을 정확하게 진단한 후 보완해야 하는 공부에 매진하는 것이 효율적이다.

중학교 공부를 하되 수능을 향해 가라

대학수학능력시험을 이해하라

흔히들 수능은 고등학교에 들어가서, 혹은 고등학교 3학년이 되어 준비하는 것이라고 여긴다. 사실 수능 준비는 초등 1학년 때부터 이미 시작됐다고 봐야 한다. 어쩌면 태어날 때부터 시작됐을 수도 있다. 과도한 선행학습으로 초등학생을 잡도리하라는 이야기가 아니냐는 엄마들의 근심스러운 표정이 눈앞에 선하다. 하지만 내가 말하고자 하는 바를 제대로 전하려면 수능에 대한 이해부터 전제돼야 할 것이다. 수능은 사고력을 중심으로 평가하는데 이는 지능과 상관관계가 높다.

수능은 '대학수학능력시험'의 줄임말이다. 이름에서 드러나듯 대학에서 배움을 받아들일 수 있는 수학受學 능력을 측정하기 위한 시험으로, 고등학교 교육과정에 해당하는 문제를 출제하여 사고력을 중심으로 평가한다. 여기서 주목해야 할 점은, 출제 범위가 고등학교 교육과정이라는 말은 고등학교 3년뿐만 아니라 초등학교 6년과 중학교 3년을 포함한 12년간의 국민공통기본교육과정을 의미한다는 사실이다. 그렇다면 자연히 국민공통기본교육과정이 시작되는 초등학교 때부터 이미 수능 범위에 포함되기 시작하는 것이다.

내가 전하고 싶은 핵심은 고등학교 이후에야 비로소 수능을 준비하는 것이 아니라 아이가 몇 학년이든 이미 수능을 목표로 공부하기 시작했고, 언제든 수능을 위해 제대로 공부할 수 있다는 것이다. 아직 초등학생, 중학생이어서 먼 미래의 일이라 생각했는가? 그렇다면 지금 밟는 교육과정을 충실하게 학습하는 것이 바로 수능을 대비하는 것이라는 마음가짐부터 다잡자.

수능은 학년과 크게 상관없다

내가 강조하는 수능의 가장 큰 특징은 학년을 크게 구분하지 않는다는 것이다. 수능을 출제하는 한국교육과정평가원이 밝힌 수능의 각 영역별 학습 방법을 살펴보면 무슨 이야기인지 쉽게 이해할 수 있을 것이다.

우선 언어 영역부터 살펴보자. "기초적인 어휘의 의미와 용법을 정확하게 습득하고 문장 및 문단의 핵심 내용을 파악하면서 글 전체의 내용을 이해하도록 한다." "여러 분야의 글을 폭넓게 읽으면서 기본 개념이나 대상에 익숙해지도록 하고, 글의 내용을 이해하고 해석하며 비판할 수 있도록 한다."

이런 학습법은 비단 고등학생에게만 적용되는 것이 아니다. 초등학생과 중학생도 어휘를 정확하게 이해하여 글을 사실적으로 독해하고 비판적으로 해석하는 연습을 이미 교육받고 있다. 따라서 수능이 요구하는 능력을 얼마나 갖췄는지 현재 시점에서 점검할 수 있으며 그에 따른 준비도 충분히 가능하다. 게다가 국어 실력은 학년에 의해 좌우되기보다 평소의 독서 습관이나 체계적인 사고 훈련을 통해 많은 영향을 받는다. 교과과정의 진도를 다 나가야 문제를 풀 수 있다는 전제 조건이 국어에는 해당되지 않으므로 나는 초등학생과 컨설팅할 때 중학교 1학년 국어 참고서의 단원평가문제를 풀게 한다. 아직 배우지 않은 낯선 지문을 바탕으로 문제를 풀어나간다는 점에서 수능과 비슷하게 아이의 능력을 측정할 수 있는 방법이다.

초등 5학년 때 나를 찾아온 최다훈은 60퍼센트 정도 맞혔다. 2년 후, 중학교 1학년이 된 다훈이를 다시 만났을 때는 고등학교 1학년 수능 모의고사 언어 영역을 풀게 했다. 그런데 그때도 비슷한 정답률을 보였고 틀린 문제의 유형까지 거의 일치했다. 잠깐 국어를 공부하다가 포기했던 다훈이는 2년을 그냥 흘려보냈다고 반성하면서 중학교 졸업 전까지 언어 영역에서 90점 이상 맞겠다는 목표를 달성한 후 고등학교에 입학했다.

"다양한 장르의 지문을 읽고 세부 사항을 정확히 파악하는 능력과 전체적인 대의, 주장 등을 추론하는 능력을 배양한다", "문장과 문장의 논리적인 흐름을 파악하는 능력, 문단 내용을 문장으로 요약하는 능력을 배양한다"는 외국어 영역도 별다르지 않다. 학년과 상관없이 기본적인 영어 실력, 그리고 독해력과 사고력을 갖췄다면 수능 외국어 영역 문제들을 얼마든지 풀어볼 수 있다. TEPS 같은 공인영어시험의 지문은 우리말로 번역해도 이해하기 어려운 데 반해 수능 외국어 영역 지문은 비교적 쉬운 편이다.

수리 영역은 국어나 영어와 달리 수학 진도를 다 마치지 않으면 문제를 풀기 어렵다. 그러나 나선형 교과과정이므로 지금 배우는 단원이 수능에서는 얼마나 심화되어 출제되는지 살펴볼 수 있다. 지금 수준의 수학적 추론 능력을 활용하여 풀어볼 수 있는 문제들도 조금은 찾을 수 있다. 실제로 컨설팅을 진행할 때 수능 기출문제집에서 아이의 현재 수학 진도와 실력에 맞는 문제들을 골라서 풀린다. 이렇게 하면 아이의 수학 실력을 좀더 정확하게 판단하여 단계별 학습 계획을 세울 수 있다.

고등학교 입학 전에 수능 실력을 완성하라

고등학교에서 보내는 3년이라는 기간은 무척 짧은 데다 정신없이 지나간다. 중간고사 여섯 번, 기말고사 다섯 번을 번갈아 치르면 어느새 진짜 수능이 코앞에 다가와 있다. 특히 수시 전형의 확대로 내신과 비교과에 대한 비중이 강화되면서 수능을 준비할 정신적, 체력적, 시간적인 여유가 더욱 줄어들었다. 그래서 나는 고등학교 입학 전에 수능 실력을 완성하는 로드맵을 권하고자 한다.

앞에서도 말했듯이 국어는 단기간에 실력을 향상하기 어렵고 명확한 해결책을 찾기도 난감한 과목이다. 하지만 아이의 취약점이 무엇인지 정확하게 진단하고 빠르게 보완하는 것이 최우선임은 분명하다. 언어 영역에 대비하려면 무엇보다 『자이스토리』 같은 수능 기출문제집을 통해 지문에서 정답의 근거와 오답의 근거를 찾아내는 연습이 필요하다. 수능 기출문제집이 어렵다면 난이도가 조금 낮은 고등학교 1학년 수능 모의고사 모음집도 좋다.

학교 국어 시험과 달리 언어 영역은 출제 범위가 광범위하여 낯선 지문이 많으므로 단순한 암기력보다, 지문의 정보를 사실적으로 받아들이는 독해력과 지문에 제시된 근거를 바탕으로 추론하는 능력을 요구하기 때문이다. 이는 비문학뿐만 아니라 문학 지문과 문제에도 해당한다. 특히 문학의 경우 주관적인 감상과 해석은 배제돼야 한다. 작품을 단순하게 암기하는 것과 무조건 많이 감상하는 것은 별 효과가 없지만 낯선 고전문학이나 현대문학은 꾸준히 접하여 친숙해지는 것이 좋다.

영어의 경우 점차 영어 공부를 시작하는 시기가 빨라지고 실력이 상향 평준화되어 중학교 1~2학년, 빠르면 그 이전에 이미 수능 영어 실력이 완성된다. TEPS 700점 이상이라면 수능 기출문제집을 통해 독해, 문법, 어휘를 정리하고 공인영어시험을 통해 수능보다 어려운 난이도로 공부하여 절대적인 실력을 향상하자. 수능 외국어 영역이 어렵게 느껴지면 고등학교 1학년 모의고사부터 시작해서 차근차근 공부하는 방법도 추천한다. 이때 독해와 더불어 문법, 어휘, 듣기 같이 모든 파트에 대한 학습이 두루 이루어지고 있는지 점검하는 것이 중요하다.

많은 학생들이 좌절하고 포기하지만 수학은 문과든 이과든 상위권 대학에 진학하려면 반드시 높은 수준의 실력이 요구되는 과목이다. 그래서 어느 과목보다 훨씬 많은 시간을 투자하는데, 고등학교 입학 전에 1학년 수학 과정까지는 마치는 것이 좋다. 대신 교재는 『수학의 정석』 같은 기본서 한 권과 문제집 한 권이면 충분하다. 기본서와 문제집을 완벽하게 공부한 후 수학 실력이 향상되면 수능 기출문제집 등을 풀면서 문제해결력과 사고력을 키워나가자!

탐구 과목의 선택과 비교과 동시 준비에 대해서는 이미 이야기했으므로, 여기서는 국어 · 영어 · 수학이 제대로 준비되지 않은 상황에서 탐구 과목에 시간을 쏟지 말라고 당부하고 싶다. 이 세 과목은 탐구 과목에 비해 많은 공부량이 필요하고 단기간에 성적을 끌어올리기가 어렵기 때문이다. 그러나 내 아이에게 가장 적합한 전략은 아이의 진로와 목표, 현재 실력과 잠재력을 꼼꼼하게 살핀 후에 수립할 수 있다는 것을 잊지 말자.

비교과 서류는 고등학교 입학 전에 50% 이상 준비하라

대학 입시에서 말하는 서류란 무엇인가?

서류는 기본적으로 입시에 반영되는 모든 것을 의미한다. 공인인증성적, 공인시험자격증, 각종 경시대회 수상 실적 등 비교과는 물론 자기소개서, 추천서, 학교생활기록부까지 모두 서류의 범주에 들어간다. 엄밀히 말하자면 내신성적도 서류에 포함된다고 할 수 있다.

그런데 대학 입학 전형에 '서류 100퍼센트'라고 명시되어 있으니 내신성적은 반영되지 않는 것이 아니냐고 질문하는 엄마들이 가끔 있다. 사실 이전에는 학교생활기록부와 서류(비교과) 반영 비율이 뚜렷하게 제시되어 있었다. 하지만 최근에 발표된 상위권 대학들의 입학 전형을 살펴보면 학교생활기록부와 비교과를 합쳐서 '서류'라고 명시하는 전형이 늘어났음을 알 수 있다. 입학사정관전형이 확대되면서 종합적인 평가로 학생들을 선발하겠다는 대학의 의지가 반영된 결과이다.

학교생활기록부_ 학생을 평가하는 데 가장 기본이 되는 서류이다. 고등학교 3년 동안의 내신성적, 담임선생님의 평가, 출결 사항, 교내 수상 실적, 동아리 활동, 봉사 활동 등 모든 학교생활이 기록되어 있다. 학교생활기록부는 학생이 학교생활에 얼마나 충실했는지를 보여주는 자료이다.

비교과 서류_ 교내 수상 외에 교외 수상, 공인인증시험, 자격증 등 학교생활기록부에 기재되지 않는 모든 실적을 말한다. 예전에는 교외 수상도 학교생활기록부에 기재했으나 2010년부터 금지됐다. 또한 학생이 지원하는 학과에 관련된 활동 기록들도 서류에 포함된다. 지원 학과와 연관된 캠프에 참여했거나 연구 논문을 썼다면 전부 첨부할 수 있다. 나는 학생이 출판했던 책 표지와 차례 사본을 제출하게 한 적도 있다.

자기소개서와 추천서_ 대학 입시에서 상당히 중요한 역할을 차지하는데도 여전히 간과되는 서류이다.

많은 학생들이 자기소개서를 쓰는 방법을 잘 모른다. 대학입학처 관계자의 말에 따르면, 아무 근거 없이 무조건 가고 싶다는 의지만 표명하는 경우가 실제로 굉장히 많다고 한다. 그렇다고 해서 각종 수상 실적 및 성적만 단순하게 나열하라는 말은 아니다. 그것을 통해 구체적으로 무엇을 학습했는지, 지원 학과를 공부하는 데 어떤 도움을 주는지 등에 대해 써야 한다.

추천서도 마찬가지이다. 추천서의 가장 기본적인 원칙은 학생을 가장 잘 알고 있는 사람에게 부탁하는 것이다. 그래서 꼭 담임선생님이 아니더라도 자신이 지원하는 전공 분야의 교사가 추천서를 써줄 수도 있다. 물리학과를 지원하는 학생이 물리 교사의 추천서를 받은 적도 있었고, 어떤 대학은 부모의 추천서를 요구하기도 했다.

이때 주의할 점은 추천서를 교사의 책임으로 온전히 맡겨두고 무작정 기다리지 말라는 것이다. 어떤 부모님은 원서 제출 마감일에 다른 서류들을 모두 준비하여 학교에 방문하자 그때서야 교사가 부리나케 추천서를 쓰더라면서 불만스러워하기도 했다. 추천서를 부탁할 때는 자신이 쓴 자기소개서나 다른 서류들을 함께 보여줘서 참고하도록 하는 것도 한 방법이다.

이외에 기타 서류로 입학 원서, 에세이, 우수성입증자료 요약서 등이 있지만 이는 대학이나 전형에 따라 달라지므로 미리 자신이 원하는 대학의 전형을 꼼꼼하게 읽어보길 바란다.

비교과, 언제 무엇을 준비해야 할까?

간단하게 설명하자면 초등학교 때 흥미를 유지하며 기초적인 학습을 하고 중학교 때 실력을 키운 다음 고등학교에 올라가서는 성과를 거두는 방향이 가장 이상적인 로드맵이다. 하지만 과돈별로 비교과를 준비하는 데 적합한 시기는 조금씩 다르다.

영어_ 언어학자 놈 촘스키에 따르면, 사람의 뇌에 있는 언어 습득 기관은 0세부터 13세까지 가장 활발하게 발달하고 그 사이에 접하는 언어는 모국어에 가깝게 습득할 수 있으므로 영어 공부는 빨리 시작하는 것이 좋다. 초등 3학년까지는 영어 듣기와 읽기를 집중적으로 훈련하고 초등 고학년에 들어서면 본격적으로 공인인증시험에 도전한다. TOSEL, PELT, IET 등 난이도가 높지 않은 시험들이 적합하다. 영어에 특기가 있는 아이라면 초등 6학년 때 iBT TOEFL에 도전해 보는 것도 괜찮다. 중학교부터는 iBT TOEFL과 TEPS를 병행해도 무방하다. 나는 중학교 2학년 이후부터 TEPS를 준비하는 방법을 추천한다. 간혹 초등학생이 TEPS를 공부한다는 이야기를 듣곤 하는데, TEPS는 영어 실력 외에도 고난도 독해력이 요구되는 시험이므로 언어 학습이 어느 정도 진행된 후에 도전하는 것이 효과적이다. 또한 수능 외국어 영역 지문과 가장 유사한 패턴을 보여주는 시험이므로 수능 이상의 영어 실력을 가지고 있다면 반드시 TEPS에 응시하자.

안정적인 영어 로드맵에서는 중학교 때 수능 수준의 영어 실력을 완성하고 고등학교에 올라가서는 비교과 서류를 만들기 위해 공인인증시험에 꾸준히 응시할 것을 추천한다. 고등학생인데도 아직 수능 수준의 영어 실력에 도달하지 못했다면 공인인증시험을 무리하게 준비하지 말자. 일반적으로 공인인증시험의 점수 효력은 2년이므로 2학년 때 목표 점수를 받도록 계획하는 것이 좋다. 문과라면 TOEIC 900

점 이상, TEPS 850점 이상을, 이과라면 TOEIC 850점, TEPS 800점 이상을 목표한다. 최근에는 900점 이상의 공인영어점수를 가지고 있는 이과 학생들도 많다. 영어가 더 이상 문과 학생들의 특기만은 아니라는 증거이다.

수학_ 어릴 때 수학을 어떻게 처음 만났느냐에 따라 아이들마다 호불호가 크게 갈린다. 영어의 경우에는 재미있는 시청각 교육 자료가 많아서 아이의 흥미를 쉽게 불러일으킬 수 있다. 하지만 수학은 대개 학습지를 통해 접하기 시작하므로 처음부터 공부라는 인식이 강해져 흥미를 잃어버리고 만다. 따라서 초등 저학년 때는 수학에 대한 흥미를 유지할 수 있도록 문제 풀이 위주의 수업보다 각종 교구재를 활용한 창의사고력 수업을 받는 것이 좋다.

초등학교 고학년부터 교내 수학경시대회나 한국수학경시대회 KMC, 성균관대 전국수학학력경시대회 같은 교외 수학경시대회에 나가 수학 실력을 체크하고, 자신감이 생기기 시작하면 중등 한국수학올림피아드KMO를 준비해 보는 것도 좋다. 중학교 이후부터는 수학경시대회를 본격적으로 준비해야 한다. 그런데 영어와 달리 수학은 본인의 노력도 중요하지만 수학적인 재능이 요구되기 때문에 무조건 준비한다고 모두 수상하길 기대할 수 없다. 게다가 준비 과정이 만만치 않아 수학적인 재능이 뛰어나거나 이과 진로를 희망하는 경우에 도전할 것을 권한다. 국제수학경시대회IMC 같은 인증시험은 비교적 난이도가 낮은 편이므로 문과를 희망하는 학생들도 응시할 만하다.

국어_ 국어는 우리말이라 특별히 준비하지 않아도 된다고 생각하지만 최상위권 학생들이 마지막까지 매달리는 과목이다. 수능에서 외국어 영역은 1등급인데도 언어 영역 성적이 오르지 않아 고전하는 학생들이 의외로 많다. 그만큼 탄탄한 기본기가 중요한 과목이므로 초등학교 때부터 관리해야 한다. 교내에서 실시하는 각종 글쓰기 대회에 적극적으로 참여하고 초등 6학년 때는 J-ToKL에 도전한다. 중학교 이후부터 KBS한국어능력시험이나 ToKL을 준비할 수 있는데, 고난도 시험이지만 그만큼 수상했을 때 비교과의 가치가 크므로 문과 학생이라면 욕심낼 만하다.

탐구 과목_ 대학 입시에 공통적으로 반영되는 국어, 영어, 수학과 달리 탐구 과목은 학생의 진로에 따라 선택 과목이 갈린다. 문과와 이과를 결정하는 시기는 대체로 중학교에 입학한 이후이므로 초등학교 때 특정 탐구 과목의 비교과를 준비한다는 것은 무의미하게 느껴진다. 게다가 초등학생의 관심은 변덕스럽기까지 하다.

이때 다양한 분야의 독서가 많은 도움이 된다. 『Why? 시리즈』를 비롯하여 쉽고 재미있게 읽을 수 있도록 초등학생의 눈높이에 맞춘 한국사나 경제 관련 책들이 많이 나와 있다. 이 같은 독서를 통해 국어 실력까지 키울 뿐만 아니라 아이의 관심이 어떤 탐구 과목에 쏠리는지 관찰할 수 있다.

경제에 유독 관심이 많은 초등학생이라면 경제를 심도 깊에 공부하여 Junior TESAT에 도전하고, TESAT은 중학교 고학년이나 고등학교 이후에 응시하는 것이 좋다. 중학교에 들어가 국사를 배우기 시작하면 한국사능력검정시험이나 우리역사바로알기대회를 준비하자. 특히 서울대 문과 진학을 목표로 한다면 탐구 과목 중 한국사를 필수적으로 선택해야 하므로 이 두 가지 비교과에 반드시 도전하자. 고등학생이 되어 진로를 확정하면 탐구 선택과목에 따라 관련 올림피아드를 준비하는 것도 좋다. 다만 해당 탐구 과목에 대한 특별한 재능이나 목표가 없다면 국어, 영어, 수학 공부를 어느 정도 완성한 후에 도전하는 것이 현명하다.

제2외국어_ 최근 많아진 공인영어시험 고득점자들로 인해 영어 비교과는 기본적인 서류가 되어버렸다. 이제 문과 학생이라면 영어 비교과 이외에 제2외국어 공인성적 하나쯤은 더 준비해야 경쟁력을 높일 수 있다. 초등학교 때 한자를 공부하면 언어 영역뿐만 아니라 일본어나 중국어를 제2외국어로 선택했을 때 큰 도움이 된다.

일본어 공인인증시험 JLPT가 제2외국어 시험 중에서는 가장 난이도가 낮고 높은 급수를 따기 수월하다. 중국어 공인인증시험 HSK도 '신HSK'로 바뀌면서 등급 체제가 줄어들어 높은 등급을 따는 문턱이 상대적으로 낮아졌다. 그 외에 프랑스어나 독일어 공인인증시험은 시험의 종류가 적고 난이도가 높으므로 비교과 준비 시 신중하게 결정하는 것이 좋겠다. 제2외국어에 대해서도 영어 실력이 뒷받침되고 다른 과목 공부가 얼마나 완성됐는지 점검한 다음에 도전하는 것이 현명하다.

다만 이런 공부도 국어, 영어, 수학 실력을 갖춘 학생에게 적용된다. 국어, 영어, 수학이 상위권이 아니라면 아직은 국어, 영어, 수학에 집중하라.

고등학교 입학 후에는 이 모든 것을 관리하라

체력부터 성적까지 '관리'가 전부이다

중학교까지 실력을 쌓는 데 주력했다면 고등학교 3년간은 체계적인 입시 계획에 맞추어 그 모든 결과를 관리하고 유지하는 데 힘써야 한다. 일단 내신부터 관리한다. 고등학교에서 3년 내내 전교 1등이라면 대학 합격은 거의 보장된다. 내신이 나쁘면 다른 방법을 찾기 위해 여러모로 애써야 하지만 내신만 확실하게 잡으면 대학 입시는 80~90퍼센트 해결된다(다만 최상위권 대학은 내신 외에 비교과 서류들을 대부분 요구하므로 미리 준비할 필요가 있다). 수시 전형은 고등학교 1학년 성적부터 반영하는 경우가 많고 0.001퍼센트 점수 차이로 합격과 불합격이 갈리므로 1학년부터 3학년까지 열두 번의 내신성적 관리는 대학 입시에서 엄청난 변수로 작용한다.

수능에 대비하는 모의고사 성적에도 총력을 기울여야 한다. 모의고사 성적은 당장 대학 입시에 반영되는 점수는 아니지만 실제 수능을 치를 경우 예상되는 점수이다. 실제 수능을 본다는 자세로 모의고사를 준비하고, 모의고사를 칠 때도 수능 당일인 것처럼 임해야 한다. 언어와 외국어 영역의 경우 점수를 올리기는 어려워도 한 번 올리고 나면 유지하는 것이 어렵지 않기 때문에 틈틈이 수능 기출문제집을 풀면서 점수를 관리한다. 이과 학생은 수리와 과학탐구 영역에서 만점을 받겠다는 자세로 공부해야 한다. 사실 중학생에게는 '올백'이 가능하지만 고등학교에 진학하면서 변별력 있는 내신시험과 수능 모의고사로 인해 올백은 아스라이 멀어진다. 하지만 모든 시험에서 올백이 가능하다는 자세로 완벽에 가까운 공부를 하려고 애쓴다면 수능 만점의 주인공이 될 수 있다.

특기자전형의 경우 앞에서 이야기한, 중학교까지 완성된 각종 공인인증시험의 성적 유효기간은 2년인 경우가 많으므로 고등학교 2학년 겨울방학에 한 번 더 갱신해야 할 수도 있다. 또 재수를 결심할 경우에는 이 유효기간도 꼼꼼하게 따지길 바란다. 만약 1학년 2학기에 받은 공인성적이라면 아무 소용이 없으므로 재수 기간 동안 갱신을 위한 시험도 준비해야 해서 입시 부담이 가중될 수밖에 없다. 특기자전형이 아닌 경우 유효기간을 따지지 않고 고등학교 재학 기간 중의 성적을 모두 인정하는 경우도 많으므로 개별적인 확인 작업이 요구된다.

내신 관리와 공인성적 관리가 끝나면 포트폴리오를 관리해야 한다. 규모가 작아도 좋으니 지원 학과의 특성에 맞는 교내외 대회에 나가거나 캠프 참가, 동아리 활동, 체험 활동 등을 추가하길 바란다(구체적인 학과가 정해져 있으면 가장 좋지만 그렇지 않으면 문과와 이과라도 결정한다). 봉사 활동과 논술 공부도 빼놓지 말아야 할 과제이다. 이처럼 고등학교 시절에는 각종 성적을 관리하면서 추가로 챙겨야 할 것들이 너무나 많기 때문에 고등학교 입학 전에 최선을 다해 교과 공부를 해놓아야 대학 입시에서 유리한 고지를 차지할 수 있다.

　시간 관리와 체력 관리도 중요하다. 잠만큼은 적당한 시간 동안 규칙적으로 자되, 자투리 시간을 최대한 활용하여 허투루 낭비되는 시간을 최소화한다. 머리를 많이 쓰는 학생에게는 균형 잡힌 영양 섭취도 3년간의 장기적인 공부를 위해 반드시 필요하다. 특히 아침에 피곤한 몸을 깨우기 위해 아침밥을 거르지 않아야 하고, 뇌의 70퍼센트가 수분이므로 주기적으로 물을 마셔서 충분히 보충해 준다. 공부할 때 물을 마시면 피로감이 줄어들고 집중력이 향상된다. 커피와 탄산음료같이 카페인이 들어간 음료는 가급적 피하는 것이 좋다.

지금 할 수 있는 것과 없는 것을 구분하라

만약 아이가 선행학습이든 심화학습이든 비교과 준비든 아무것도 하지 못했는데 고등학생이 되어 있다면 지금까지 내가 말한 이야기들이 답답하게 가슴을 짓누를 것이다. 하지만 지금 이 순간도 늦지 않았다. 고등학교 1학년이라면 1학년대로, 2학년이라면 2학년대로 지금부터 할 수 있는 것에 최선을 다하면 된다.

　고등학교에 올라와서야, 수학이나 과학을 심화하여 공부해 본 적이 없는 아이가 경시대회에 도전한다든가, 영어라면 질색하는 아이가 공인인증시험을 준비한다든가 하는 무모한 계획은 아무 도움이 안 된다. 아이가 가장 잘할 수 있는 장점과 특기를 파악하고 반, 학년, 교내로 차츰 확대하여 다양한 활동에 참여하는 계획을 세우고 실천한다. 아주 작은 계획부터 차근차근 시도하는 것이다. 이과로 진로를 결정하고 싶은데 아무것도 준비하지 못했다면 교내 과학 동아리에 들어가거나 학급 과학부 활동, 수학부 활동이라도 시작해 보자. 인터넷 카페에 크고 작은 대회에 관한 정보들이 많으니 아이와 부모님이 조금만 노력하면 고등학교 재학 중에도 대학 입시에 필요한 서류를 준비할 수 있다.

내신 관리는 필수적으로 해야 하지만, 내신성적을 확보하기 어려운 특목고, 자사고, 비평준화의 상위권 고등학교에 다닌다면 수능과 논술에 더욱 힘을 기울여야 한다. 내신을 반영하지 않고 수능과 논술만으로 선발하는 대학도 있기 때문이다. 고등학교 1학년 겨울방학 때는 아이와 부모님 모두 현실을 직시하고 현재 가능한 대학과 학과의 범위를 정하여 본인에게 맞는 입시 전략을 잘 세워야 한다. 입시 전형이 다채로워져 지금부터라도 준비할 수 있는 방법을 모색한다면 해결책은 분명히 있다.

'고등학교 친구가 평생 친구'라는 말 때문에 어떤 아이들은 우정을 쌓기 위해 공부를 소홀히 여기기도 한다. 대학 입시를 준비하는 고등학생에게 영순위는 '친구를 만드는 것'이 아니라 '대학에 가기 위해 최선을 다하는 것'이다. 초등학교, 중학교에 다닐 때도 공부를 놓아버려 일 분 일 초가 아쉬운 판국에 방학 동안 친구들과 자유롭게 여행을 떠나고, 학기 중에 누리지 못했던 여가를 즐기며, 마음껏 놀고먹고 자야 한다고 생각하는 아이들이 많다. 어른도 집에서 편안하게 쉬면서 빈둥거리는 여유를 만끽하고 싶지만 회사에 출근하여 열심히 일해야 돈을 벌 수 있는 것처럼, 학생 역시 자신이 원하는 삶을 살려면 지금 이 순간 현명한 선택을 하고 거기에 집중을 해야 한다.

또한 부모님도 아이가 공부에 집중할 수 있도록 "주말이니까 좀 쉬어도 괜찮아. 가족끼리 외식 몇 번 한다고 성적이 떨어지기야 하겠니?" 하는 안이한 생각을 버리길 바란다. 부모님이 가족 모임이 있는 날은 공부를 덜 하거나 학원에 안 가도 된다고 말하는 순간, 아이는 친구들과의 모임 역시 중요하니까 공부와 학원보다 친구들과의 약속을 우선해도 괜찮다고 생각한다. 10대 아이에게 어른의 판단력을 기대하면서 가족과 친구의 개념을 엄격하게 나누라고 강요해서는 안 된다. 그렇기 때문에 대입을 바라보는 자세에서 부모님이 먼저 중심을 잡는 것이 중요하다.

고1부터 고3까지 명문대 준비 풀스토리

이제 고등학교 입학 이후부터 수능 직전까지 명문대 진학을 위한 최적의 합격 이야기를 만들어보자. 이 이야기는 열정과 노력으로 현실화할 때 비로소 의미를 지닌다. 그동안 나와 함께 문제집이 너덜너덜해지도록 구슬땀으로 숨 가쁘게 공부해 온 아이들이 실현한 이야기이고, 이 책을 읽고 있는 부모님과 아이가 앞으로 한 장씩 빼곡하게 채워나갈 이야기이기도 하다.

다시 한 번 말하지만 고등학교 때는 시간이 턱없이 부족하다. 바쁜 수험 생활은 1학년부터 시작된다. 특히 전체 공부량이 100이라면 50 이상을 투자해야 하는 수학은 학교 수업과 내신 공부를 통해 개정 교과인 수학1·2 진도를 맞추기도 빠듯하다. 여름방학과 겨울방학 동안 다음 교과과정을 예습하기보다는 수학1·2를 충실하게 복습하여 제대로 정리해 놓는 것이 현명하다. 실제로 수학1 이상에 대한 예습과 다른 과목에 대한 학습에 투자할 시간이 매우 부족하다.

그래서 고등학교 입학 전에 최소한 수학1·2까지는 미리 공부해야 하는 것이다. 그동안 별 경각심 없이 아무런 준비를 하지 못했다면 중학교 3학년 겨울방학을 최대한 활용하여 수학1 까지라도 예습해 두는 편이 좋다.

국어와 영어도 마찬가지이다. 수학에 절대적으로 많은 시간을 투자해야 하는데 언어와 외국어 영역 모의고사 성적이 잘 나오지 않아 발목이 잡히면 물리적인 시간은 물론 정신적인 여유도 없어진다. 국어와 영어는 수능 모의고사에서 안정적으로 1등급이 나올 수 있도록 준비하자. 아직 고등학교 입학 전이라면 수능, 혹은 고등학교 1학년 모의고사 기출문제집을 풀어보고, 1등급에 해당하는 점수를 받지 못하면 자신의 취약점이 무엇인지 파악하여 보충한다.

고등학교 입학 전후를 위한 준비를 성실하게 해왔다면 이제 내신 대비 전략을 수립한다. 1학년 때부터 내신과 수능을 동시에 대비하는 공부 계획을 세우자. 특히 수학은 중간고사와 기말고사 기간 동안 해당 범위 내에 있는 단원은 고난도 문제는 물론 수능 및 모의고사 기출문제까지 전부 풀어본다. 이렇게 국어와 영어에서 1등급 점수가 안정적으로 나오는 상황에서 수학 공부에 집중적으로 시간을 투자해야 세 과목 다 1등급으로 수능 모의고사 성적을 유지할 수 있다.

2학년이 되면 3학년이 되기 전까지 모든 진도를 마치는 계획을 세운다. 즉 2학년 1학기부터 겨울방학까지 새로운 내용에 대한 학습을 끝내고 3학년부터는 최종 점검과 복습에 들어갈 수 있어야 한다. 이것이 중요한 이유는 3학년은 공부에 집중할 수 있는 시간이 많지 않기 때문이다.

3학년이 되면 일곱 번의 교육청 모의고사, 두 번의 중간고사, 한 번의 기말고사를 치른다. 학교에 따라 두세 번의 사설 모의고사와 한 번의 기말고사가 더해지기도 한다. 매달 시험의 연속이라 해도 무방하다. 달력을 펴 들고 머릿속으로 한번 그려보자. 3월에 3학년이 되어 수능 D-240을 마음속에 새기고 공부하다 보면 어느새 중간고사가 코앞에 닥쳐 있고 잠시 한숨 돌리나 싶으면 기말고사가 시작된다. 게다가 그사이에 끼어 있는 수능 모의고사까지 치면서 점수에 일희일비하고 나면 여름이 성큼 다가와 있다. 그러면 수시 원서를 준비해야 한다. 수능 D-100이라는 촉박하게 흘러가는 날짜를 확인하고 다시 중간고사와 수능 모의고사를 치러내면 진짜 수능이 내일이다.

이렇게 정신없는 3학년의 일정 속에서는 새로운 내용을 받아들이고 아직도 부족한 과목에 마음껏 전념할 여지가 없다. 2학년, 특히 여름방학과 겨울방학 동안 최대한 공부해 두는 것이 중요하다. 이때까지는 취약한 과목도 안정적인 궤도에 진입시켜야 하고 아직 미처 나가지 못한 진도도 정리해야 한다.

비교과도 2학년 때까지 모든 준비를 끝내는 것이 좋다. 동아리 활동이나 봉사 활동을 계획하고 있다면 고등학교 입학 직후부터 곧장 시작하라. 경시대회나 공인인증시험은 대학입학 지원서를 제출하기 전까지 꾸준히 응시하되, 3학년 때는 내신과 수능에만 집중하는 것이 좋으므로 2학년 말까지 최종적인 목표 점수를 취득할 수 있도록 노력해야 한다.

명문대 합격생의
내신, 수능, 포트폴리오 완전정복

다양한 유형의 아이들이 자기 조건을 토대로 전략적인 집중과 선택을 통해 명문대, 연기 학과 합격의 기쁨을 누린 사례를 다채롭게 담았다. 공부 과정부터 실제 포트폴리오(내신 등급, 활동명, 대회명, 수상 경력, 공인시험 점수 등)까지 구체적이고 생생하게 보여준다.

자기주도학습으로 명문대 간 아이들
혼자 공부해서 더 빛난다

 김한샘 【경기 광명시 일반고, 서울대 법과대학 수시 지역균형선발전형 합격】

내신 1.0, TEPS 952, TOEIC 990, JLPT 2급, 전국고교생경제경시대회(현재 전국고교생경제한마당) 동상, 전국지리올림피아드 지역동상 · 전국금상, 한국사능력검정시험 1급, 한자능력검정시험 3급, KBS한국어능력시험 3급, 교내 영어경시대회 금상, 교내 수학경시대회 금상, 교내 지리경시대회 우수상, 교내 논술능력평가 최우수상, 교내 영어소설읽기반 활동, 교내 영어영상반 활동, 모의법정대회, 교내 표창장, 교내 학력우수상 다수, 장학증서 다수

독학으로 전설이 되다

한샘이의 대단한 포트폴리오를 보면 입이 떡 벌어지겠지만, 사교육의 도움 없이 정말 순수하게 자습으로만 이루어낸 실적이다. 어려운 가정환경 때문에 학원 다닐 형편이 안 되어(나와도 컨설팅 중인 친

구의 도움으로 만날 수 있었다) 오로지 독학에만 의존할 수밖에 없었다. 문제집도 마음 놓고 사지 못할 만큼 어려운 가정환경 때문에 한 번 공부했던 문제집을 낱장이 떨어져 나가도록 보고 또 봤다. 그게 오히려 지독한 공부벌레 한샘이를 최고의 학생으로 만들었다.

한샘이가 다닌 학교는 일반고였지만, 비평준화로 선발된 학생들이 입학했기 때문에 사실상 특목고에 준하는 경쟁이 맹렬하게 벌어지는 학교였다. 그런 학교에서 줄곧 전 과목 내신 1등급을 기록하고 졸업한 인물로 전설이 됐다. 내신뿐일까, 수능 모의고사도 전국 상위 1퍼센트 성적을 유지했다. 유학 한 번 가지 않고 TEFS를 900점대로 만들었고, 국어능력시험과 한자급수시험을 통과했으며, 지리올림피아드와 경제경시대회에서 모두 수상했다. 한샘이는 보통 어려운 환경의 아이들에 비해 잘한 정도가 아니라 좋은 환경의 아이들을 넘어서는 확실한 실력을 가지고 있었다. 지금까지 수많은 학생들을 만나봤지만 이토록 스스로 빛나는 아이를 만나기란 쉽지 않다. 정말 믿어지지 않았다.

"한샘아, 혼자서 이렇게 공부하고 있는 거니?"

"네, 그냥 잠자고 먹는 시간 빼고는 공부만 해요."

전설은 그냥 이루어지지 않았던 것이다.

스스로 자기 길을 개척한 아이

한샘이는 인터넷을 통해 대학 입시 정보를 얻었고 자기 나름대로 목표를 정하여 끊임없이 공부했다. 경제경시대회나 지리올림피아드도 혼자 공부해서 입상까지 했다. 누가 시키거나 대학 입시에서 조금이라도 유리해질까 계산한 것이 아니라 경제와 지리가 내신 과목이라 깊게 공부하는 김에 준비한 것뿐이다. 영어도 마찬가지이다. TEPS를 공부하고 시험을 쳐본 학생들은 알겠지만 외국에 한번 나가지 않고 혼자 900점대 중반의 점수를 받는다는 것은 정말 어려운 일이다. 이 정도라면 자신에게 주어진 시간을 거의 대부분 공부로만 치열하게 채우면서도 그만큼 즐길 줄 아는 경지에 올랐다는 이야기이다. 시간 관리에서 타의 추종을 불허하는 한샘이는 '그냥 앉으면 계속 공부가 저절로 되는 학생'이었던 것이다.

그렇게 한샘이는 자기 길을 스스로 개척했다. 내가 도와준 것이라고는 지금까지의 평가와 앞으로의 계획 정도이다. 한샘이가 공부하는 중간중간 자신이 준비하는 방법이 맞느냐고 물을 때마다 잘하고 있다고 격려하기도 했다. 한샘이에게 이렇게 물어본 적이 있다.

"이렇게까지 열심히 공부하는 이유가 뭐니?"

"공부라는 게 죽기 살기로 하든 조금 덜 열심히 하든 힘들기는 매한가지예요. 쉬어도 딱히 마음이 편하지도 않고요. 그래서 힘들더라도 죽기 살기로 공부해서 꼭 서울대 법대에 가고 싶어요. 이렇게까지 했는데도 실패하고 싶지는 않아서요."

아직도 그 감동적인 말이 가슴에 남아서 가끔씩 나를 찌른다. 내 삶에도 그런 절실한 순간이 있었던가?

꿈에 날개를 달아줄 수 있는 사람은 나 자신뿐

한샘이는 서울대 법대에 들어가길 바랐다. 인권변호사가 되어 힘없는 사람들을 도와주고 싶다는 한샘이의 꿈은 참으로 진정성이 느껴졌다. 그래서 한샘이는 특히 생활법경시대회에서 꼭 수상하고 싶어 했다. 한샘이는 경시대회 시험 범위에 해당하는 내용들을 쓰고 또 쓰면서 법 개념을 정리했고 기출문제도 구해서 풀어봤다. 하지만 법경시대회의 시험 성격상 공부 시간이 많이 필요하고 내신시험과 수능 모의고사 준비 기간이 겹치면서 안타깝게도 입상하지는 못했다.

그 결과가 너무나 아쉬웠던 한샘이는 법학과와 관련하여 자신이 따로 도전할 수 있는 것은 없느냐고 물었다. 대학 입시에서는 상을 받는 것만큼 전공과 관련된 활동을 통해 열정을 보여주는 것이 중요하므로 우리는 법 관련 활동들을 다양하게 찾아봤다. 한샘이는 모의법정대회를 비롯하여 실제 재판 과정에 참여해 보기도 하고, 법 관련 세미나들도 열심히 찾아서 들었다. 봉사 활동도 그 유관 기관에서 했다.

한샘이는 머릿속으로만 그리던 일들을 직접 눈으로 지켜보고 몸으로 체험하니 진로 계획이 훨씬 구체적으로 세워진다고 말했다. 머리로만 꾸는 꿈은 그저 꿈일 뿐이다. 한샘이는 자기가 할 수 있는 것부터 실행했고 자신에게 부족한 점은 어떻게 보완하고 발전시킬지 고민했다. 학교에서 지원하는 문제집이 전부였던 한샘이는 꿈에 날개를 다는 것은 남이 아니라 바로 나 자신이라는 것을 누구보다 잘 알고 있었다.

한샘이와 서울대 법대 원서를 쓰고 내가 제일 먼저 했던 말은 "미리 축하할게. 그동안 정말 고생 많았다"였다. 내가 자신했던 대로 한샘이는 서울대 법대에 당당하게 합격했다. 한샘이가 자기 꿈을 이뤄가던 시간은 그 모습을 곁에서 지켜봤던 내게도 가슴 뛰는 시간이었다.

 임 건희 【서울 동대문구 일반고, 서울대 물리학과 수시 특기자전형 합격】

주요 과목 내신 평균 등급 1.2, 서울시물리경시대회 장려상, 교내 수학경시대회 금상 2회, 교내 과학경시대회 물리 부문 금상, 교내 과학경시대회 지구과학 부문 동상, 교내 논술경시대회 이과 금상, 교내 논술경시대회 고1 은상, 교내 독서생활 우수상, 서울시교육감표창장 효행 부문, 교내 학력우수상 다수, 교내 과학탐구반 활동

과학자의 꿈을 현실화하기 불가능한 상황이란 없다

건희를 처음 만난 것은 고등학교 1학년 1학기 기말고사 이후였다. 한성과학고를 준비했다가 떨어져서 무척 상심한 채 거의 반년을 흘려보냈다고 했다. 그 여파가 내신에 역력하게 새겨져 있었다. 건희의 실력에 비해 낮은 등급의 내신이 나오고 있었다. 충분히 1등급이 나올 만한데도 학교 성적표에는 2~3등급에 불과한 과목들이 수두룩했다. 대학 입시에 대한 의욕도 한풀 꺾였다.

하지만 건희는 똑똑한 아이였다. 초등학교, 중학교 내내 영재원에 다녔고 수학과 과학에 두루 능통했다. 특히 물리를 좋아하여 물리학자가 되고 싶어 했다. 나중에 건희의 포트폴리오를 만들다가 알게 됐는데, 건희는 어릴 때부터 한순간도 과학자의 꿈을 놓아본 적이 없었

던 학생이다. 꼬마 건희의 일기장, 미술 숙제, 방학 숙제는 "나의 꿈은 과학자입니다"로 온통 도배되어 있었다.

나는 그런 건희에게 희망을 주고 싶었다. 지금의 대학 입시라면 건희에게 기회가 있다고 확신했다. 물론 내신이 가장 큰 문제라는 점을 우선 이해시켰다. 과학고에 못 가서 서운하겠지만 이제라도 마음을 다잡고 내신 확보에 힘써야 했다. 게다가 카이스트와 포스텍이 최종 목표가 아니라면 오히려 일반고에 다니는 지금이 훨씬 유리하다. 우리는 대학 입학 전형에 하나하나 밑줄을 그으면서 '서울대 물리학과 특기자전형' 합격을 목표로 잡았다.

특기자전형은 1단계에서 서류 100퍼센트로 선발하기 때문에 어떤 서류를 만들어갈지가 중요했지만, 건희의 경우 내신성적을 올리는 일이 시급했다. 3년 내내 1학년 내신처럼 성적이 낮으면 서류와 상관없이 서울대 합격은 멀어지기 때문이다. 공부 의지를 되살린 건희의 다짐을 받아낸 후 우리는 건희가 응시할 수 있는 대회와 그동안의 실적, 그리고 앞으로의 도전 과제들을 하나씩 의논했다.

수학·과학 경시대회와 동아리 활동, 대학 이공계 캠프, 개인적인 연구 활동과 봉사 활동 등 건희가 관심을 가지고 잘할 수 있는 일들을 분야별로 정하고 구체적인 로드맵을 그렸다. 무슨 대회에 어느 정도의 시간을 투자하여 어떻게 준비할지, 수상할 경우 다음 단계에는 무엇을 할지, 실패한 경우 재도전을 할지까지 세부적인 사항을 결정했다. 이렇게 하지 않으면 괜히 시간만 낭비하고 어디에도 집중하지 못하는 상황이 발생할 수 있기 때문이다.

과목의 우선순위에 따라 목표 점수와 시간을 배분하라

건희는 서울대뿐만 아니라 카이스트에도 동시에 지원하고 싶어 했다. 과학고에 간 친구들과 다시 만나서 공부하고 싶다는 소망 때문이었는데, 이를 위해서는 고등학교 2학년까지 대학 입시 준비를 끝내고 과학고 친구들처럼 1년 먼저 조기 졸업을 해야 하는 상황이었다. 그래서 학교에 조기 졸업 조건을 신청하고 카이스트에는 2학년이 끝나면 선지원해 보기로 했다. 가장 먼저 그동안 준비해 왔던 비교과에 공인영어시험을 추가해야 했다. 이후에는 제외됐지만 건희가 지원할 때만 해도 카이스트는 1단계에서 공인영어점수를 필요로 했기 때문이다. 또 서울대 특기자전형 서류에도 중요한 역할을 할 수 있기 때문에 TEPS가 반드시 필요했다.

당시 고등학교 1학년인 건희의 외국어 영역 점수는 95점 이상이었지만 영어 선행학습이 많이 부족한 상태라 2~3학년 때도 만점에 가까운 점수가 나오리라는 보장이 없었다. TEPS를 준비하면 수능 고난도 문제에도 많은 도움이 되므로 영어로 인한 시간 손실은 없다고 판단했다. TEPS 750점 이상이면 수능 외국어 영역은 거의 문제없는데 건희는 그때 600점이 조금 넘는 성적을 가지고 있었다. 어차피 수능 때문에라도 TEPS를 공부해야 했다. 2학년 중간고사가 시작되기 전까지만 TEPS를 공부하고 그 이후에는 시험에만 응시하는 방식으로 진행하기로 결정했다. 수학과 과학에 쏟는 시간이 너무 많아 영어 점수까지 최고 수준으로 얻는 것은 무리였다.

웃으면서 한 번에 다 준비하라

대학 입시는 시간 싸움이다. 짧은 시간에 수능 수리 영역, 과학탐구 영역, 수리 논술, 경시대회를 최대한 동시에 준비할 수 없다면 승산이 없다. 매일의 학습 목표가 없었던 건희를 위해 내신, 수능, 비교과를 동시에 준비하는 세부적인 시간표를 짰고 시간 관리의 중요성을 계속 인식시켰다. 또한 수리 논술도 틈틈이 준비하라고 일렀다.

건희는 학원에 다니지 않아 수리 논술을 준비하는 일이 무척 힘들었지만 서류로 1단계를 통과해도 2단계에서 구술시험이 기다리고 있었기 때문에 어쩔 수 없었다. 서울대 자연계열 구술시험은 지원 동기나 시사 상식 등을 간단히 물어보는 일반 면접이 아니다. 수리 논술에 가까운 수학·과학 심화문제를 풀고 교수님과 토론할 수 있어야 한다. 다행히도 건희는 과학고 입시를 준비하면서 수학, 물리, 화학 등을 심도 깊게 공부한 경험이 있었기 때문에 혼자서도 철저히 준비하기만 한다면 잘해내리라는 생각이 들었다.

건희는 구술시험 과목으로 가장 자신 있는 물리와 수학을 선택했다. 고등학교 교과과정과 연계된 어려운 문제까지 끊임없이 생각하고 반복적으로 푸는 동안 수능 모의고사에서 틀리던 고난도 문제도 잘 풀렸다. 특히 과학은 3학년 때 따로 공부할 필요 없이 수능까지 같이 준비한 셈이 됐다. 하지만 과학고와 달리 일반고에서는 아무래도 이런 교육이 제대로 이루어지기 어려워서 2학년 여름방학과 겨울방학 동안 주1회 정도 수리논술학원의 도움을 받게 했다. 이게 건희가 받은 사교육의 전부인데 채 10회가 안 된다.

공부량은 훨씬 많아졌고 시간에는 더욱 쫓겼지만 건희는 환하게 미소 지으며 열심히 공부하는 모습을 시종일관 보여줬다. 그 덕분에 2, 3학년으로 올라가면서 내신도 대부분 1등급을 받게 됐고, 서울시에서 개최했던 물리경시대회에서 좋은 성적을 거두면서 자신감은 한층 높아졌다.

영어를 공부할 시간이 부족하여 TEPS는 700점 정도에 만족해야 했다. 그 외에는 내신, 비교과, 수리 논술 등 애초에 계획했던 대로 거의 완벽하게 진행됐다. 2학년을 마치고 지원한 카이스트에는 아깝게 떨어졌지만 3학년 때 서울대 특기자전형에 합격하여 현재 꿈에 그리던 과학도의 길을 걸어가고 있다.

건희의 서울대 합격에 누구보다 감격한 사람은 바로 엄마였다. 엄마는 건희가 과학고 입시에 실패한 것이 자신의 정보 부족 탓이라고 자책했지만, 초등학교 때 건희가 채집해 놓은 식물표본까지 소중하게 간식하면서 자식의 꿈을 위해 애써왔다. 원래 이과 성향이 강한 아이들은 강력한 동기가 없으면 좀처럼 자신을 바꾸려들지 않는다. 그래서 엄마가 아이를 통제하기 힘겨워한다. 자신에게 필요하다고 스스로 느낄 때만 행동하는 아이들은 명확한 목표 의식이 생기면 엄청난 능력을 발휘하여 반드시 성과를 만들어낸다.

양희준 【충남 공주시 자사고, 서울대 법과대학 수시 특기자전형 합격】

내신 3.9, TEPS 964, TOEFL 120, TOEIC 990, JLPT 3급, 한자능력검정시험 3급, KBS한국 어능력시험 2급, 한국사능력검정시험 1급, 교내 영어말하기대회 2위, 아리랑TV 〈퀴즈 챔피언〉 5연승 표창, IMC 준2급, 교내 다독왕선발대회 장려상, 충남교육청 주최 영어말하기및어휘력경시대회 말하기 부문 은상, 금연영어웅변대회 대상, 전국고등학생영어경시대회 장려상, 잉글리쉬업경연대회 영어연극 금상, 나사렛대 전국고교영어연극경연대회 총장상, KSC한국학생특기경시대회 영어 부문 금상, VANK 활동, 태권도 1단

공인영어시험, 만점을 휩쓸다

희준이는 사교육을 거의 받지 않았고 유학 경험도 없었다. 그런데도 공인영어시험인 TOEFL과 TOEIC에서 만점을 받았고 TEPS에서도 거의 만점에 가까운 점수를 받았다. 스토리를 가진 희준이는 서울대에 합격하고 나서 언론의 인터뷰 세례를 받았고 책도 출간했다. 이럴 때는 나도 보람을 느끼지 않을 수 없다. 나에게 컨설팅을 여러 번 받든 한두 번 받든 그 기쁨은 다르지 않다. 희준이는 오랜 기간 컨설팅을 받지는 않았지만 매우 인상 깊었기에 지금도 기억이 난다.

희준이는 서울 강북에서 중학교를 졸업하고 사교육 안 시키기로 유명한 자사고에 입학했다. 1~2학년 동안은 내신 때문에 무척 고생했다. 100점을 받고도 4등급에 불과한 과목이 있을 정도였으니 그 극심한 경쟁을 말해 뭐하겠는가. 그런데도 희망과 긍정의 힘을 잃지 않고 항상 자기 나름의 도전을 했다.

언어 습득에 소질이 있는 희준이는 한두 번 치른 TOEFL에서 놀라운 성적을 받았고 내신을 만회할 기회를 얻었다고 생각했다. 자사고

입시를 준비하면서 영어를 열심히 공부하긴 했지만 정식으로 공인인 증시험을 본 적이 없기에 신기한 일이라고 했다.

그동안의 공부법에 대해 들어봤더니 희준이가 어렸을 때부터 받은 엄마의 영어 홈스쿨링에 크게 힘입은 것 같았다. 엄마 덕분에 영어에 노출된 시간이 길어지면서 영어로 듣고 말하기가 우리말처럼 편해진 것은 초등 4~5학년 때 일이었다. 그 이후 한글로 된 책이든 영어로 된 책이든 손에 잡히는 대로 읽었고, 학년이 올라가면서 영어 기본서 와 문제집 등으로 체계적인 실력을 다졌다. 타고난 언어 능력에 이런 공부가 더해지니 희준이 자신도 모르는 사이에 영어 실력이 하루가 다르게 늘어났다.

아기가 말을 배우는 과정을 생각해 보라. 처음에는 엄마의 말을 듣 기만 한다. 그러다가 옹알이를 시작하면서 말의 형태를 배우기 시작 한다. 그다음에야 말을 종이에 옮긴 글자를 읽고, 마지막으로 쓰는 법까지 익힌다. 외국어도 마찬가지이다. 초등 저학년 때 한 가지 외 국어를 듣고 말하는 데 충분한 노력을 기울이면 나중에 다른 언어에 서도 유창성이 생긴다. 외국어 듣기와 말하기 능력은 아이가 어릴 때 엄마가 줄 수 있는 최고의 선물이다.

학년이 높아져 공부로만 외국어에 접근하려면 한계에 부딪힐 수밖 에 없다. 모든 시간을 다 투자한다면 외국어를 잘할 수 있겠지만 고 등학생이 그럴 수 없지 않은가. 어릴 때 외국어를 자연스럽게 체득할 기회를 놓치면 나중에 몇 배 이상으로 힘들어질뿐더러 공인인증시험 으로 진입하기도 어렵다. 시험의 종류에 따라 다르지만 공인인증시험의 절반 이상은 듣기와 말하기이기 때문이다. 대학에 들어가 어학연수를 가봤자 어린 시절부터 자연스레 외국어를 접한 사람을 이기기란 힘들다.

희준이는 어릴 때부터 영어 자기주도학습을 꾸준히 해온 덕분에 '토종영어달인'이라는 별명을 얻었다. 포트폴리오를 보면 희준이는 영어뿐만 아니라 다른 언어에 대한 관심도 매우 높다는 것을 알 수 있다. 기본적인 언어 재능을 타고나기도 했겠지만 아이가 관심을 가진 공부를 마음껏 하도록 배려한 부모님의 성의가 희준이를 더욱 빛나게 만들었다고 생각한다.

내신의 높은 벽을 극복하고 서울대 입성에 성공

희준이는 어학에 대한 열정과 노력으로 대단한 성과를 올렸고, 여기에 힘을 얻어 내신이 좋지 않은데도 서울대에 합격했다. 그러나 나는 희준이가 노력한 과정을 잘 알기에 그 성적에도 박수를 쳐주고 싶은 심정이다.

희준이는 고등학교 1학년 1학기에 몇 과목에서 치명적인 내신 등급을 받았다. 내 기억으로는 6~7등급 정도였던 것 같다. 어릴 때부터 전교권 성적만 받던 학생들이 특목고에 들어가 처음 받는 성적표는 그야말로 절망적이다. 그때 희준이의 충격도 매우 컸다. 그날 이후 희준이는 눈물겨운 노력을 했다. 밤 11시에 일제히 기숙사를 밝히던 전등이 꺼지면 희준이는 누워서 잠을 쫓아가며 그날 공부한 내용을 다시 외워보고 도저히 기억나지 않는 내용은 어둠 속에서 메모할

161

정도였다. 일주일 100시간 공부를 소화해 낸 것은 물론이다.

그런 사투가 2~3학년 내신에 고스란히 반영되어 3년 내내 성적 상승 곡선을 그린 덕분에 그나마 3점 후반대 등급의 내신으로 졸업했다. 그 내신이면 희준이네 학교에서 전교 20위권 이내에 드는 정도에 불과하다. 그런데도 자기 앞에 있는 그 쟁쟁한 아이들을 제치고 서울대 법대에 당당히 합격할 수 있었던 것은 진심이 담긴 공부 태도 때문이었을 것이다. 방학 동안 가끔 나와 컨설팅하면서 공부의 어려움에 대한 고민을 털어놓은 것 말고는 어떤 사교육도 받지 않았던 희준이가 믿기지 않는 성적을 갱신할 때마다 내가 더 큰 감동을 받곤 했던 기억이 난다.

> 일반고에서 명문대 간 아이들
> # 전략적으로 일반고를 선택했다

 김홍수 【경기 고양시 일반고, 울산대 의예과 수시 일반전형 합격】

내신 1.09, TEPS 782, KBS한국어능력시험 3급, 화학올림피아드 금상, 화학올림피아드 여름학교 수료, KMC한국수학경시대회 은상, 성균관대 전국영어수학학력경시대회 수학 부문 장려상, 교내 수학경시대회 금상, 교내 영어UCC대회 우수상, 교내 글쓰기대회 은상, 서울대 이공계 캠프 참가, 경기도 중등논술능력평가 장려상, 교내 봉사상, 의료 봉사 활동, 교내 모범상, 수능 모의고사 우수상 및 교내 학력우수상 다수

과학고에 갈까, 일반고에 갈까?

2008년 겨울, 내가 패널로 출연한 대학 입시 관련 방송 프로그램에서 방청객으로 홍수 엄마를 처음 만났다. 그 프로그램이 끝날 무렵에 방청객들 중 한 사람이었던 홍수 엄마는 또렷한 발음으로 질문했고,

나는 방송 시간이 허락하는 한도 내에서 성심껏 답변했다. 방송이 끝난 후에 홍수 엄마는 더 자세한 컨설팅을 원했다. 그 인연으로 홍수를 처음 봤다.

조용하고 차분해 보이는 성격에 좋은 인상을 가진 홍수는 중학교 3학년이었고 과학고 입시를 준비하는 중이었다. 늦게 준비하긴 했지만 화학올림피아드에서 은상을 받았고 수학 선행학습도 웬만큼 이루어져 있었다. 그런데 엄마는 내신에서 감점될 것 같다고 말하면서 홍수가 과학고에 합격하지 못할까 봐 약간 불안해했다. 나는 과학고에 들어가도, 들어가지 못해도 홍수의 경우에는 어떤 상황이든 좋은 전략을 얼마든지 세울 수 있다고 말하고 여러 경우의 수를 펼쳐 보였다.

사실 나는 홍수가 의대에 가장 적합한 학생이라고 판단했는데, 당시 홍수는 서울대 공대에 가고 싶어 했다. 홍수가 과학고에 합격하면 의대 전형에 지원할 때 위험 요소가 많아지지만, 서울대 공대를 목표하는 홍수에게는 일반고보다 과학고 커리큘럼이 수리 논술 전형이나 다른 특기자전형에 더 나을 수 있었다. 또 그쪽으로도 충분히 승산이 있었다.

만약 내 판단대로 홍수가 의대로 진학하고 싶어진다면 이야기는 조금 달라진다. 꼭 그런 것은 아니지만 의대 전형은 대부분 높은 내신을 요구한다. 일반고에서 전교 1~2등으로 내신을 우선 확보하고 나머지 서류들을 차근차근 준비하면서 수능과 수리 논술을 잘 치를 수 있도록 대비하는 편이 의대 진학에는 훨씬 유리한 선택이다.

과학고 좌절, 오히려 희망이 되다

다행인지 불행인지 홍수는 과학고 입학의 꿈을 이루지 못했다. 홍수는 좌절했지만 나는 홍수에게 더 좋은 기회가 찾아왔다고 생각했다. 지금 실력으로 일반고에 간다면 내신 문제가 생길 우려가 적어져서 비교과 서류를 충실하게 준비할 수 있을 것이라 확신했다. 홍수에게도 오히려 유리해진 상황을 정확하게 설명하면서 매 학기 꼭 해야 할 것들을 차분히 인지시켰다.

그중에서도 첫 학기 내신이 제일 중요하기 때문에 홍수가 충분한 시간을 두고 내신 공부를 하도록 준비시켰다. 내 예상대로 홍수가 잘 해줘서 첫 학기 내신은 전 과목 1등급을 기록했고 교내의 각종 경시 대회도 휩쓸었다. 일단 50퍼센트는 성공했다. 그래서 모든 계획을 서울대 지역균형선발전형에 맞췄다. 내신도 반드시 전교 1등이어야 교장선생님의 추천을 받을 수 있는 데다가 서류만 100퍼센트 반영하는 2단계 선발 과정을 위해 다른 이력들도 열심히 쌓아야 했다. 이런 강도 높은 준비들은 다른 전형들에 지원하는 데도 도움이 된다.

의대에 가고 싶으면 내신을 끝까지 지켜라

사실 대학 입시 원서를 써보지 않은 사람은 내신의 위력을 잘 모른다. 소위 입시 전문가라고 불리는 사람들조차도 전형 내용상 내신의 비중이 크지 않다는 말을 하기도 한다. 그러니 한 번도 원서를 안 내본 학생들은 두말할 것도 없다.

물론 나도 내신이 그리 좋지 못한 학생들이 수시를 통해 명문대에 들어가는 경우를 본다. 하지만 그런 경우는 많지 않고 대부분 정시를 통해 대학에 들어간다. 수시라고 해도 논술 전형 정도에 불과하다. 이외에 서류가 함께 반영되는 전형이라든지 최상위권 대학의 특기자 전형이나 의대 전형 등은 엄청난 경쟁을 통해 최고의 학생들이 선발되는 만큼 지원자들의 내신성적은 모든 과목에서 탁월하다. 다른 경쟁자들은 내신, 논술, 서류 다 훌륭한데 나 혼자 내신에서 뒤처진다면 어떻게 합격할 수 있겠는가? 지극히 상식적인 수준에서 생각해도 답이 나온다.

실제로 홍수도 울산대 의대에는 최초 합격을 했지만, 연세대 원주 의대나 인제대 의대에는 커트라인이 더 낮은데도 예비 번호를 받고 추가 합격을 했다. 홍수의 주요 과목 내신이 3년 동안 2개만 2등급이었는데, 그 전형에서 만점자나 1과목만 2등급인 학생이 많았다는 것이다. 과학고 학생과 비교해도 크게 밀리지 않을 만큼 올림피아드 금상을 비롯한 수상 실적들이 꽤 많았던 홍수는 누구와 견줘도 부족하지 않은 비교과 서류를 갖췄기 때문에 예비번호를 받았다면 내신에서 밀렸을 공산이 크다. 홍수가 서울대 의대와 연세대 의대에 끝내 지원하지 못한 단 한 가지 이유는 내신 때문이었다. 그만큼 내신의 벽은 높다.

올림피아드, 일반고에서도 포기하고 싶지 않은 도전

홍수는 고등학교 3년 동안 정석으로 준비했다. 서류 준비는 중학교 3학년까지 60퍼센트 이상 끝냈고, 과학고 불합격을 전화위복으로 삼아 일반고에서 전교 1등으로 졸업하면서 내신에서 좋은 점수를 받았다. 매 학기마다 진행 상황을 점검하면서 입시 준비에 대한 우선순위를 다시 정하고 실행하기 위해 노력하는 과정을 반복했다. 특히 공부 잘하는 학생일수록 자기 자신과의 정신력 싸움이 중요한데 성격 좋은 홍수는 공부는 물론 친구 관계, 운동 등 모든 것에 다 열심이고 싶어 했다. 그래서 일방적으로 지시하기보다는 홍수의 의견을 최대한 수용하면서도 긴장도를 높이기 위해 특별히 신경 쓰고 철저하게 관리했다.

홍수는 대학 입시가 끝났을 때 내신을 안정적으로 유지한 것이 서울대 기계공학과, 연세대 기계공학과, 울산대 의예과, 연세대(원주) 의예과, 인제대 의예과 5개 대학 수시 합격이라는 쾌거를 이루는 데 결정적인 도움이 되어준 것 같다고 말했다. 좋은 내신을 확보하기 급급한 상황이었다면 홍수가 마음 편히 서류를 준비하기 힘들었을 것이다.

사실 홍수는 탄탄한 내신을 바탕으로 화학올림피아드, 수학경시대회, 각종 교내외 대회 등을 꾸준히 준비했고 골고루 수상했다. 전공과 관련 있는 활동들도 놓치지 않았으며, 국어와 영어까지 틈틈이 자기가 할 수 있는 한 열심히 공부하고 공인인증시험에 응시했다. 수리논술도 쉬지 않고 끝까지 준비하면서 탈락의 상황을 대비했다.

특히 홍수는 중학교 때 준비했던 올림피아드를 두고 꽤 많이 고민했다. 계속 도전하여 실력을 키우고 실적을 쌓을지, 아니면 아예 포기하고 내신, 수능, 논술 준비에 치중할지 말이다. 당시 언론도 올림피아드 폐지설을 비롯하여 여러 말들을 떠들어대고 있었기 때문에 올림피아드 공부가 꼭 필요한가에 대해 의구심이 들었던 것이다.

하지만 우리는 올림피아드 준비가 어차피 모든 공부로 이어지니까 계속 도전하자고 결론을 내렸다. 일반고 학생으로서 과학고에 버금 가는 실력을 보여줄 기회로도 안성맞춤일 것 같았다. 게다가 과학고 와 이외의 고등학교 학생들을 따로 시상했기 때문에 끝까지 포기하 지 않고 공부하면 수상 가능성도 충분했다. 결국 화학올림피아드 준 비는 화학에 대한 깊은 이해와 더불어 내신과 수능까지 한 번에 대비 되는 일석이조의 효과가 있었다.

홍수는 남들이 한 군데 합격하기도 힘든 대학들을 다섯 군데나 동 시에 합격했다. 서울대, 연세대, 의대 사이에서 행복한 고민을 하다 가 결국 울산대 의대에 진학하기로 결정했다. 그해 겨울은 홍수와 부 모님에게 아주 따뜻했을 것이다.

 이창민 【서울 강남구 일반고, 서울대 경영대학 수시 특기자전형 합격】

내신 1.3, TEPS 796, JLPT 2급, KBS한국어능력시험 3급, 한자능력검정시험 2급, 한국사능 력검정시험 1급, 교내 수학경시대회 은상, 교내 경제 동아리 활동, 수능 모의고사 우수상 및 교내 학력우수상 다수, 학교장 모범학생 표창장, 교내 백일장 산문 부문 은상, 교내 논술대회 동상, 한국청소년연맹 사회봉사 부문 우수학생 표창장, 교내 학생회 활동

불합격의 위험성을 최소화하라

"창민이는 서울대 갔는데 너는 못 가서 억울하지 않니?"

"아니에요. 진심으로 축하해 주고 싶어요. 제가 중학교 때부터 창민이랑 친구였잖아요. 생각해 보니까 단 한 번도 제가 창민이보다 열심히 공부했던 적이 없는 것 같아요. 이 상황을 인정할 수밖에요. 제가 자만했어요."

몇 해 전 수능이 끝난 겨울, 내가 아꼈던 진규와 나눴던 대화이다. 진규는 다음 도전을 위해 재수의 길을 선택했고, 창민이는 그토록 바라던 서울대 경영대학에 합격했다.

나는 이런 상황을 수없이 겪는다. 실력은 비슷한데 누군가에게는 합격의 기쁨이, 또 누군가에게는 불합격의 고통이 전해진다. 이유는 무엇일까? 수준이 비슷한 학생들의 운명은 운에 의해 결정된다고들 하는데, 그렇다면 그 운이란 구체적으로 무엇일까? 창민이에게는 진규에게 없었던 어떤 운이 있었을까?

나는 창민이의 입시 준비가 위험성을 줄여가는 과정이었다고 말하고 싶다. 위험성이 크다는 것은 내 의지나 노력과 상관없이 다른 경쟁자나 또 다른 외부 요인에 의해 내 운명이 결정될 확률이 높아진다는 뜻이다. 따라서 지금 어떠하든 가능한 한 그 위험성을 최소화하고 내가 통제할 수 있는 상황으로 만드는 것이 가장 좋은 방법이다.

계열도 전략적으로 선택하라

창민이는 강남에 있는 중학교를 전교 1등으로 졸업하고 근처에 있는 일반고로 진학했다. 당시까지 문과와 이과 중 어느 진로를 선택할지 결정을 못 내린 상태였다. 나는 일단 전교권으로 예상되는 학생들의 리스트를 뽑아보라고 말했다. 같은 중학교 출신이거나 초등학교 동창이 많아서 예상 리스트를 작성하는 일은 어렵지 않았다. 계열을 결정할 때 확실한 1등급을 보장받는 것은 매우 중요한 문제이다.

일반고였지만 내신 경쟁이 치열했기 때문에 창민이는 고등학교 1학년 1학기 내신에서 전 과목 1등급을 받지 못했다. 두 과목에서 94점으로 2등급을 받고 92점으로 3등급을 받았다. 2학년이 되면 문과와 이과로 나누어져 등급을 나누는 기준 인원수가 줄어든다. 1학년 때는 전교생 500명에 대한 4퍼센트, 즉 전교 20등까지 1등급에 포함되지만, 계열이 나뉘는 2학년 때는 문과 240명에 대한 4퍼센트, 즉 전교 9등까지만 1등급에 포함된다.

또한 문과와 이과가 공부하는 과목들도 달라져서 자신에게 유리한 계열로 결정해야 하고 세부 과목을 선택하는 데도 세심하게 신경 써야 한다. 사실 창민이는 국어, 영어, 수학, 사회, 과학 성적이 전부 골고루 좋은 편이라 더더욱 계열을 결정하기 어려워했다. 하지만 전교권 예상 리스트를 뽑자 결론은 쉽게 나왔다.

중학교 때 이미 수학·과학 올림피아드 성적을 가진 학생들도 넷이나 포함되어 있었다. 이과는 피하는 것이 나을 듯했다. 창민이가 수학과 과학을 못하는 것은 아니지만 그 학생들과 경쟁하려면 적잖게 힘들 것 같았다. 수학과 과학을 그토록 열심히 준비한 학생들이 문과에 갈 리는 없었고, 전교권 예상 리스트를 봤을 때 창민이는 분명 문과에서 경쟁력이 있었다.

이렇게 계열을 확실히 결정하자 과목 공부에 대한 투자 비율도 정리됐다. 문과 정도의 수학이라면 충분히 공부해 놓았기 대문에 창민이는 영어 서류를 보강하고 제2외국어를 더 준비할 여유가 생겼다. 창민이는 어릴 때부터 한자와 일본어를 좋아했던 터라 한자능력검정시험 1~2급과 JLPT 1~2급을 틈틈이 준비했다.

빈약한 서류를 성실한 열정으로 채워라

창민이는 서류가 완벽하게 갖춰진 학생이 아니었다. 기본적인 공인영어성적이 있기야 했지만 내로라할 만하지는 않았고 특별한 상을 받은 것도 아니었다. 그런데도 서울대 최고 학부라 일컬어지는 경영학과에 입학한 것은 창민이의 서류에 담긴 열정 때문이라고 생각한다. 창민이는 자신에게 맞는 진로를 찾기 위해 진지하게 고민하여 문과를 선택했고, 서울대 경영학과라는 구체적인 목표를 세운 후 누구보다 학교생활에 충실하면서 하나씩 미래를 준비히 나갔다.

문과에 진학한 후 창민이는 예상대로 전교 1~2등을 놓치지 않았다. 다른 학생들에 비해 내신을 훨씬 중요하게 생각하고 대학 입시를 준비한 결과이다. 강남권 고등학교에서는 좋은 내신을 받는 일이 쉽지 않아 많은 학생들이 지레 내신을 포기하는 경향이 있다. 창민이는 시험 당일의 컨디션과 난이도에 따라 언제든 뒤바뀔 위험이 있는 수능과 논술에 전적으로 의존하기보다 내신까지 매우 좋아서 안정적으로 지원할 수 있는 전략을 선택했다.

그래서 우리가 대학 입시를 준비하는 과정은 훨씬 많은 시간과 노력을 필요로 했다. 전 과목을 다 공부하는 정성을 들여야 했기 때문에 내신 기간 동안 다른 공부를 하는 것은 현실적으로 어려웠다. 대신 시험 범위에 대해서만큼은 완벽하게 공부했다. 그러다 보니 내신에 대비하면서 수능 공부까지 동시에 끝내는 과정이 가능해졌다.

　그때그때 주어진 과제에 대해 최선을 다하는 것이 결국 대학 입시에서 성공하는 지름길이다. 지금 당장 명문대 입학 전형들을 읽어보라. '어느 것 하나도 소홀히 할 수 없다'는 것은 쟁쟁한 경쟁자들이 넘치는 지금과 같은 입시 체제에서는 당연한 이야기이다. 대학 입시는 모든 요소를 종합적으로 반영하되, 단지 전형에 따라 각각의 반영 비율이 다를 뿐이다. 그러니 자신이 시간과 정성만 좀더 기울이면 해낼 수 있는 당장의 과제를 다른 준비 때문에 포기해야겠다고 생각하지 말았으면 한다.

　창민이는 각종 공인인증시험과 경시대회 실적으로 포트폴리오를 채우지는 못했지만, 자신이 전공하고자 하는 분야에 대해 열정적인 관심을 가지고 고등학생으로서 할 수 있는 경험들을 채워나갔다. 학교에서는 학생회 부장과 학급 반장의 역할을 해냈고, 교내 편집부 기자로 활동하면서 훌륭한 기사들도 썼다. 경제학과나 경영학과 진학을 염두에 두었기 때문에 관련 기관이나 기업에서 주최하는 공개 강의와 세미나에 참석했고 서울시교육청에서 주최하는 진로직업체험 프로그램에도 참여했다. 그러면서 경제를 이해하는 참된 경영인이 되고자 하는 자신의 꿈을 더욱 구체화했다.

서울대 입시를 위해 틈틈이 한국사능력검정시험을 준비하여 1급을, 일본어와 한자도 부지런히 공부하여 JLPT와 한자능력검정시험에서 각각 2급까지 획득했다. 수능과 연계되어 있는 서류들은 수능대비라고 생각하고 심화 공부를 한 후 응시하여 좋은 성적으로 제출했다. TEPS가 끝까지 속을 썩이긴 했지만 750점 이상의 점수로 제출할 수 있었고 다행히 큰 감점 요인은 아니었던 것 같다.

대신 수능과 내신에서 꾸준히 우수한 성적을 거뒀기 때문에 창민이의 성실성을 보여주고 싶어 수능 모의고사 성적표를 함께 제출했다. 수능 모의고사도 소홀히 준비하지 않을 수 있었던 것은 이런 계획을 처음부터 세워놓았기 때문이다. 그리고 거창하지는 않지만 그동안 꾸준히 해왔던 봉사 활동들, 각종 교내상, 리더십 관련 캠프 등 창민이를 잘 설명해 주는 서류들로 포트폴리오를 완성했다. 서울대는 창민이를 알아봤다.

평범한 학생도 스토리를 가질 수 있다

창민이의 포트폴리오를 정리해 보자. 자신에게 주어진 환경에서 자연스럽게 고등학교에 진학했고 내신 경쟁이 치열한 강남권인데도 전교 1~2등의 자리를 놓치지 않았다. 학업 이외에도 다양한 교내외 활동에 적극적으로 참여했으며, 시간이 허락하는 범위 내에서 각종 경시대회와 공인인증시험에 열심히 도전했다. 누가 봐도 지성과 인성을 두루 겸비한 모범생의 전형이다.

좋은 서류란 이런 것이다. 학생의 이력이 만들어지기까지 그 이유와 과정이 심플하게 설명돼야 한다. "이 학생은 한국사 시험에 끝까지 도전한 것을 보니 수능에서 국사 과목을 선택했겠구나. 영어 실력도 수능 이상은 충분히 되겠구나. 제2외국어가 준비되어 있네. 공부만 하지 않고 모든 활동에 능동적으로 참여하니 모범적인 리더의 기질을 가지고 있구나……."

포트폴리오를 구성하는 일련의 성적과 활동들이 학생을 논리적으로 설명해야 하기 때문에 스토리가 반드시 필요하다. 학생이 가장 잘할 수 있는 것이 무엇인지 부각해야 한다. 언어 실력이나 올림피아드 성적 등으로 자신을 드러내고 싶으면 월등한 점수나 수상 실적을 제출해야 하고, 그렇지 않으면 종합적으로 모든 면에서 뛰어난 학생임을 보여주는 자료들로 구비해야 한다. 그래서 '누구의 서류가 훨씬 낫다'는 절대적인 기준은 없다.

나는 많은 학생들을 컨설팅하고 대학 입시 원서를 쓰지만 단지 객관적인 실력순으로만 합격과 불합격이 결정되지 않는다. 남들이 보기에 분명 더 좋은 서류를 준비한 학생이 탈락하고 내신성적 이외에는 별달리 준비하지 않은 것 같은 학생이 합격하기도 한다. 우리는 대학의 선택을 기다리기 전에 우리가 할 수 있는 최선이 무엇인지 고민하고, 그것을 이루기 위해 어떤 방법으로 얼마나 노력할지 먼저 생각해야 한다.

정보은【서울 강남구 일반고, 고려대 수학과 수시 세계선도인재전형 합격】

내신 2.8, TEPS 918, TOEIC 953, TOEIC Speaking Level 8, AMC 우수상, AIME 참가상, IMC 준2급, 대한민국학생영어말하기대회 최고상, 성균관대 전국영0-수학학련경시대회 장려상, 한국 문화 홍보를 위한 미국 방문 한국대표단원, 전국과학탐구대회 보고서, 수학 방과후 학교활동 결과물, 교내 수학토론대회 장려상, 교내 영어 말하기대회 은상, 대한민국청소년모의국제회의 수료, 서울대 산업공학캠프 수료, 다윈 탄생 200주년 기념 강좌 참가, 서울대 공개강좌 다수 참가, 교내 공로상, 학생회 교육 활동, 해비타트 봉사, 의료 봉사, 교육 봉사

실력보다 낮은 성적

보은이를 처음 만난 것은 고등학교 1학년 2학기 때였다. 선행학습이 비교적 잘되어 있는, 차분한 성격의 보은이는 대치동에서 중학교를 졸업하고 경기권 외고에 다녔다. 일정 수준 이상의 TEPS와 TOEFL 성적을 가지고 있었고, 중학교 때 수학경시대회에 도전해 본 경험도 있었다. 수능 모의고사 평균 등급은 언어 영역 2등급, 수리 영역 2등급, 외국어 영역 1등급이었는데 보은이의 실력에 비해 조금 낮은 편인 듯했다. 그동안 보은이가 공부해 온 것을 보든, 사전 테스트 결과를 보든 고등학교 1학년 수능 모의고사 정도라면 모든 영역에서 1등급이 나와야 정상이었다.

알고 보니 보은이는 약간의 시험 불안증을 보였다. 특히 수리 영역의 경우, 수학을 좋아할 뿐만 아니라 웬만한 문제는 다 풀 수 있는 수학 실력까지 가졌으면서도 정작 시험을 칠 때는 자꾸 계산에서 실수한다는 것이었다. 학교 선생님들도 생각보다 성적이 잘 안 나온다는 이야기를 자주 해서 엄마도 속상해했다. 하지만 이것은 조금씩 개선

할 수 있는 문제이다.

더욱 심각한 문제는 보은이의 내신이었다. 1학년 내신 평균이 5~6등급 정도였는데, 이대로라면 그야말로 전형적인 '수시 포기, 정시 올인'일 것이 뻔했다. 가장 중요한 과목인 국어, 영어, 수학을 좋아하고 잘했지만 수시 전형에 지원할 만한 서류를 갖추지 않았고, 논술도 따로 준비하고 있지 않았다. 보은이는 열심히 공부하면 내신이 조금쯤 오르겠지만 훨씬 잘할 자신은 없다고 말했다. TEPS도 좀더 공부하면 점수가 오르겠지만 낮은 내신 때문에 이러지도 저러지도 못했다. 3학년이 됐는데 수능 성적이 생각만큼 오르지 않거나 다른 변수가 생긴다면 보은이는 자기 실력에 못 미치는 대학에 가야 할지도 몰랐다.

외고에서 일반고로, 문과에서 이과로

보은이는 대수술이 필요한 상황이었다. 일단 전학과 계열 선택에 대해 다시 고민했다. 보은이는 외고로 진학하긴 했지만 과목으로 따지면 영어 실력은 물론 완성되어 있었고, 수학도 어느 정도 자신했으며, 과학까지 흥미로워하는 상황이었다. 특히 과학을 좋아했다. 중학교 1~2학년 때 계열을 확실히 결정하기 전까지는 과학을 비중 있게 공부했고, 고등학교 공통과학도 어렵지 않게 점수를 땄다고 말했다. 오히려 국어에 대한 자신감이 모자랐다.

나는 보은이에게는 문과보다 이과가 더 잘 맞는다고 판단했고, 일반고로 전학해서 이과로 바꾸는 것은 어떻겠냐고 제안했다. 처음에는 외고에서 일반고로 진학하는 일도 두려워했으니 계열 변경은 당연히 망설였다. 하지만 보은이는 자신이 진정 원하는 일은 의학 계열에 있다고 말하면서 '일반고 이과' 진로를 결심했다. 보은이네 동네가 외고만큼은 아니지만 내신을 확보하기 쉽지 않아 다른 지역으로의 전학도 고려했다. 하지만 생판 낯선 곳에서 다시 시작하는 것보다 좀 더 노력하여 어려운 상황을 극복해 보기로 하고, 코은이네 집에서 가까우면서도 학생 수가 다소 많은 학교를 선택했다.

보은이는 부적응 때문에 학교를 옮긴 것이 아니었다. 개인적으로는 외고에 대한 아쉬움도 있었다. 다만 일찍 자신에게 맞는 진로를 정확하게 판단하지 못했고 대학 입시에 대한 구체적인 로드맵도 없었기에 먼 길을 돌아가게 된 것이다.

제2의 도전이 저력을 발휘하다

전학과 계열 이동을 조언하긴 했지만 사실 컨설턴트로서도 부담스러운 결정이다. 보은이가 혹시 전학에 대한 부정적인 오해를 받을까봐, 일반고로 옮겨 가서 어떻게 학교생활을 하며 구슨 활동에 얼마나 적극적으로 참여할까 등에 비중을 두고 컨설팅을 진행했다.

보은이는 전학생으로서 불리한 상황인데도 능동적인 태도와 특유의 친화력으로 학생회 활동에 참여했다. 자신의 영어 실력을 바탕으로 교내 영어말하기대회에 참가하여 좋은 성적을 거두기도 했는데 일반고에 즐겁게 적응할 수 있는 계기가 되어줬다. 또한 얼마든지 사교육을 받을 수 있는데도 학교의 방과 후 수업이나 동아리 활동 등에

177

열심이었다. 보은이가 스스로 결정한 일이었기에 나는 박수를 쳐주면서 보은이의 활동 결과물들 가운데 가치 있는 것들을 선별했다.

보은이는 학교활동에 다채롭게 참여하면서도 평소에 관심을 가졌던 대학 공개강좌나 캠프, 경시대회 등에 부지런히 참여하면서 스스로 제2의 도전을 완성해 갔다. 보은이만 봐도 그렇지만, 아이들은 한번 변화의 마음을 먹고 희망을 찾기 시작하면 도저히 안 될 것만 같던 일들을 실현한다. 그리고 그것을 원동력으로 다음 도전을 이어가는 대단한 저력을 발휘한다.

보은이는 꽤 괜찮은 영어 실력을 가졌지만 외고에서는 전혀 빛나지 않았고 내신성적도 나쁜 편이었다. 대학 입시에 대한 정확한 방향 없이 그냥저냥 공부하다 보니 효율이 떨어질 수밖에 없었고 컨디션에 따라 시험 점수가 오르락내리락했다. 하지만 방향을 바로잡고 목표가 명확해지니까 곧바로 성과를 내기 시작했다.

아이들은 좋은 대학에 들어가고 싶어 한다. 공부를 열심히 하든 그렇지 않든 그 전제는 변함없다. 그 전제가 변하지 않는 이상 아이들은 항상 더 나아질 수 있다. 어느 때가 터닝 포인트이냐는 것이 문제로 남는데 그 시기는 빠를수록 좋다.

보은이의 도전은 쉽지 않았다. 2학년에 들어서면서 내신에서 1~2등급을 안정적으로 유지했지만, 인원수가 적은 선택과목에서 높은 등급을 받기 어려워 마음고생을 했다. 당시 연세대 글로벌리더전형에는 수학과 과학 평균 3.0등급 이내에 들어야 지원할 수 있었는데 보은이는 3.12등급이어서 아예 지원 자체를 못 하기도 했다. 1학년 내신이 워낙 나빴던 터라 2~3학년 때 바짝 끌어올린 것만으로는 부족했던 것이다. 하지만 다행히도 고려대는 그런 즈건을 내세우지 않아 세계선도인재전형에 지원할 수 있었고, 이과성인데도 어학 실력까지 두루 갖춘 다재다능한 보은이를 선발했다.

보은이는 한의예과와 의예과에도 지원했다. 한의예과의 경우 분명한 지원 동기가 있었고 서류를 나름대로 잘 준비하여 경희대에서 합격 소식을 안겨줬다. 이로써 보은이는 고려대 이과대학 수학과와 경희대 한의예과에 합격했고, 지금은 고려대에서 자기 꿈을 향해 즐겁게 나아가고 있다.

특목고에서 명문대 간 아이들
대학 입시,
특목고 입시부터 준비 땅!

이상훈 [서울 강서구 외고, 서울대 인문계열 수시 특기자전형 합격]

내신 2.3, TEPS 897, 한국사능력검정시험 1급, IMC 준2급, 교내 수학경시대회 장려상, 교내 학력우수상, 외고연합동아리 활동, 인도 봉사 활동, 모의유엔 참가, 서울대 인문대학 공개강좌 참가, 교내 학생회 임원 활동

특목고는 명문대에 가는 특급 열차가 아니다

나는 특목고를 많이 권하지 않는 편이다. 현재 대학 입시에서는 특목고가 전략적으로 결코 유리하지 않다고 판단하기 때문이다. 명문고의 명문대 합격률이 높은 것은 그 학교에 애초부터 공부 잘하는 학생들이 입학했기 때문이지, 그 학교에 갔다고 명문대에 합격하는 것은 아니다.

하지만 대학 입시에 대해 잘 모르는 학생과 부모님들은 "일반고에서 전교 1, 2등을 해도 연고대에 갈까 말까인데 외고나 자사고로 진학하면 50퍼센트 이상은 간다면서요?"라고 말한다. 처음부터 경쟁 자체가 안 된다! 연고대까지 갈 수 있는 실력을 가진 학생들이 전교생의 80~90퍼센트인 학교와 3~4퍼센트인 학교가 어떻게 대입 실적을 같이 낼 수 있단 말인가? 그래서 고등학교의 대학 합격률을 따지기 전에 학생의 실력과 가능성을 먼저 살펴야 하는 것이다. 특목고에 들어가서 내신이 잘 나오지 않더라도 교육 분위기가 훨씬 좋으니까 더 열심히 공부하면 상위권 대학에 들어갈 것이라고 막연하게 생각해서는 안 된다.

아이에게 수능 문제만 풀려봐도 진짜 실력을 가늠할 수 있다. 아직 고등학생이 아니더라도 초등 6학년~중학교 1학년 정도만 되면 학년 차이보다 개개인의 실력 차이가 나기 시작한다. 놀랍게도 고등학교 1학년 학생들이 실제로 봤던 수능 모의고사로 테스트해 보면, 성적이 낮은 고등학생보다 국어나 영어를 잘하는 중학교 1학년, 수학적인 감각을 지니고 선행학습을 하는 중학교 2학년 학생이 훨씬 잘 푼다. 중학교 때 수능 정도는 모두 1등급을 받을 수 있는 수준이어서 수시 전형을 위해 서류 준비가 가능하면 특목고를 고려하는 것이 좋다.

특히 사교육을 많이 받는 대표 과목인 영어의 경우 학교 교과과정이 쉽게 느껴질 수밖에 없어서 "이 정도면 영어를 잘해!"라고 자만하기 쉽다. 하지만 학교 영어 성적과 진짜 영어 실력의 차이는 엄청나다. 수능보다 어려운 공인영어시험에서 고득점을 받는 학생들의 실력이 어느 정도인지 체크할 필요가 있다. 그들이 목표하는 대학과 내가 가고 싶은 대학이 일치하기 때문이다. 그들이 더 이상 국어와 영어를 공부할 필요가 없어져서 수학에 집중할 때 나는 세 과목에 똑같은 시간을 빠듯하게 투자해야 할지 모르니까 말이다.

특목고와 일반고, 어느 곳을 선택하느냐는 사실 중요한 문제이다. 지금 대학 입시에서는 수시 비중이 압도적인 만큼 특목고 진학 시에는 내신성적의 불리함을 메워줄 무엇이 반드시 준비되어 있어야 한다. 수능 성적이 아주 높아서 정시 합격이 가능하든지, 아니면 서류를 빈틈없이 준비하여 수시 특기자전형을 노리든지 해야 한다는 이야기이다. 중학교 때 곧잘 공부하여 다행히도 특목고에는 입학했는데 극심한 경쟁 때문에 내신이 나쁘고 국어, 영어, 수학 실력도 그저 그래서 수능 성적까지 확실한 1등급을 보장하지 못한다면 서류 준비는 더더욱 엄두도 못 낸다. 이 지경의 학생이라면 아무리 특목고 출신이어도 수시와 정시 둘 다 어려워져서 진퇴양난에 빠지게 된다.

일반고에서 외고로 편입

그런데 상훈이는 일반고에서 외고로 편입했다. 외고에서 일반고로 전학한 보은이와는 반대의 경우이다. 상훈이는 외고 입시에 실패하여 목동에 있는 일반고에 입학했다가 외고에 대한 꿈을 접지 못해서 편입에 도전했고 명덕외고에 합격했다.

상훈이는 중학생 때도 중학교 수준이 매우 높은 목동에서 전교 1~2등을 놓친 적이 없고 일반고 입학고사에서 1등을 할 만큼 시험에 대한 적응도가 뛰어난 실력파였다. 게다가 끈기와 집념이 유난히 강하여 특목고로 옮겨도 승산이 있을 것이라고 믿었다. 고등학교에 막 입학하여 2~3학년 수능 모의고사를 풀어도 이미 높은 점수가 나왔으며 수학 선행학습도 잘 진행되고 있었다.

특목고에서 내신이 다소 떨어진다손 치더라도 일단 수능에 자신 있었고 영어와 프랑스어에도 능숙했기 때문에 상훈이는 자신이 목표하는 대학에 지원할 수 있는 기본 요소들이 이미 갖춰졌다. 특히 국어를 좋아하고 인문학에 관심이 많았던 상훈이는 글쓰기 실력도 좋아서 논술까지 잘 준비하면 나쁘지 않은 성적이 나올 것 같았다. 마지막으로 특목고 내신시험지를 구해서 미리 풀어보고 어떻게 대응해야 할지 충분히 고민했다.

일반고에서 1학년 1학기를 보내고 전 과목 1등급을 받은 상훈이는 이런 선택을 하면서도 서울대에 대한 꿈을 버리지 않았다. 서울대 입시는 내신이 절대적으로 중요하기 때문에 처음에는 나도 많이 말렸다. 하지만 상훈이는 아무런 보장을 받지 못해도 경쟁을 통해 자기 가치를 높이겠다는 확고한 의지를 보였다. 어차피 진짜 실력이 있으면 어디서든 잘해낼 수 있다면서 자신에게 부족한 점은 지금보다 훨씬 치열하게 노력해서 채우겠다고 각오를 다졌다. 그것은 특목고 출신이라는 간판을 남들에게 내보이고 싶은 얕은 허영심이 아니었다. 자신에 대한 도전이자 용기였다.

오직 자기 자신과 경쟁한다

상훈이는 원래 성실한 학생이었지만 외고로 옮기면서 몇 배 더 노력했다. 자투리 시간까지 아껴가면서 하루 8시간 이상 공부했고, 수업 시간에 배운 내용은 그 자리에서 외우려고 노력했으며, 시험 전에는 과목당 다섯 번 이상 체크하는 등 '최대 시간, 최대 효율'이라는 자신만의 공부법으로 불리해진 내신을 극복해 갔다. 그 결과 그토록 어렵게만 느껴지던 내신이 2학년이 되면서 상승 곡선을 그렸고 졸업 무렵에는 전교 10등 이내에 들었다.

상훈이는 내성적인 성격을 바꾸어 전교 회장에도 도전했다. 심성이 참 고운 아이였던지라 상훈이가 굳이 나서지 않아도 친구들의 신뢰를 받았던 것 같다. 경쟁적인 학생들처럼 친구를 경쟁자, 혹은 적으로 생각하지 않고 자신이 손해를 보더라도 친구들을 배려하며 성심껏 도와줬다. 하지만 자기 자신에게는 굉장히 엄격했다.

상훈이는 내신에 대한 자신감이 생기면서 본격적으로 서류를 준비하기 시작했다. 상훈이는 영어와 수학을 골고루 잘했기 때문에 적절한 시기에 IMC와 교내 수학경시대회 같은 각종 경시대회에 도전했고 TEPS에도 꾸준히 응시하면서 포트폴리오를 완성해 나갔다.

또한 상훈이는 인문계열 전공을 깊이 이해하기 위해 관련 서적들을 찾아 읽었고, 더 궁금한 것은 서울대의 인문대학 공개강좌를 듣거나 평소 관심을 가졌던 논문도 읽는 열의를 보였다. 그러면서 지금 성적과 상관없는 이 공부를 왜 하고 있는지, 이 공부를 통해 궁극적으로 자신이 무엇을 경험하고 성취할지 자기 미래를 어렴풋이 그렸다. 상훈이의 자기소개서에는 이런 진면목이 잘 드러나서 투박하게 쓰였지만 아주 인상 깊었다. 그리고 대학도 자기 진로와 인생에 대해 고민하고 단지 자기소개서에 몇 줄 쓰는 데만도 각별하게 노력하는 학생을 금방 알아챈다.

컨설팅을 오래 하다 보면 이상하게 서울대와 어울릴 것 같은 학생들을 만나게 되는데, 상훈이가 바로 그랬다. 전체적으로 훌륭한 학생이긴 했지만 눈에 확 띄는 특별한 실적이 없는데도 상훈이를 떠올리면 연세대나 고려대보다 서울대가 먼저 떠올랐다. 학생에 대해 서울대는 종합적으로 평가하고 연세대와 고려대는 특출한 재능에 주목하는 경향이 있어서일까. 외고에서도 꽤 좋은 내신에 남들이 다 가지고 있는 기본적인 서류 정도는 갖췄고 교내외 행사나 활동에도 성실하게 참여하는 상훈이는 실력, 성실함, 열정 뭐 하나 뒤지는 것이 없었다. 이 점에 주목하여 상훈이에게 서울대 입시에 더욱 공을 들이도록 조언했다.

상훈이는 마지막까지 내신에 대한 긴장감을 떨어뜨리지 않고 철저하게 준비했으며 서울대 전형 요소에서 균형감을 잃지 않으려고 노력했다. 한마디로 어느 것 한두 가지를 선택하지 않고 모든 것을 선택했다고 말할 수 있다. 중요한 것과 중요하지 않은 것을 나름대로 판단하고 선택하는 것이 아니라 자신에게 주어진 모든 것에 최선을 다하는 태도는 어디에서도 반짝인다. 결국 상훈이는 서울대 인문계열에 합격했다.

엄마는 상훈이가 수능 언어 영역에서 조금 실수한 것을 생각하면 지금도 가슴이 철렁 내려앉는다고 말한다. 정시는 실수 하나도 용납되지 않는 만큼 결과적으로 수시를 성실하게 준비한 것이 상훈이에게는 다행스러운 일이었다. 어려운 도전 속에서도 자신에 대한 믿음을 굳건하게 지키며 앞으로 나아가려고 노력한 상훈이에게 박수를 보내고 싶다. 실력과 노력 앞에서는 전략도 두 번째인 셈이다.

 김형진 【충청 공주시 자사고, 서울대 전자정보학과 수시 특기자전형 합격】

내신 2.6, 한국물리올림피아드 은상, 한국화학올림피아드 동상, 한국지구과학올림피아드 장려상, 한국천문올림피아드 동상, KMC한국수학경시대회 금상, 교내 수학경시대회 금상, 발명진흥표창장 2회, 대한민국학생발명전시회 은상, 사이버발명대회 발전적 사고력 부문 장려상, MBC미디어텍전국초중고수학영어능력평가대회 수학 부문 은상, 전국학생창의력올림피아드 구조물 부문 고등부 금상, 국제심산수학년도총결승 특우상, GMC국제수학올림피아드 서울대회 금상, 서울소년상 과학예술 부문 장려상, 국제발명혁신산업디자인및기술전시회 은상, 충남고등학교과학탐구대회 은상, 충남중고수학과학경시대회 화학 부문 금상, 교내 다독왕선발대회 최우수상, 교내 과목 우수상

특목고일 수밖에 없는 아이

형진이는 서울 강남에서 중학교를 졸업하고 충청권 자사고에 입학했다. 전형적인 이과 성향의 학생으로 중학교 때부터 수학과 과학에 탁월한 실력을 보였는데, 제 실력에 맞는 반을 찾다 보니 늘 형, 누나들과 수업했다. 대치동 학원가에서는 학년과 상관없이 진도를 나가는 것이 당연하게 받아들여지는 분위기였는데도 사실 형진이는 눈에

띄는 면이 있었다. 하지만 엄마가 약간의 재능이 있는 아이를 다그쳐 공부를 더 잘하게 만든 경우가 아니라 아이 자신이 그저 좋아서 공부하는 경우였다. 형진이 학년에서 3학년 이상 선행학습이 진행되자 오히려 엄마가 약간 우려하기 시작했다.

이런 상황에서 형진이가 자사고를 선택한 것은 어쩌면 자연스러운 일이었는지 모른다. 내가 보기에도 이 정도로 준비됐다면 특목고에 진학해도 큰 문제 없이 형진이가 원하는 목표를 이룰 수 있을 것 같았다. 대신 형진이는 자기가 좋아하는 공부에만 몰두하는 경향이 있었는데 그런 습관을 개선하고 자신에게 부족한 공부를 고등학교 입학 전에 계획적으로 채우기로 했다. 영어 문법이나 어휘처럼 마음먹고 제대로 익히지 않으면 계속 밀리게 되는 공부부터 체크하고 국어 독해력을 테스트했다. 형진이는 똑똑하고 이해력이 좋은 편이라 자신의 취약점을 금세 극복하고 국어, 영어, 수학, 과학에 대한 준비를 모두 꼼꼼하게 끝냈다.

공부가 어려울수록, 경쟁이 치열할수록 즐겨라

형진이는 자사고 입학을 앞두고 자신보다 우수한 친구들과 같이 공부하고 경쟁할 생각에 다소 들떠 있었다. 그때 형진이가 자신이 아는 내용을 반복하여 공부하는 것을 싫어한다는 점이 약간 우려됐다. 그래서 중학교 내신 공부에도 별로 흥미를 보이지 않았는데 이는 바람직한 공부 태도가 아니었다. 자사고에 들어가서도 이런 태도로 공부하면 내신에서 문제가 생길 것이 뻔했다.

그런데 형진이가 입학한 자사고의 내신시험이 만만치 않은 범위와 난이도로 출제되자 공부에 대한 동기가 오히려 강해졌다! 공부 잘하던 아이들도 특목고에 입학한 후 치열한 내신 경쟁에 들어서면 낙오되기 십상인데 형진이는 물 만난 고기처럼 공부할 맛이 났다. 스스로 찾아서 공부하고 어려운 문제 풀이를 좋아하는 형진이에게는 아주 잘 맞는 시험이었던 것이다.

형진이는 내신을 잘 관리하기 어렵기로 유명한 학교에서 전교 10위권 이내의 성적을 받아냈다. 만약 형진이 같은 아이가 일반고에 들어가 보통 난이도로 시험을 봤더라면 너무 쉬워서 방심하다가 실수했을 가능성이 크다.

형진이는 자사고에서 내신으로 자신감을 얻었다. 그래서 애초에 미리 이야기했던 대로 서류를 보강하는 작업에 곧바로 들어갔다. 방학 때가 아니면 학교 밖으로 좀처럼 나올 수 없었던 환경상 컨설팅 간격이 길었기 때문에 형진이에게는 장기 계획이 필요했다. 형진이는 거의 한 학기 공부 계획을 다 짜서 학교로 돌아갔다. 학기 중에도 수학, 과학과 관련된 각종 대회들에 계속 도전했고 그중에는 학교 차원에서 같이 응시한 시험들도 있어서 분주했다. 하지만 형진이는 자신이 좋아하고 잘할 수 있는 공부를 하자 더욱 열심히 노력했고 그 바쁜 일정을 소화하며 꼼꼼하게 준비하는 부지런함을 보였다.

공대를 갈까, 의대를 갈까

잘 못 본 몇몇 시험도 있었지만 형진이는 자신이 도전한 대회들에서 대부분 좋은 성적을 거뒀다. 그 덕분에 국가 대표로 세계 대회에 도전할 기회를 많이 얻었다. 개중에는 도저히 시간을 낼 수 없어서 국가 대표 자격을 거절하기도 했다. 이쯤 되자 학교에서는 형진이를 의대에 보내고 싶어 했다. 그래서 봉사 활동이나 기타 이력에서 의대와 관련한 것들을 준비했으면 좋겠다는 의견을 피력해 왔다.

자사고에서는 내신과 서류가 둘 다 좋은 학생들이 많지 않기 때문에 내신이 잘 나오는 학생에게 거는 기대가 크다. 서울대 공대가 목표였던 형진이는 생각지도 못했던 고민을 하기 시작했다. 대부분 처음에는 의대를 원해도 3학년이 되면 정작 성적이 모자라 그 고민이 무색해지는데 형진이는 오히려 그 반대였던 것이다. 공대에 가고 싶어 하는 학생의 성적이 너무나 잘 나와서 의대를 추천받는 상황이라니 남들이 보면 부럽지 않을 수 없다.

하지만 형진이는 고민 끝에 수시 원서를 쓰면서 소신대로 거의 다 공대에 지원했다. 서울대는 당연히 공대에 지원했고 연세대와 고려대도 마찬가지였다. 학교의 적극적인 권유로 의대 원서를 두 군데 쓰긴 했지만 합격 후에도 등록하지 않고 서울대 공대에 등록했다. 의대 성적으로 공대에 가는 학생은 좀처럼 드물다. 빛나는 지성과 더 빛나는 소신을 위해 마음속의 응원을 보낸다.

엄 연수 [서울 광진구 외고, 서울대 사회과학대학 수시 특기자전형 합격]

> 내신 3.7, TEPS 918, TOEFL 115, DELF B1, 한국사능력검정시험 1급, 외고연합동아리 활동, 미국영어모의법정대회 국가 대표 우수증인상, 전국영어모의법정대회 단체 2위, 개인 우수증 인상, 한동대영어모의법정대회 단체 1위, 대한민국학생창의력올림피아드 은상, 코리아타임즈 국제영어논술대회 동상, 교내 영어경시대회 동상, 교내 학력우수상 다수

서울대에 먼저 들어간 언니와는 다른 선택

연수의 언니는 서울대 경영대학에 입학한 수재였다. 대원외고에 합격했지만 대학 입시 전형에서 특목고가 불리하다는 판단을 하고 일반고로 전향했다. 그리고 일반고에서 줄곧 전교 1등을 지켜 내신 1등급 만점을 받고 비교과 서류를 준비하여 서울대에 안정적으로 합격했다.

어릴 때부터 외고에 가고 싶었던 연수는 이런 언니의 이력 때문에 고등학교를 선택하는 데 크게 갈등할 수밖에 없었다. 자칫하면 외고가 대학 입시에 불리할지 모른다는 주위 사람들의 이야기로 점점 불안해지면서도 연수는 자꾸만 외고 쪽으로 마음이 쏠렸다. 사실 연수는 언니에 비해 에너지가 넘치는 아이였다. 그 에너지가 어디에서 나오는지 궁금해질 만큼 열정적인 행동으로 모든 것들을 해내는 연수에게 일반고는 너무 시시하고 재미없는 곳이었다.

결국 연수는 외고에 합격했다. 그리고 언니와는 다른 방법으로 자신에게 도전하고 싶다는 포부를 품고 고등학교 생활을 시작했다.

190

진정성 있는 비교과에 열정을 쏟아라

연수만큼 학교생활을 즐겁게 하는 아이를 본 적이 없다. 연수는 학교에서 시키는 활동들도 모자라 자신이 주체가 되는 다른 활동들을 무수히 만들어냈다. 그리고 내신 공부 기간을 제외한 나머지 모든 시간들을 그렇게 자기 삶을 준비하는 일들로 채워나갔다. 마치 취업을 준비하는 대학 졸업반 학생 같았다. 내가 추천한 것은 물론 자신이 관심 있게 찾아본 대회나 활동들에 대해서도 얼마나 열심히 물어보는지 "너는 나처럼 컨설턴트로 일해도 되겠다!"는 말이 저절로 나왔다.

그런데 서울대 법대에 가고 싶어 했던 연수에게 불길한 소식이 전해졌다. 서울대 학부에서 법대가 사라진 것이다. 연수는 잠깐 흔들리는 모습을 보이면서 "그럼 이제 법 관련 활동들은 하지 말아야 하는 거예요?"라고 물었다. 그때 나는 이렇게 대답했다. "대학이 요구하는 서류에는 '이런 것은 꼭 해야 한다'는 기준이 없어. 네가 앞으로 나아가고 싶은 방향이 그쪽이라면 언젠가 법에 대한 지금 너의 관심과 노력이 필요한 날이 올 거야. 로스쿨로 진학해도 좋고."

내 조언을 들은 연수는 무슨 생각을 했는지 모의법정대회 등 법과 관련한 활동들을 계속했다. 사실 많은 학생들이 내신과 수능 공부만으로도 시간이 부족하다고 앓는 소리를 내는 마당에, 자신이 지원하고자 했던 대학의 학과마저 사라져 이제 대학 입시와도 직접적인 연관성이 없어진 활동들에 그토록 열심히 집중하기란 쉽지 않다. 하지만 연수는 그런 것에 아랑곳하지 않고 자기 꿈을 위해 지금 할 수 있는 일들을 하겠다고 말할 뿐이었다. 그런 것이 바로 진정성이다.

법대를 가고 싶어 했던 연수는 이제 꿈에 도달하는 방법을 조금 바꾸어 정치외교학과를 나와서 로스쿨로 진학하겠다는 장기 계획을 세웠다. 그리고 법을 잘 아는 외교 전문가라는 더욱 구체적인 목표로 자신을 다잡았다.

서울대, 내신보다 열정을 선택하다

연수는 중학교 때부터 항상 공부하는 만큼 더 나아지길 바랐던 욕심꾸러기였다. 그런 연수는 탄탄한 국어, 영어, 수학 실력을 바탕으로 수능을 큰 어려움 없이 준비할 수 있었던 데다가 내신도 어느 정도 안정적이었기에, 자기 소신대로 법 관련 활동으로 서류를 준비하는 데 더욱 박차를 가할 수 있었다. 나는 다른 아이들에 비해 교과와 상관없는 활동에 치중하는 시간이 많았던 연수 때문에 내신과의 균형이 깨질까 봐 노심초사했는데, 도중에 한두 과목에서 크게 실수하여 내신 등급이 낮아지긴 했지만 대체로 훌륭한 성적을 받아왔다. 그런데도 서울대에 지원하기에는 내신에서 다소 불리했지만 서울대는 연수에게 기꺼이 입학허가서를 내줬다.

연수는 쉬운 길을 두고 어려운 길을 걸었던 것은 자기 선택이었기에 언니와 다른 선택을 한 것을 후회하지 않으려고 모든 일에 더욱 열심일 수밖에 없었다고 말했다. 뜨거웠던 고등학교 3년, 후회는 없다면서 웃어 보이는 연수는 사람들의 부러움을 사는 엄친딸이 되어 서울대를 활보하고 있을 것이다.

내신 4.2, TEPS 916, TOEFL 113, JLPT 2급, ToKL 3급, 교내 학력경시대회 전공외국어 부문 동상, 교내 국영수학력경시대회 은상, 교내 독서토론대회 우수상, 장학증서, 수능 모의고사 성적표, 교내 학력우수상 다수, 일본 봉사 활동

소문난 우등생, 외고에 입학하다

중학교 3학년 때 만난 보경이는 동네에서 소문난 우등생이었다. 교육열이 높은 동네는 아니었지만 초등학교, 중학교 내내 전교 1등을 놓친 적이 없었고 성격이나 행동도 흠잡을 데가 없었다. 성실한 학습 태도에 배움에 대한 욕심까지 공부를 잘하기 위한 조건은 다 가지고 있는 학생이었다.

내 눈에 딱 '서울대감'인 보경이에게는 외고에 대한 로망이 있었다. 교육 환경이 다소 열악한 지역에서 늘 주목받는 1등이다 보니 그 지역을 벗어나 명문고에 진학하는 것은 너무나 자연스러운 수순이었다. 보경이는 당시 인기가 치솟았던 경기권 외고를 선택했다. 나는 여러 면에서 일반고가 대학 입시에 유리하다고 조언했지만, 보경이는 외고에 가서 더욱 열심히 공부하겠다는 의지를 강하게 내비쳤다.

나는 못내 아쉬웠지만 컨설팅으로 학생의 선택을 좌지우지할 수 없었다. 최종 결과가 어떻든 그것은 학생의 선택이고 나는 앞으로 일어날 수 있는 상황에 대해 최대한 설명할 의무가 있을 뿐이다. 또한 일단 학생이 결정하면 그 길에서 후회 없이 최선의 준비를 하도록 도와주면 된다.

1등이 중간 등수로 내려앉다

보경이는 외국 거주 경험이 없었다. 영어를 잘했지만 이 점이 보경이에게 아킬레스건으로 작용했다. 학교 과제다 시험이다 정신없었고, 수업을 차질 없이 따라가기 위한 공부까지 조금이라도 따로 해야 했다. 그러다 보니 내신과 수능 모의고사를 동시에 준비할 시간이 부족했다. 수능 모의고사에서는 1등급을 받았지만, 1학년 내신은 상위 40퍼센트 이내에 겨우 들어갈 수준으로 엉망이었다.

보경이는 자기 노력에 비해 결과가 턱없이 초라하자 몹시 실망했다. 약간의 방황을 하면서 일반고에 갈 것을 괜히 외고로 왔다고 후회하기도 했다. 하지만 1학년 내신을 그렇게 받은 상황에서 다른 일반고로 전학해도 학교생활기록부 위주의 전형에 지원하기에는 무리였다. 이번에는 내가 처음과 반대로 외고의 장점에 대해 이야기하면서 보경이를 설득했다.

우리는 현재 상황에서 최선의 방법을 찾아보기로 했다. 당연히 내신 준비 및 회복이 가장 우선이었다. 그러나 여유 시간에는 학교에서 진행하는 여러 프로그램에 참여하는 방향으로 초점을 맞췄다. 비교과도 저절로 준비되는 일이었지만 보경이가 애착을 가지고 학교생활에 적응하는 것이 더 중요했기 때문이다. 사실 1학년 때 한번 자신감을 잃으면 3년 내내 공부하기가 힘든 것이 특목고의 현실이다. 보경이는 우수한 자질과 강인한 정신력을 가진 아이여서 금방 극복하리라고 확신했고, 내 생각대로 얼마 지나지 않아 자기 페이스를 되찾기 시작했다.

1등 근성은 사라지지 않는다

보경이는 점차 공부 의욕을 되살려 학습량을 늘렸고 1등 근성을 드러냈다. 그러더니 2~3학년 내내 성적이 수직 상승하는 결과를 만들어냈다. 마침내 3학년 때는 전교 8등으로 올라섰다. 더욱 대단한 것은 영어에 대한 노력이었다. 입학 당시 TEPS 800점 정도의 영어 성적을 가지고 있었는데 독학으로 900점대를 돌파했다. 그처럼 내신 공부를 하면서 TEPS 100점을 혼자 끌어올린다는 것은 엄청난 일이다. 보통 독하게 마음먹지 않고는 거의 이룰 수 없는 일이다.

나와 만날 때마다 몸무게가 눈에 띄게 줄어들어 걱정스러울 만큼 보경이는 가열차게 노력했다. 처음에는 자존심이 상해서 공부에 목숨 걸었고, 성적이 오르면서 자신감에 또 자신감을 더하여 더욱 열심히 공부했다. 늘 쉽게 1등을 했던 보경이는 특목고에서 보낸 3년 동안 훨씬 단단하고 치열해졌다. 세상을 대하는 태도도 진취적으로 변화했다.

보경이는 서울대, 고려대, 연세대 세 군데에만 수시 원서를 냈고 서울대를 제외한 고려대와 연세대에 동시 합격했다. 1학년 내신의 벽에 가로막혀 서울대에 입학하지 못한 것은 다소 안타까웠지만, 보경이는 공부를 통해 자신을 발견할 수 있어서 행복한 고등학교 시절이었다고 회상했다. 소문난 동네 우등생은 더 넓은 세상에서 친구들과 어깨를 나란히 하는 데 성공했다.

강남에서 명문대 간 아이들
최고의 교육열
강남 8학군을 뚫어내다

정병길 【서울 강남구 일반고, 서울대 농생명공학계열 정시 합격】

> 내신 2.3, 교내 과학경시대회 생물 부문 장려상, 교내 과학독후감대회 우수상, 교내 모범학생상, 교내 학력우수상 다수

지방 수재, 서울 강남에 도전장을 내밀다

병길이는 더 좋은 환경에서 공부하고자 서울까지 이사했다. 언뜻 대학 입시를 위한 전략적인 행동처럼 보이지만 사실은 아니었다. 자신에 대한 새로운, 그리고 진심 어린 도전이었다. 지방 소도시에서 공부하면서 수재라는 소리를 듣긴 하지만 객관적인 자기 실력을 확신할 수 없어서 불안했다. "서울에 가서 여기보다 못한 결과가 나오

더라도 괜찮아요. 나약한 마음이면 어차피 최고의 대학에 갈 수 없을 거예요. 나한테 도전 기회를 주세요"라고 부모님을 설득한 끝에 병길이의 서울행은 결정됐다.

병길이는 이미 이과로 진로를 결정해 놓았다. 그래서 과학고를 생각해 보기도 했지만 입시 준비가 많이 되어 있지는 않았고, 수학과 과학에 집중된 과학고 커리큘럼보다는 여러 과목들을 골고루 공부하는 자사고나 일반고가 훨씬 즐거울 것 같다고 말했다. 자사고와 일반고 사이에서 고민한 끝에 교육 환경이 좋고 우수한 학생들이 다수 모이는 학군의 일반고가 적합하다고 판단, 강남권 일반고를 선택했다.

그때로서는 자사고에 버금가는 면학 분위기이던서 내신을 확보하기는 자사고보다 덜 어려운 합리적인 선택이었다. 물론 다른 지역 일반고보다는 좋은 내신을 받기가 훨씬 어렵다는 것도 설명했다. 하지만 병길이는 그럼 일부러 서울로 올라온 의미가 없다면서 도전 의지를 강하게 내비쳤다. 결국 강남에서도 공부 잘하는 아이들이 가장 많이 가는 일반고에 진학하기로 결정했다.

수시 준비, 내신의 벽에 먼저 부딪히다

수시의 기본은 내신이다. 내신 중심의 전형이든 그렇지 않은 전형이든 내신은 결코 간과할 수 없는 대상이다. 서울대가 특히 그렇다. 연세대와 고려대도 내신이 적게 반영되는 전형이 있긴 하지만, 대신 나머지 요소에서 훨씬 더 좋은 성적을 내야 하는 부담감이 생기기 때문에 기본적으로 내신은 매우 중요하다. 이런 상황을 병길이도 알고 나름대로 준비했지만 역시 내신의 벽은 높았다.

첫 시험에서 2~3등급으로 예상되는 과목이 5개나 나왔다. 중간고사는 등급으로 표기되지 않고 석차만 표시되기 때문이다. 병길이는 적잖은 충격에 휩싸였다. 나는 기말고사를 잘 쳐서 합산 등수가 올라가면 더 좋은 등급을 받을 수 있다고 병길이를 다독였다. 병길이는 중간고사 준비와 결과에 대해 꼼꼼하게 분석한 후 마음을 굳게 먹었다. 자기 때문에 덩달아 서울에서 고생하는 엄마를 떠올리면서 중간고사 다음 날부터 기말고사를 대비하기 시작했다.

다행히 기말고사 성적은 올랐다. 1학기를 평균 2.2등급으로 내신을 마무리하고 여름방학을 맞았다. 병길이는 선행학습을 많이 해두지 않아서 방학 동안 마음이 급했다. 지방에서는 친구들보다 앞서서 공부한다고 자부했는데 대치동에 와보니 부족한 선행학습 때문에 학원에도 들어갈 수 없었다. 이 충격적인 사실 앞에 병길이는 또 한 번 좌절했다.

우리는 공부의 기본 원칙에 대해 많은 대화를 나눴다. 동기가 강한 학생이었기 때문에 '마음은 편하게, 몸은 힘들게' 공부한다면 승산이 있을 것이라고 확신했다. 그래서 병길이의 경우 컨설팅이 끝나도 내가 퇴근할 때까지 자습을 시켰다. 화장실에 한두 번 가는 시간을 빼면 거의 공부만 하는 수준까지 학습량이 늘어났다. 방학 동안은 물론 나중에는 학기 중 주말에도 하루 10시간 이상 공부했다. 최소한의 진도 수업만 듣고 대부분의 문제들을 혼자 풀었다. 내가 신경 써서 체크한 것은 틀린 문제에 대해 철저하게 분석하고 집중적으로 훈련시키는 일이었다.

장단기 계획을 의논한 상태에서 집중적으로 공부에 쏟아붓는 시간이 길어지면 성적은 무조건 상승하게 되어 있다. 병길이는 1학년 1학기 짧은 여름방학 동안 수학 하와 수학 1, 2 기본서를 각각 다섯 번이상 봤다. 정말로 밥 먹고 수학만 공부했다고 해도 과언이 아니다. 그러다 보니 다음 내신부터는 수학에서 안정적으로 좋은 점수가 확보됐고 다른 과목에 투자할 시간이 늘어났다. 이 긍정적인 흐름은 수능 모의고사까지 이어졌다.

수능으로 수시 대신 정시의 바늘귀를 통과하다

병길이는 우수한 교육 환경을 선택하면서 서울대 수시에 지원할 수 있을 만큼 내신을 만드는 데는 실패했다. 하지만 맹렬하게 공부하면서 자기 발전의 과정을 거쳤고 현실적인 준비를 잘해내는 데는 성공했다. 결국 높은 수능 성적으로 정시를 통해 서울대에 합격하는 영광을 누렸다. 병길이가 애초에 목표했던 의학과나 생명과학부에는 합격하지 못했지만 농생명공학계열에 만족하면서 멋진 대학 생활을 하고 있다.

다른 아이들의 경우에서도 알 수 있듯이 이렇듯 고등학교 1학년 초반의 공부는 굉장히 중요하다. 사람은 잘 안 될 것 같은 상황보다 잘 될 것 같은 상황에서 더욱 열심히 하는 경향이 있다. 특히 고등학생은 2~3학년으로 올라갈수록 공부량이 기하급수적으로 늘어나는 만큼 불안감이 증폭되기 때문이다.

나는 공부 동기에 대해 말할 때 자주 이런 이야기를 한다. 그 동기라는 것이 어느 날 우연히 생기기도 하지만 그날을 마냥 기다릴 수만은 없다. 공부를 지속하면서 자연스레 생기게 되는 현실적인 동기를 만들어야 한다. 한번 열심히 공부하여 잘하게 되면 그것을 유지하기 위해 또 공부하고 더 좋은 성과로 이어지는 선순환을 최대한 빨리 만들어내는 게 고등학교 공부의 핵심일지 모른다.

 윤보라 [서울 서초구 일반고, 연세대 자유전공학부 수시 일반전형 합격]

내신 2.2, TEPS 898, TOEFL 109, TOEIC 945, TOEIC Speaking 8급, ToKL 3급, 한국사능력검정시험 1급, 한자능력검정시험 3급, 교내 논술대회 최우수상, 교내 독후감발표대회 동상, 교내 나의주장발표대회 은상, 교내 영어듣기경시대회 장려상, 교내 수학경시대회 은상, 교내 국어경시대회 동상, 교내 영어경시대회 은상, 교내 영어말하기대회 우수상, 학력평가 인문1위상, 교내 영어신문반 활동, 3년 연속 학생회 임원, 교내 체육대회 총응원단장, 학생기자 활동, 유니세프 봉사 활동, 청소년 자원봉사캠프, 금융기관 학생인턴십, 전국고교생경제한마당 응시, 고려대 모의논술 참가, 의료 봉사

외고 입시를 준비한 아이, 강남 8학군으로

보라는 외고 불합격의 충격에서 미처 벗어나지 못한 채 일반고 입학을 앞둔 아이였다. 자기보다 성적이 안 좋았던 친구들도 다 외고에 붙었는데 혼자 떨어졌다면서 속상해 어쩔 줄 몰랐다. 대개 아이에게 일찍부터 특목고 입시를 준비시킨 엄마들은 그들끼리의 사교육 인맥이 매우 탄탄하다. 보라도 그런 경우라 같은 선생님 밑에서 수업하고

준비했던 친구들과 같은 학교를 다닐 수 없게 된 것이 당시로서는 받아들이기 힘든 현실이었을 것이다. 보라는 자존심도 상했을뿐더러 당연히 공부가 손에 잡히지 않았다.

하지만 외고 입시에 도전한 만큼 보라는 학습적으로 잘 준비되어 있었다. 공인영어점수도 높은 편이었고, 테스트 결과 국어와 수학도 좋은 실력을 가지고 있었다. 단지 엄마는 보라가 사교적인 성격이어서 공부만 독하게 하는 유형이 아니라 일반고에 가서 친구들과 어울려 놀기만 하면 어떡하느냐고 걱정했다.

사실 이럴 경우에 학습 진단은 복잡하지 않다. 보라는 이미 수능이 일정 수준 이상 완성되어 있는 학생이었기 때문에 내신을 잡고 수능을 지속적으로 재점검하면서 차분하게 서류를 준비해 나가는 일이 가능했다. 강남권 고등학교로 진학해야 하는 상황이라 그중 내신에서 조금 불안하긴 했지만 대원외고에 입학했다면 훨씬 불리했을 것이다. 대학 입시의 50퍼센트를 성공적으로 마무리해 놓았으니 일반고 진학을 천행의 기회로 만들자고 보라를 다독였다. 실제로도 보라가 마음을 가다듬고 남은 기간 동안 현실에 충실한 준비를 한다면 명문대 입학은 오히려 더 쉬울 수 있다.

일단 1학년 1학기 내신에서 전교권을 유지하지 못하면 보라가 영영 자신감을 잃을 것 같았다. 그래서 엄마의 걱정처럼, 보라가 자신에게 필요한 공부에만 집중하고 나머지 시간을 허비하는 습관부터 바꾸자고 강하게 설득했다. 보라는 특히 친구들과 교류하는 시간이 과해지지 않도록 하겠다고 약속했다.

엄마의 무조건적인 지지가 아이의 약점을 채운다

보라를 만나면 늘 유쾌했다. 같은 나이였다면 꼭 친구가 되고 싶은 아이였다. 공부만 하기에는 꿈도 많고 관심사도 다채롭고 호기심도 왕성했다. 컨설팅을 진행하면서도 그게 항상 문제였다. 중요한 시기에 학교 축제가 끼어들거나 친구들과의 약속이 잡히면 공부는 항상 뒷전으로 밀려서 보라가 해야 할 만큼의 학습량을 감당해 내지 못하곤 했다. 공부와 놀이가 양립할 수 있다고 굳게 믿는 보라에게 스트레스를 주면 오히려 역효과가 날 것 같아 그 균형점을 찾고 시기적절하게 필요한 공부를 시키는 데 신경 썼다.

그 결과 고등학교 3년 내내 전교 10위 이내의 성적을 유지했고 비교과도 꾸준히 준비하여 서울대에 지원할 수 있는 수준까지 이르렀다. 하지만 그렇게 되기까지 우여곡절이 많았다. 일단 비교과를 준비하는 과정은 모든 학생들에게 결코 만만치 않다. 공부 시간도 빠듯한데 언제 시간을 내어 봉사에 참여하고 대회를 준비하고 지원 전공과 관련하여 활동하는지 내가 지켜봐도 감탄이 절로 나온다. 그래서 최상위권은 더더욱 대학 입시를 준비하는 마음가짐과 태도가 남달라야 한다. 보라에게는 이런 점이 취약했는데 엄마의 믿음과 정성이 그것을 대신 채워줬다.

보라가 시험 시간에 실수로 핸드폰을 끄지 않아 부정행위로 간주되어 도중에 시험지를 압수당하는 초유의 사건도 있었지만 엄마는 늘 보라를 인정하고 존중했다. 보라에게 아쉬운 점이 생기면 아이를 다그치지 않고 나를 통해 지혜롭게 해결하려고 노력했다. 부모와 자식 간의 신뢰가 틀어지면 공부도 소용없다고 생각했기 때문에 엄마는 어떤 경우에도 보라를 지지했다. 이렇게 때때로 깊은 슬럼프에 빠져들 때마다 보라를 위로하고 다시 일어서도록 도와준 것은 아이 특유의 긍정성과 엄마의 사랑이 아니었나 싶다. 보라는 서울대에 합격하지 못했지만 수시 일반전형으로 연세대에 입학하여 즐거운 대학 생활을 하고 있다.

 이경배 [서울 강남구 일반고, 연세대 문과대학 정시 우선선발 합격]

내신 2.1, TEPS 795, TOEIC 865, JPT 595, HSK 4급, KBS한국어능력시험 2급, 한자능력검정시험 2급, 한국사능력검정시험 1급, 교내 논술대회 최우수상, 컴퓨터 관련 자격증, 교내 자원봉사체험수기 우수상, 교외 봉사상, 기타 교내 학력우수상 다수

고등학교 2학년, 뒤늦은 준비

경배를 처음 본 것은 고등학교 2학년 중반이었다. 컨설팅을 하기에 시기적으로 늦은 감이 있었지만 경배는 다행히도 성적이 골고루 높은 편이었고 자신이 무엇을 좋아하는지 분명히 알고 있었다. 이것은 요즘 같은 대학 입시에서 대단한 강점으로 작용한다. 다만 성적에 대한 애착이 다소 부족하여 내신에 세심하게 신경 쓰지 않았고 절대적인 공부 시간도 모자란 편이었다. 한마디로 똑똑한 학생이 적당하게 공부해도 비교적 잘 나오는 성적에 만족하고 있었던 것이다.

일단 1학년 내신에서 경배는 학기별로 2~3등급인 과목이 4~5개 씩 있었는데도 크게 걱정하는 기색이 없었다. 수능 모의고사 성적도 전반적으로 괜찮은 편이었지만 수리 영역에서 불안한 원점수를 보였다. 경배는 내신과 수능 모의고사에서 수학 점수가 1~3등급 사이를 올라갔다 내려갔다 하고 있었던 것이다. 여기에서 더 나아지지 않는다면 수시 도전이 어려워지는 것은 물론 정시에서도 수학이 변수로 작용할 수밖에 없다.

특히 수리 영역의 경우 원점수가 낮은데도 높은 등급이 나오곤 한다. 실제 수능에서 89~92점 정도가 수리 영역의 1등급 커트라인인데 반해 1~2학년 모의고사에서는 80점대만 나와도 1등급에 해당되는 경우가 많다. 재수생의 성적이 포함되지 않을뿐더러 많은 학생들이 본격적으로 수능 모의고사 대비에 신경 쓰지 않는 시기라 상대적으로 등급이 높아지는 것이다. "이 정도만 공부하면 1등급이 쭉 유지되겠지"라는 안일한 생각이 바로 함정이다.

경배는 언어와 외국어 영역에서는 앞으로 공부량을 크게 투자하지 않아도 실제 수능 1등급이 거의 보장되어 있었다. 언어 영역 원점수는 96점 이상을, 외국어 영역 원점수는 98~100점을 계속 유지했다. 사회탐구 영역도 성적이 썩 좋아서 크게 걱정하지 않아도 됐다.

그런데 수리 영역이 부족한 만큼 수학 공부에 70퍼센트 이상의 시간을 할당해도 되는데도 경배는 수학에 시간을 좀더 투자하는 식으로 골고루 공부하고 있었다. 그 덕분에 이것저것 잘하는 것처럼 보였지만 대학 입시 전형에 맞춰 전략적으로 준비한다기에는 일관성이 없었다. 게다가 아주 좋지는 않은 내신에 발목 잡혀 아예 수시에 도전해 볼 엄두도 내지 못할지 몰랐다.

최상위권 학생들에게는 현재 자신이 가지고 있는 여러 가지 성적들을 종합적으로 분석하여 자신이 더해야 할 공부를 찾는 것이 아주 중요하다. 그들은 지금도 훌륭하기 때문에 '더 공부해야 한다'는 절실함을 느끼기 어려운 만큼 자기 약점을 간과할 수 있다. 경배도 그랬던 것이다.

내신과 수능 모의고사, 두 마리 토끼를 잡다

경배에게 그런 상황에 대해 설명했다. 일단 왜 내신을 소홀하게 생각하면 안 되는지 설명한 후 내신과 수능 모의고사를 동시에 준비하면서 성적을 같이 올릴 방안을 구체적으로 세웠다. 이런저런 비교과도 맥락 없이 준비하고 있었는데, 비교과 중에서 시험을 통해 서류를 마련할 만한 것들에만 도전하라고 권유했다. KBS한국어능력시험을 비롯한 시험 2~3개에 응시하기로 했다. 자기 성적에 대해 별 경각심이 없던 경배는 자신의 가장 큰 문제가 무엇이냐고 직설적으로 물었다. "네 마음!"이라는 망설임 없는 내 대답에 경배는 의외로 담담하게 수긍하고 고개를 끄덕였다.

경배는 그렇게 마음을 다잡고 무섭게 공부하기 시작했다. 경배는 내신과 수능 모의고사에서 수학 성적을 더 올려야 한다고 생각하긴 했지만 막상 수학 공부에 온전히 집중한 적이 없었다. 이제 경배는 내신 준비 기간을 8주 정도로 잡고 시험 4주 전까지 수학만큼은 해당 범위에 대한 공부를 끝냈다. 그러자 남은 기간 동안 수학문제집을 반복해 풀고도 추가적으로 새 문제집을 풀어볼 시간까지 생겼다.

평소에는 꿈도 못 꿨던 일이다. 내신시험 기간 내내 수학 공부에만 매달렸지만 1등급을 확보하기 어려웠고 그 시간 때문에 다른 과목을 공부할 여유가 별로 없었다. 그런데 이렇게 수학을 미리 여유롭게 준비하자 수학을 깊이 공부할 수 있는 것은 물론 나머지 과목들까지 꼼꼼하게 점검할 시간이 확보됐다. 결과는 좋았다. 수학이 평소보다 어렵게 출제됐는데도 수능 모의고사 수준의 문제들까지 충분히 연습한 결과 내신시험에서 15점 이상 올랐고, 나머지 과목의 성적도 향상되어 기타 1과목을 빼고는 모두 1등급을 받았다. 그리고 얼마 뒤에 치른 수능 모의고사 수리 영역 점수도 10점 정도 상승했다.

이처럼 상위권 학생들에게 내신과 수능을 동시에 준비하는 것은 정말 중요하다. 상위권일수록 어떤 하나를 선택하기보다 조금 취약한 부분을 완벽하게 보완하여 전체를 만점으로 만들려는 마음가짐이 중요하기 때문이다. 공부는 별개가 아니라 항상 시너지 효과를 낸다. 내신을 열심히 공부하면 수능 성적이 올라가고, 수능을 철저히 준비하면 변별력 있는 문제에 대비되어 내신이 좋아진다.

자기 약점 영역에 마지막까지 집중하여 정시를 노려라

경배는 3학년까지 내신과 수능을 거의 완벽하게 병행하는 공부를 했지만 2학년까지의 내신성적 때문에 전체 평균 등급이 2.1에 그쳤다. 서울대 특기자전형과 연세대·고려대 일반전형에 지원하긴 했어도 수시를 통과하지 못했다. 경배가 1학년 때부터 내신을 철저하게 관리하여 1등급 초반대의 내신을 확보했다면 서울대 지역균형선발전형을 비롯해 연세대 진리자유전형, 고려대 학교장추천전형 등에 다 지원할 수 있었을 것이다. 이 전형들은 추천전형인 데다가 내신의 장벽이 매우 높기 때문에 기본적으로 경쟁률이 낮아서 경배가 갖춘 정도의 서류라면 합격했을지 모른다.

하지만 우리는 내신으로 인한 수시 불합격을 염두에 두고 있었으므로 수리 영역에 계속 집중했다. 3학년 때는 한 번만 제외하고는 수리 영역에서 줄곧 1등급을 받았고, 실제 수능에서 다소 쉽게 출제된 수리 영역에서도 실수 없이 만점을 받았다. 다른 영역들도 높은 성적을 거뒀다. 언어 영역에서 1개만 틀리고 외국어 영역에서 만점을 받았다. 사회탐구 영역도 1과목은 만점, 나머지 2과목은 각각 1개, 3개를 틀렸다. 결국 전 과목에서 5개만 틀린 셈이다. 게다가 사회탐구 영역에서 높은 성적순으로 두 과목만 반영했던 연세대에는 2개만 틀린 채로 정시 우선선발 전형으로 무난하게 합격할 수 있었다.

 최상훈 [서울 서초구 일반고, 서울대 경영대학 정시 합격]

내신 1.6, TEPS 926, TOEIC 985, 한국사능력검정시험 1급, 한자능력검정시험 2급, AP 미적분 5, AP 거시경제 5, AP 미시경제 5, IMC 준2급, 생글논술경시대회 장려상 교내 수학경시대회 금상, 교내 영어경시대회 은상, 교내 논술대회 우수상, 교내 소문반 활동, 교내 표창장, 교내 학력우수상 다수

CEO를 꿈꾸는 엄친아

상훈이는 얄미우리만큼 완벽한 고등학교 3학년 학생이었다. 키도 훤칠하고 외모도 준수한데 머리까지 뛰어난 소위 '엄친아'였다. 동료 컨설턴트들과 "나도 저런 아들 두면 참 좋겠다"고 이야기했는데, 그런 상훈이가 있기까지 부모님의 노력이 남달랐다는 것을 알게 됐다.

어려서부터 호기심이 강했던 상훈이는 엉뚱한 질문으로 주위 사람들을 당혹스럽게 만들곤 했다. 하지만 부모님은 "쓸데없는 소리!"라고 무시하지 않고 상훈이의 호기심이 지적으로 연결될 수 있도록 장려하여 오히려 다채로운 활동들을 제공했다. 가장 인상 깊었던 것은 경제에 관심이 많은 상훈이를 위한 '가정 경제 캠프'였다. 부모님은 상훈이가 어릴 때부터 세끼 식사와 숙박비로 쓸 수 있는 정도의 생활비를 주고, 나머지 간식이나 따로 돈을 들여 하고 싶은 일이 있을 때는 직접 심부름이나 집안일을 해서 그 비용을 벌도록 했다. 매월 이뤄진 이 가족 행사는 상훈이의 일기장에 고스란히 기록되어 있었다.

한결같이 CEO를 희망했던 상훈이의 목표는 서울대 경영학과로 확고했다. 그래서 수시에도 서울대 경영대학에만 지원하기로 결정했다. 수시 결과는 누구도 확신하기 어려울 만큼 예외적인 경우의 수들이 곳곳에 포진해 있어서 가능한 한 안정적으로 합격할 수 있을 만한 곳을 몇 군데 추가하곤 한다. 하지만 상훈이가 그 같은 모험을 감행했던 것은 수능 모의고사에서 만점에 가까운 성적을 보여줘서 수시에서 불합격하더라도 정시에 충분한 승산이 있다고 판단했기 때문이다.

입학사정관제에 이보다 더 잘 어울릴 수는 없다

상훈이는 입학사정관제에 딱 맞는 학생이었다. 어려서부터 한 가지 목표만 바라보고, 거기에 맞는 여러 활동들을 본인이 직접 알아보고 노력하여 결과를 만들어냈다. 영어도 유학을 가지 않고 한국에서 공부해도 충분히 잘할 수 있다는 것을 증명하고 싶었다면서 유학생들도 어려운 TEPS 925점을 얻었다.

군이 고르라면 한 가지 아쉬웠던 것은 내신성적이었다. 학교 자체가 내신을 관리하는 데 어려움이 많은 강남 8학군이었다. 상훈이가 다른 일반고에 진학했다면 서울대 지역균형선발전형에 추천받기 쉬웠을 텐데 다소 아쉬웠다. 엄마도 내신에 대해 그 정도까지 고민하지 못했다고 안타까워했다.

상훈이는 자기 스토리가 분명했기 때문에 자기소개서를 쓰고 포트폴리오를 만드는 데 유리했다. 그동안 상훈이가 성장하면서 남긴 것들을 전부 엄마가 꼼꼼하게 정리해 온 덕분이었다. 초등학교 때부터 CEO를 향한 열정을 입증할 만한 자료들이 넘쳤다. 상훈이의 일기장부터 각종 경제 캠프에 참여한 수료증, 그리고 그곳에서 느낀 점을 사진과 함께 기록해 놓은 글까지 엄마의 사랑과 관심 없이는 지금까지 남아 있지 못했을 자료들이었다.

심지어 초등학교 3학년 때 썼던 일기장 중에는, 어려서 숫자를 좋아했던 상훈이가 숫자의 끝이 어디인지 궁금해서 10의 백만 승까지 찾아서 기록해 놓은 흔적도 있다. 서울대는 고등학교 자료만 인정하지만 상훈이의 영재성과 열정을 입증하기에 더없이 훌륭한 자료라고 생각되어 그 일기 내용을 포트폴리오에 포함했다.

수시의 역차별을 정시로 극복하다

나는 상훈이만큼은 서울대 수시에서 반드시 합격할 것이라고 예상했지만 의외의 결과가 나왔다. 상훈이는 서울대 특기자전형에서 불합격했다. 오히려 서울대 특기자전형을 함께 준비했던 학생들 중에서 상훈이보다 TEPS 점수가 훨씬 낮았던 지방 일반고 학생이 합격했다. 열악한 교육 환경에서 일군 결과를 서울대는 더 높게 쳐준 것이다.

어찌 보면 역차별을 받았다고 해도 과언이 아닌 상황이었다. 하지만 상훈이는 쓰라린 현실을 담담하게 받아들이고 끝까지 최선을 다해 수능에서 만점에 가까운 점수를 얻어 결국 정시로 서울대 합격을 이뤄냈다.

강북에서 명문대 간 아이들
기회는 강북에 있었다

 오민우 [서울 동대문구 일반고, 서울대 사회과학대학 수시 지역균형선발전형 합격]

내신 1.0, TEPS 811, TOEIC 905, JLPT 2급, 한국사능력검정시험 1급, 한자능력검정시험 2급, 전국지리올림피아드 지역대상 · 전국은상, 전국고교생경제경시대회(현재 전국고교생경제한마당) 은상, 우리역사바로알기대회 전국대상, '대한민국 푸른국회' 푸른환경 명예사절단 활동, 교내 논술경시대회 금상, 교내 수학경시대회 금상, 교내 영어경시대회 은상, 교내 나의주장대회 최우수상, 교내 통일글짓기 산문 부문 우수상, 교내 과학독후감공모대회 최우수상, 교내 미술실기대회 입선, 교내 도서동아리 활동, 교내 모범학생상, 교내 학력우수상 다수

강남에서 강북으로 이사한 책벌레

민우는 강남에서 중학교를 졸업하고 강북에 있는 고등학교로 진학했다. 나와 처음 만났을 때 민우는 중학교 3학년이었는데 마침 아빠의 전근 문제로 가족이 다 같이 강북으로 이사할지, 민우만 그냥 강

남권 고등학교에 들어갈지 고민하고 있었다.

컨설팅 후 나는 민우의 자기주도적인 학습 능력을 높이 평가하여 민우도 이사할 집과 가까운 고등학교에 들어가는 것이 낫겠다고 결정했다. 일단 당시 민우가 좀더 시험에 확실하게 대비한다면 어디 한 군데 흠잡을 데 없는 학생이긴 했지만, 강남권 고등학교에서 내신이 전교권에 들리라는 보장이 없었고 그 점이 대학 입시에 가장 큰 방해가 될 것이기 때문이다.

중학교 때부터 유명한 책벌레였던 민우는 공부의 즐거움을 알고 있었다. 공부 자체를 열심히 했을 뿐 시험 준비에는 크게 연연하지 않아서 성적은 반에서 2~3등 정도를 유지했다. 민우 정도의 실력이면 부모님이 더욱 욕심을 낼 만한데도 배움에 대한 민우의 자유로운 욕구를 인정했고 성적의 크고 작은 변화에 일희일비하지 않았다. 그런 교육 환경 덕분에 민우는 그 시기의 다른 아이들보다 훨씬 깊이 있는 공부를 할 수 있었다.

민우는 기본적인 선행학습을 했다. 책벌레답게 공부 시간이 길어져도 의문이 생길 때마다 스스로 책을 찾아 답을 구했다. 그렇게 공부와 독서를 병행하면서 민우는 1년에 200권 이상을 읽고 정리했다. 나중에 비교과 서류들을 정리하면서 그 방대한 자료를 들춰볼 기회가 있었는데 입이 다물어지지 않았다. 책에 대한 간략한 줄거리와 주제, 그리고 가장 인상 깊었던 문구까지 꼼꼼하게 기록되어 있었고, 특히 역사와 관련해서는 전문가 수준 이상의 책들을 탐독했다. 이런 자료들을 보고 대학이 민우를 선발하지 않을 수 없겠다는 생각이 절로 들었다.

첫 컨설팅 때 민우는 국어의 경우 고등학교 2~3학년 수능 모의고사 언어 영역을 거의 틀리지 않을 정도의 실력을 가지고 있었다. 유학을 갔다 온 아이처럼 영어 실력도 훌륭했다. 민우에게 특별한 공부법이 있느냐고 엄마한테 물어보니 일주일에 한두 번 영어 학원에 보내는 외에는 아무것도 없다고 대답했다. 다만 민우가 좋아하는 소설이나 영화 원작의 영어 원서를 덤으로 사줬는데, 민우가 그 원서를 수십 번씩 읽고 또 읽었다고 했다. 책벌레다운 영어 공부법이다.

민우의 부모님은 별로 신경 써주지 않았는데도 알아서 잘하는 아들을 둔 덕분에 편하게 키운 것 같다고 말하지만, 그 말속에 '존중'이라는 비밀이 숨겨져 있다. 알아서 잘하는 아이에게 스스로 잘할 수 있다고 지지해 주는 부모님은 생각보다 많지 않다. 아이가 못 미더워 자꾸 간섭하여 뭔가를 바꾸거나 추가로 더 시키려 한다. 특히 성적이 단기간에 오르지 않으면 불안해한다. 하지만 민우의 부모님은 민우가 자신의 지적 호기심을 마음껏 펼쳐 공부에 날개를 달 수 있도록 도와줬다.

고등학교 입학 전 4개월간의 수학 집중기

민우는 자신도 모르는 사이 국어, 영어, 사회를 많이 공부해 온 셈으로 충분히 우수한 실력을 갖췄으므로 앞으로는 거의 대부분의 시간을 수학에만 할애하면 됐다. 수학도 기본 실력이 탄탄하여 열심히 공부하면 최고 수준까지 도달할 수 있을 것이다. 그렇게 고등학교에 입학한 후 내신에서 전교 1~2등을 유지하면 서울대 합격 가능성이 매우 높다는 말에 민우는 자신의 가능성을 다시 한 번 확인했다.

민우는 책 읽기를 좋아하여 이것저것 많이 안다는 이야기를 곧잘 들었지만, 이제껏 전교 1~2등을 해본 적이 없어서 자신이 서울대 같은 명문대에 들어가리라고는 생각도 안 해봤다. 이제 지적 호기심만 강렬하던 아이가 서울대라는 목표를 가지자 시험 점수를 올리기 위한 도전에도 기꺼이 응했다.

그리고 자신에게 제일 부족한 수학 실력을 향상하기로 마음먹었다. 민우는 수학 선행학습이나 심화학습이 별로 이루어져 있지 않아 지금 성적으로는 정확하게 판단하기 어려워서 고등학교 입학 전까지 4개월간의 수학 공부량과 구체적인 실행 계획을 내줬다. 그때 고등학교 1학년 수학 상까지 한 학기만 선행한 상태였는데, 진도만 한 번 나가놓은 터라 어느 수준의 문제까지 풀 수 있는지 먼저 확인한 후 어떻게 공부해야 할지 세부적인 방법을 찾고 그에 따른 계획을 세웠다. 민우는 세 번 이상의 복습과 오답 풀이를 하면서 한 달 이내에 수학 하를 소화했다. 민우는 처음부터 문과로 진로를 결정했으므로 두 달 동안 수학1을 집중적으로 마쳤다. 그리고 남은 한 달 동안 수학 상·하와 수학1을 지독하게 복습하면서 다양한 유형의 문제 풀이까지 완벽하게 끝냈다.

전교 1등, 첫 시험부터 마지막 시험까지

민우는 첫 내신을 공들여 준비했다. 신기하다는 듯 이렇게 시험을 준비해 보기는 처음이라면서 즐거워했다. 국어 · 영어 · 사회 · 과학 등은 학교 진도와 난이도에 맞춰 이해 및 암기를 하는 데 주력한 반면, 수학은 지금까지 풀었던 기본서를 다시 복습한 후 내신 난이도와 상관없이 고난도 문제까지 골고루 다 풀면서 대비했다. 민우네 고등학교의 수학 시험 수준이 높지 않아서 그 난이도의 문제에 익숙해지면 수능 수리 영역에 대비하기 어려울 것이라고 판단했기 때문이다. 그렇게 6~7주 동안 내신을 준비한 결과는 전교 1등으로 전 과목 평균이 99점이었다.

민우 자신도 깜짝 놀랐다. 그동안은 시험을 준비하고 결과를 얻는 과정의 즐거움을 몰랐다가 이제야 맛본 것이다. 전교 1등을 하자 선생님과 친구들, 심지어 가족까지 민우를 감탄 어린 시선으로 새롭게 바라봤다. 누구에게나 인정받는다는 느낌은 민우에게 그때껏 경험해 보지 못한 성취감을 선사했다. 민우는 '첫 시험 전교 1등'을 계기로 더욱 열심히 공부하여 3년 내내 내신과 수능 모의고사에서 전교 1등을 놓치지 않았다.

결국 민우는 지역균형선발전형으로 서울대 사회과학대학에 합격했다. 민우는 강남에 남았어도 잘해 나갔겠지만 강북 일반고로의 진학이 대학 입시에 더욱 유리한 기회로 작용한 것은 분명하다. 특히 민우는 우수한 자질에도 불구하고 강남에서 강북으로 옮겨 가게 되자 마음의 부담을 많이 덜었다고 털어놨다.

민우 같은 성향의 아이들을 무조건 좋은 학군에 진학시켜 치열한 경쟁에 시달리게 하는 것은 그리 바람직하지 않다. 일류 학군이 아니더라도 그런 아이들이 가진 강점을 부각하여 그에 잘 맞는 입학사정관전형에 가장 유리한 학교를 선택하는 것이 현명하다. 공부 환경이 썩 좋지 않더라도 이런 아이들에게는 우선적으로 해야 할 것과 시간이 남으면 더 해도 되는 것을 구분해 주면 후자를 위해 학습 동기가 훨씬 높아져 더욱 열심히 공부할뿐더러 시간 손실도 줄일 수 있다. 가령 내신 공부를 완벽하게 끝내고 남은 시간에는 아이가 좋아하는 독서 동아리 활동을 할 수 있게 해주는 것이다.

 최두원 [서울 금천구 일반고, 서울대 법과대학 수시 지역균형선발전형 합격]

> 내신 1.04, TEPS 789, TOEIC 855, 한국사능력검정시험 1급, 한자능력검정시험 2급, 교내 논술대회 우수상, 교내 토론대회 최우수상, 교내 표창장, 교내 수학경시대회 금상, 교내 영어경시대회 은상, 교내 학력우수상 다수, 모범학생 구청장상, 교내 신문반 활동, 방과후 활동 기록물, 서울대 공개강좌 참가, 대학 주최 캠프 참가 등

서울대를 위해 특목고 대신 일반고를 선택하다

두원이는 특목고와 일반고 진학을 두고 많이 고민했다. 자신은 일반고에 가고 싶어 했는데 주위에서 왜 그 좋은 성적으로 특목고에 가지 않느냐고 부추기는 상황이었다. 우연하게도 두원이는 중학교 때까지 앞의 보경이와 같은 구에 거주했는데 외고를 선택한 보경이와 다른 결정을 내리려 했던 것이다. 나중에 알고 보니 두 아이는 그 지역에서 워낙 유명한 학생들이라 서로 모를 수 없는 사이였다. 두원이

가 다녔던 중학교에서도 아이를 특목고에 보내려고 안달했다. 하지만 두원이는 고민 끝에 일반고를 선택했다. 꼭 서울대에 가고 싶었기 때문이다.

교육열이 높지 않은 지역에서 눈에 띄게 공부를 잘하는 학생들은 대개 특목고로 진학하거나 다른 지역으로라도 옮겨서 더 좋은 환경에서 공부하려는 욕심이 크다. 두원이처럼 대학 입시를 위해 일부러 면학 분위기가 그리 좋지 않은 자기 지역에 남는 경우가 적기 때문에 그 지역의 대학 진학률은 더욱 나빠진다. 그로 인해 또 우수한 학생들은 계속 다른 지역으로 빠져나가는 악순환이 되풀이된다. 그런 면에서 두원이의 선택은 쉽지 않은 결정이었을 것이다.

하지만 내가 보기에 두원이는 전략적으로 일반고를 선택했다. 그 지역의 특성상 현재 거주지에 있는 고등학교에 들어간다면 만점에 가까운 내신을 확보할 가능성이 매우 높았다. 서류도 별로 준비되지 않았고 선행학습도 빠르게 진행되지 않은 터라, 특목고에 무리하게 진학하는 것보다는 내신 만점을 받고 학교생활에 충실한 학생으로 서울대 지역균형선발전형에 도전하는 것이 훨씬 안성적이다.

두원이는 중학교 시절 내내 전교 1등을 놓친 적 없는 전형적인 모범생으로 학습 태도가 매우 훌륭했다. 그 정도라면 서울대 지역균형선발전형에 기본적으로 필요한 서류를 고등학교 3년 동안 차근차근 준비할 수 있어 보였다. 그리고 다행히도 특목고를 조금쯤 염두에 두었기 때문에 영어 심화학습이 다소 이루어져 있었고, 수학은 자신이 좋아하는 과목이라 스스로 공부하는 양이 꽤 많았다.

수능 모의고사 1등급으로 승부수를 던져라

그 이후의 준비는 대체적으로 순조로웠다. 일반고를 선택하기까지는 많이 고민했지만 일단 결정하고 난 후에는 매우 안정적으로 공부해 나갔다. 혹시나 모르는 실수를 대비하여 내신시험은 꼼꼼하게 준비했고 예상대로 계속 전교 1등의 성적을 유지할 수 있었다. 그래서 나는 수능 모의고사 성적을 향상하는 데 초점을 좀더 맞추고 컨설팅을 진행했다.

처음부터 서울대 지역균형선발전형을 염두에 두고 대학 입시를 준비했기 때문에 같은 문을 두드리는 비슷한 조건의 다른 학생들보다 뛰어난 점을 부각해야 합격 가능성이 더 높아진다. 대부분 내신이 만점에 가까운 아이들 틈에서 내신 말고는 보여줄 것이 하나도 없다면 합격을 운에 맡겨야 한다. 더구나 두원이에게는 경쟁이 훨씬 치열한 학교의 내신 만점 학생보다 불리한 지역적인 약점도 분명 있을 것이었다.

그래서 '수능 모의고사 우수상'을 노리기로 했다. 전국 단위의 수능 모의고사에서 1등급을 받으면 학교에서 주는 상이다. 이것이 학교생활기록부에 올라가면 두원이가 내신뿐만 아니라 수능 모의고사에서도 지속적으로 1등급을 받는 학생이라는 것을 간접적으로 보여줄 수 있다.

우리는 수능 모의고사 준비에 심혈을 기울였다. 이것은 같은 학교에 다니는 친구들과만 경쟁하여 이기면 되는 것이 아니었다. 우리는 시간과 노력을 기울여 두원이에게 조금이라도 부족한 공부는 하나씩 찾아가며 보충했다. 그 덕분에 한두 번을 제외하고는 무난하게 1등급 성적이 유지됐다.

두원이는 2학년 6월 수능 모의고사부터 약간 흔들리는 양상을 보였다. 대개 난이도가 높아지면서 과목당 몇 문제씩 더 틀리는 경우로, 이럴 때는 심화학습이 가장 적절한 처방이다. 2학년 여름방학을 전후로 두원이는 취약 과목 및 단원에 대해 강도 높은 심화학습을 진행했는데 그때의 공부가 3학년 때까지 큰 도움이 됐다.

교내상을 제외한 기타 서류는 방학을 이용하여 약간의 대비를 따로 했고, 학기 도중에도 비교과 활동을 하기 위한 시간을 틈틈이 마련했다. 바쁜 나날이었다. 보통 3학년이 되기 전에 서류 준비를 거의 마치고 3학년 때는 수능 공부를 마무리하는 데 더욱 많은 시간을 쓰는데 두원이도 이런 일반적인 준비를 했다. 돌아보면 순리에 따르는 대학 입시 준비였던 것 같다.

일반고 진학부터 시작됐던 서울대 입성 계획은 3학년까지 뛰어난 성적이 변동 없이 유지되면서 눈앞에 현실화됐다. 3년 동안 단 한 과목에서 2등급을 받은 것을 제외하면 내신에서도 점수 감점이 없었다. 하지만 서울대 지역균형선발전형이라 그마저도 불안한 마음이 들었던 것은 어쩔 수 없었다. 다행히도 두원이는 서울대 법대에 최종 합격했고 이는 고등학교의 자랑으로 두고두고 남았다.

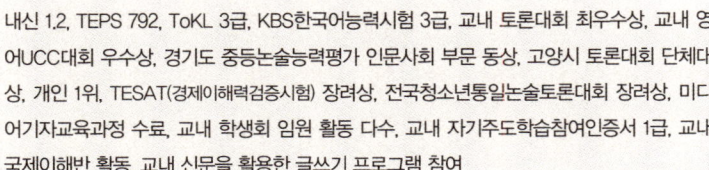

김다래 [경기 고양시 일반고, 고려대 어문계열 수시 학교장추천전형 합격]

내신 1,2, TEPS 792, ToKL 3급, KBS한국어능력시험 3급, 교내 토론대회 최우수상, 교내 영어UCC대회 우수상, 경기도 중등논술능력평가 인문사회 부문 동상, 고양시 토론대회 단체대상, 개인 1위, TESAT(경제이해력검증시험) 장려상, 전국청소년통일논술토론대회 장려상, 미디어기자교육과정 수료, 교내 학생회 임원 활동 다수, 교내 자기주도학습참여인증서 1급, 교내 국제이해반 활동, 교내 신문을 활용한 글쓰기 프로그램 참여

자신을 흔들리게 하는 진짜 문제를 찾아라

다래 엄마는 "우리 아이가 상담을 받으면서 펑펑 울고 난 후에 공부 좀 열심히 하게 해주실 수 있습니까?"라고 전화로 나에게 물었다. 꼭 그럴 의도는 아니었는데 첫 컨설팅에서 다래는 굵은 눈물방울들을 쏟아냈다. 가슴속에 들어찬 고민 때문에 답답했던 아이들이 컨설팅을 통해 해결의 실마리를 찾으면 눈물을 보이곤 한다. 이것은 좋은 징조이다.

다래는 우수한 학생이었다. 아직 완성된 서류가 없어서 평범해 보였지만, 내가 판단하기에 다래는 똑똑했고 자신감을 가져야 공부를 더 잘할 수 있었다. 그런데 다래 자신이 되는 일이 영 없다는 좌절감에 빠져 있었다. 그것은 다래가 특목고 입시에 실패한 이후부터 쭉 그랬다.

다래는 일반고에 진학한 자기 처지가 초라하다고 생각했다. 자기 실력이 제법이라고 자부했건만 첫 내신 결과가 만족스럽지 못하게 돌아온 것은 다 고등학교 1학년을 실패자로 시작했기 때문이라고 말했다. 특히 자신 있었던 수학 시험에서 크게 실수하여 1등급을 받지 못했을뿐더러 이후에도 잦은 계산 실수로 성적이 좀처럼 오르지 않자 엄청난 스트레스를 받고 있었다. 나중에는 수학을 공부하기 싫어져 며칠씩 아예 수학책을 펼치지도 않았다.

일반고에서 높은 내신 등급을 확보해야 명문대를 바라볼 수 있다는 것을 잘 아는 다래는 잦은 실수로 시험불안증까지 호소하면서 평소 잘하는 과목에 대해서도 확신하지 못했다. 게다가 자신이 배치받은 고등학교가 새로 생긴 학교여서 대학 입시에 다무런 도움을 받을 수 없다는 피해 의식에 사로잡혀 있었다. 자신감을 상실하고 걱정에 휩싸이게 되면서 다래는 자기 상황에 대한 불만거리만 잔뜩 찾고 있었다.

나는 조용히 물었다.

"진짜 문제가 뭐니?"

다래는 한참 동안 생각에 잠긴 채 말이 없었다.

"……딱히 없는 것 같아요."

그랬다. 다래는 컨설팅 내내 불만을 토로했지만 구체적으로 진짜 문제가 될 만한 상황이라는 것은 없었다. 그저 패배감에 젖은 채 마음을 잡지 못하여 공부가 잘 안 되도록 자신을 골아세웠을 뿐이다. 다래가 좋은 대학에 들어가는 것을 방해할 것은 아무것도 없었다.

자기 모습을 회복하면 해결책이 보인다

다래는 국어, 영어, 수학 실력이 나쁘지 않았기 때문에 충분히 내신과 수능에서 모두 좋은 성적을 얻을 수 있고 몇몇 가지들은 자기 색깔을 살려 비교과 서류도 만들 수 있었다. 더군다나 다래가 다니는 고등학교는 일반고여서 내신을 확보하기 수월했고 신생이어서 공부 잘하는 학생을 어떻게든 명문대에 보내는 업적을 쌓아야 했다. 다래는 학교의 도움을 기대하지 못한다고 생각했지만 실제로는 그렇지 않았던 것이다. 알고 보니 공부 잘하는 학생들에게 유리한 제도들이 많았고 학생들이 원하는 동아리를 직접 개설할 수 있었다. 교내 대회도 자주 열렸으며, 전반적인 학구열이 그리 높지 않아 다래가 나서서 뭔가를 하려고만 하면 학교 대표로 참가할 기회들을 많이 얻을 수 있었다.

나는 다래가 생각하는 것과 달리 얼마나 유리한 출발선에서 시작하는지 이야기하면서 긍정적인 에너지를 전하려고 애썼다. 그날 우리는 앞으로의 멋진 인생에 대해 설계하면서 하나하나 다시 시작하기로 약속했다. 컨설팅을 통해 서울대 지역균형선발전형과 연세대 진리자유전형(현재 학교생활우수자전형), 고려대 학교장추천전형 등에서 유리한 위치에 있다는 것을 알게 된 다래는 이제 자신에게 주어진 상황에 감사했다.

다래는 내신에서 최대한 실수하지 않기 위해 시험 7주 전부터 준비하기 시작하고 여유 시간을 이용하여 수능까지 동시에 대비했다. 물론 학교 시험이 수능 난이도처럼 높지는 않았다. 하지만 간혹 교과서 이외의 지문이 출제되거나 까다로운 문제가 한두 개 늘어나면 그런 공부가 다래에게는 훨씬 유리하게 작용했다. 그렇게 3년 동안 모든 시험에 충실하게 대비하면서 더불어 자신이 좋아하는 토론대회, 논술대회, 경제 관련 활동들도 꾸준히 해나갔다. 결국 내신, 수능, 서류 삼박자를 골고루 갖춘 인재로 거듭났다.

다래는 전교 1등은 아니었지만 전교 2등으로 고려대 학교장추천전형에 추천받았고 합격했다. 고려대 학교장추천전형은 추천 단계가 지나면 서류와 면접으로 재심사하기 때문에 다래의 비고과 준비는 많은 도움이 됐다. 게다가 토론대회를 통해 탄탄히진 말하기 능력은 면접에서 다래를 더욱 빛나게 했다. 다래는 원래 자기 모습을 회복하면서 자신이 실천할 수 있는 것부터 원점에서 다시 시작하여 명문대 합격을 이루었다.

지방에서 명문대 간 아이들
멀어도 괜찮아

김보원 【대구 외고, 서울대 사회과학대학 수시 특기자전형 합격】

내신 3.1(영어, 수학 1.6), TEPS 934, TOEFL 117, TOEIC 990, JLPT 3급, 한국사능력검정시험 1급, KBS한국어능력시험 3급, 한자능력검정시험 2급, IET국제영어대회 지역대상, 성균관대 전국영어수학학력경시대회 영어 부문 동상, 교내 영어에세이대회 최우수상, 컴퓨터자격증 2종, 교내 독후감경진대회 우수상, 교내 표창장, 합창합주경연대회 양악합주 부문 우수상, 모의유엔, 논문번역작업 다수 참여, 지역아동 교육봉사 3년, 교내 학력우수상 다수

가장 잘하는 것에 집중하여 자신을 차별화하라

지방에서 특목고를 다니는 학생들은 불리한 점이 참 많다. 내신은 내신대로 좋은 등급을 받기 어렵고 제한된 시간 내에 수능, 논술, 비교과까지 한꺼번에 준비해야 하는데 학교가 이를 제대로 뒷받침해

주기 힘들다. 지방이어도 특목고 학생들은 대부분 우수한 내신과 어학 성적으로 입학한다. 그러나 치열한 내신 경쟁 속에서 실패와 좌절을 경험하게 된다. 특목고에서도 항상 상위 10퍼센트와 그렇지 않은 90퍼센트가 나뉘고, 90퍼센트 학생들은 불리한 내신을 만회하기 위해 어떤 식으로든 노력할 수밖에 없다. 보원이가 바로 그 90퍼센트에 포함되는 학생이었다.

보원이의 가장 큰 문제는 역시 내신이었다. 영어와 수학을 제외한 나머지 모든 과목의 내신이 좋지 않았는데, 특히 제2외국어처럼 인원수가 적은 과목은 5~6등급도 있었다. 서울대의 경우 고등학교 1학년 성적도 중요하게 반영하기 때문에 2~3학년 때 엄청나게 노력하지 않으면 합격이 힘들 것 같았다.

보원이에게 이런 설명을 해주고 현실적인 방안을 찾아보기로 했다. 사실 외고에서 아무리 열심히 공부해도 내신에서 전 과목 다 높은 등급을 받기란 어려운 일이었다. 보원이도 더욱 열심히 공부하여 다른 과목 시험까지 잘 보도록 최선을 다하겠지만 그다지 자신 없고, 대신 영어와 수학만큼은 꼭 2등급 이내의 성적을 유지하겠다고 말했다. 우리는 '잘하는 것은 확실히 일관되게 잘하자'는 다소 위험한 결론을 내렸다.

보원이는 어릴 때 잠깐 어학연수를 다녀온 경험을 제외하면 우리나라에서 스스로 공부했는데 영어 실력이 뛰어났다. 대학 입시를 위해 전략적으로 공부한다기보다 영어 자체가 좋아서 공부하는 아이였다. 그래서 우리는 내신, 수능, 서류에서 보원이의 영어 실력이 빛나도록 무엇부터 준비해야 할지에 대해 의논했다.

　보원이는 1학년 당시 TOEFL 성적만 109점 정도였고 TEPS나 TOEIC에는 아예 응시한 적이 없었다. 하지만 영어를 좋아해서 국제영어대회IET, 국제영어글쓰기대회IEWC 같은 영어 관련 대회에 꾸준히 도전해 왔다. 나는 보원이가 시도해 볼 만한 영어경시대회와 공인영어시험을 알려주고, 각각의 출제 경향만 다를 뿐 진짜 실력이 있다면 성공적인 성과를 만들어낼 수 있다고 격려했다. 특히 TEPS와 TOEIC은 기본 자료로 삼을 점수조차 없었으므로 빠른 시일 내에 응시하라고 말했다.

　다음 컨설팅 때 보원이가 TEPS 820점, TOEIC 910점을 들고 찾아와서 2학년 겨울방학까지 TOEFL 115점, TEPS 930점, TOEIC 980점을 목표로 공부 계획을 세워줬다. 사실 이 정도의 목표는 어학 성적을 특기로 보여주기에 다소 빈약하다. 하지만 여기에 더 많은 시간을 투자하다가는 수능 점수도 떨어질 우려가 있고 지방에서 혼자 준비하는 데도 한계가 분명했다. 영어 이외에 일본어를 학교에서 배우고 있어서 추가로 일본어도 공부하여 JLPT에 응시해 보기로 했다.

　공인인증시험과 함께 준비한 것은 영어 대회였다. IET, IEWC, 성균관대 전국영어학력경시대회, 코리아타임즈대회, 서울모의유엔총회MUNOS 등 참가 가능한 대회라면 모두 도전했다. 이런 대회들에 대한 두려움이 없는 보원이는 학교 공부를 하면서도 조금씩 짬을 내면 충분히 준비할 수 있고, 설령 수상하지 못해도 좋은 경험으로 쌓일 것이라고 말하면서 그 결과에도 크게 연연하지 않았다. 하지만 자신이 좋아하는 공부에 대한 의지와 열정이 남달랐기 때문에 보원이는 늘 기대 이상의 결실을 거뒀다.

목표를 넘어서게 해주는 집념

보원이는 무섭게 공부하기 시작했다. 외고라 내신에서는 불리했지만 시험 범위가 워낙 광범위하고 시험문제가 수능 형식으로 출제됐기 때문에 내신 준비 기간에도 수능과 연결하여 공부하라고 조언했는데, 2학년으로 들어서면서 1학년 때보다 훨씬 좋은 결과가 나왔다. 보원이가 자신감을 보이던 영어와 수학은 1.5등급 정도로 유지됐고 나머지 과목들은 1~2등급 정도 상승했다.

공인영어시험의 경우 목표 점수를 잡아준 그다음 시험에서 TOEIC은 50점이 올라 960점, TEPS도 60점이 올라 880점이 됐다. 하루에 네다섯 시간만 자면서 자신이 눈떠 있는 모든 시간에 공부하기 시작하자 목표 점수에 빠르게 다가갈 수 있었다.

내 생각보다 보원이의 어학 성적이 빨리 올라서 나는 수능 언어 영역, 한국어능력시험, 논술을 연결하는 국어 공부 계획을 추가했다. 보원이의 언어 감각이 발달했기 때문에 한국어능력시험 3급을 준비하면서 수능 언어 영역에서 곧잘 틀리던 어법을 보강했다. 두 번의 시험 끝에 결국 3급을 획득한 후에는 수능 언어 영역과 논술에 전념했다. 그때의 심화 공부가 3학년 때까지 많은 도움이 됐다.

그 외에 다양한 영어 대회에 참여하여 IET 대상, IEWC 최고 등급, 성균관대 전국영어학력경시대회 장려상을 받았고 짬짬이 준비한 일본어 공인인증시험 JLPT에서도 다소 낮은 급수이긴 하지만 3급을 획득했다.

하지만 2학년 겨울방학까지 보원이가 목표한 영어공인성적에 도달하기 위해 최선을 다했는데도 여전히 약간 미진했다. 보원이도 그 점수가 만족스럽지 못했던지, 이제 더는 집중적으로 공부하지 말고 시험에만 응시하기로 약속해 놓고도 밤새 공부하느라 잠들지 못했다. 그 집념이 놀라운 성적으로 나타났다. 세 번 정도 더 시험을 치자 TOEFL 118점, TOEIC 만점, TEPS 934점이 나왔다. 애초에 우리가 목표했던 점수보다 높았다. 특히 TOEFL 준비 학원 하나 찾을 수 없는 곳에서 혼자 만들어낸 118점은 정말 대단한 성적이다.

내신에서 다소 불리하긴 했지만, 보원이는 수능에서도 언어와 외국어 영역에 비해 간혹 2등급으로 떨어지기도 하는 수리 영역이 불안정한 상황이었다. 어떻게든 정시보다 수시를 통해 합격하는 것이 가장 좋았다. 자기주도학습을 통해 그토록 우수한 어학 성적을 거두는 외에도 보원이는 평소 관심을 가진 컴퓨터 자격증을 따고 독후감경진대회, 영어 논문 쓰기, 교내 활동까지 더욱 적극적으로 해나갔다. 하나씩 이뤄내는 것이 마치 중독 같다면서 3인분의 공부량을 소화하는 보원이 때문에 온 가족이 마음을 졸였지만, 정작 자신은 힘들다는 불평 한마디 없이 즐겼던 열정을 서울대와 연세대가 알아줬다. 보원이는 명문대 두 곳을 저울질하면서 한 곳을 포기하는 사치를 행복하게 누렸다.

최민규 [대구 일반고, 연세대(원주) 의예과 수시 학교생활기록부우수자전형 합격]

내신 1.25, TEPS 907, TOEFL 108, 성균관대 전국영어수학학력경시대회 수학 부문 장려상, KMC한국수학인증시험 고2가-1B등급, 교내 수학경시대회 금상, 교내 과학경시대회 은상, 교내 영어경시대회 금상, 교내 영어에세이대회 대상, 교내 문예백일장 우수상, 교내 모범학생상, 교외 표창장, 교내 학생회 임원 활동, 교내 동아리 활동

내신, 수능, 비교과, 수리 논술에서 최고를 요구하는 의대 전형

민규는 지방 명문고 이과생으로 서울대, 연세대, 고려대, 성균관대, 울산대 등 메이저급 의대를 목표로 하고 있었다. 고등학교 3학년 초에 처음 만난 터라 전략적인 로드맵을 통해 장기 계획을 세우기에는 시기적으로 늦었다. 하지만 현재 상황에서 실천할 수 있는 일들을 하나씩 이뤄가면서 최대한 목표로 가까이 다가가야 한다.

민규는 내신에서 전교 5등 내외를 유지하고 있었고, 수능 모의고사에서는 대부분 1등급을 받았지만 여느 이과생들처럼 언어 영역 점수가 다소 들쑥날쑥했다. 수학과 과학은 심화 난이도까지 자유로운 풀이가 가능한 수준이었으며, 수리 논술도 어느 정도 대비해 놓았다. 그리고 약간의 비교과가 준비되어 있었다.

내 진단은 이렇다. 민규 정도면 우등생이지만 민규가 목표하는 명문대 의대에 지원할 수는 있을지라도 합격하기는 쉽지 않다. 의대 전형은 말 그대로 완벽을 원하기 때문이다. 내신도 거의 만점, 서류도 기본 이상 준비, 수능도 최저학력기준 1등급, 논술도 완벽 준비, 어느 것 하나라도 소홀하게 준비한 학생은 합격하기 매우 어려운 구조

이다. 엄청난 특기가 있을 경우에 다른 부족한 하나를 채워서 합격할 수 있긴 하지만 어떤 자연계열보다 경쟁률이 훨씬 높아서 실제로 이런 사례는 보기 드물다.

그런데 민규는 일단 2등급 4과목, 3등급 2과목이나 되어 내신 만점이 아니었고 비교과에서 꽤 미흡했다. 수능과 수리 논술은 잘 준비하고 있는 편이었지만 어떤 시험이든 그날의 컨디션에 좌우되기 마련이다. 하지만 민규는 누구에게도 도움받지 않고 특별한 정보도 없이 굉장히 열심히 공부해 왔다. 완벽한 실적이 준비되지 않았어도 민규의 자기주도능력과 성실성을 충분히 설명할 수 있다면 승산이 있을 것 같았다.

의대 입시는 더 일찍 전략적으로 준비하기 시작하라

시간이 별로 남아 있지 않아서 민규는 이런저런 비교과 서류들을 어설프게 만드는 대신 자기 색깔을 더 강조하기로 결정했다. 우선 내신성적을 최대한 끌어올리고 비교과를 완성한 후 수능과 수리 논술에 시간을 투자해야 했기 때문에 마지막 1학기 동안의 학교생활이 매우 중요했다. 민규는 남은 내신시험에서 만점을 받겠다는 목표를 세우고, 테니스화를 사 신고 체육 실기 시험을 준비할 정도로 집요한 열정을 보였다. 그러더니 3학년 1학기 기말고사에서 전 과목 시험 중 단 한 문제밖에 안 틀리는 기염을 토했다.

워낙 성실한 학생인지라 그 와중에도 의료 봉사 활동, 의학 논문 읽기, 직업 체험 등을 멈추지 않았고 학교 관련 행사에도 틈틈이 참여했다. 그렇게 애쓰는 모습을 지켜보면서 좀더 일찍 전략적으로 준비하기 시작했다면 민규가 지금쯤 의대 입시에서 훨씬 유리한 고지를 차지했을 텐데 아쉬웠다.

수시를 목표로 마지막 로드맵을 짤 때, 꼭 의대이 진학하고 싶다면 불합격을 염두에 두고 민규가 목표하는 대학 외에도 지원 대학 개수를 늘려야 한다고 조언했다. 서울권 의대 몇 군데를 비롯해 연세대 원주 의대, 단국대 치대, 지방 의대까지 전부 10곳을 추천했다. 그리고 이 대학들의 의대 전형을 모두 분석하여 공통적인 요소들을 확인했다.

민규는 남은 시간 동안 수능과 수리 논술을 보강하는 데 온 힘을 기울이면서 마지막까지 열심히 준비했지만 실제 수능에서 약간의 실수로 언어 영역 점수가 평소보다 떨어지고 말았다. 결국 메이저급 의대에는 안타깝게 불합격했다. 그래도 최선을 다했기에 연세대 원주와 단국대 치대에서 수시 합격 소식을 들려줘서 의대생이 되고 싶었던 소망을 이루었다. 지금 민규는 늦은 준비로 인한 후회를 덜기 위해 자신이 합격한 의대를 휴학하고 재도전 중이다.

 주현우 【대구 일반고, 연세대 행정학과 정시 합격】

내신 1.8, TEPS 927, TOEFL 117, TOEIC 990, HSK 4급, 교내 영어에세이대회 금상, 교내 시사독서토론대회 최우수상, 교내 시짓기대회 장려상, 성균관대 전국영어수학학력경시대회 영어 부문 장려상, 코리아타임즈국제영어경시대회 장려상, 교내 영자신문반 활동, 모의유엔, 국제 행사 다수 참가

조기유학생, 같은 출발선에서 다시 시작하다

현우를 처음 만난 것은 중학교 3학년 때였다. 아이비리그 대학 진학을 목표로 중학교 1학년 때 미국으로 건너가 3학년까지 공부했는데 한국 대학에 들어가고 싶다는 생각이 머릿속을 떠나지 않아 우리나라로 돌아왔다. 어느 학년이든 중요하지 않은 학년은 없지만 현우가 중학교 시절을 몽땅 미국에서 보낸 경우라 컨설팅 이전에 조금 걱정스러웠다. 현우는 최상위권 대학을 목표했지만 그럴 만한지 객관적으로 증명할 성적 자료들이 없었다. 그래서 다른 아이들보다 훨씬 자세한 사전 테스트를 실시한 결과, 내 예상과 달리 영어뿐만 아니라 국어와 수학 실력까지 겸비하고 있었다.

그 사실이 놀랍기 그지없었는데 현우가 미국에서 공부한 과정에 대해 들어보니 고개가 절로 끄덕여졌다. 부모님이 꾸준히 보내준 한국 문제집으로 미국에서도 스스로 국어와 수학을 공부했다는 것이다. 미국에서는 학교 공부를 다 해도 시간이 많이 남아 혼자 문제집을 풀어가는 일이 그리 힘들지 않았다고 한다. 오히려 현우는 그 덕분에 스스로 공부하는 힘이 길러진 것 같다고 웃었다.

보통 외국 거주 기간이 3년쯤 되면 많은 아이들이 국어나 수학에서 또래 한국 아이들에 비해 뒤처지게 된다. 환경적인 영향도 있지만 아직 제대로 국어나 수학 실력이 자리 잡히지 않은 채 외국으로 떠난 경우 바로 그러하다. 영어도 외국에 장기간 거주하면 회화에는 능숙해질지 몰라도 국어 공부 없이 TOEFL을 만점 가까이 받기는 어렵다. 외국 거주 경험을 살려 영어 특기자로 명문대에 지원하려 해도 그다지 변별력 없는 공인영어성적에 나머지 과목들까지 시원치 않으니 힘들어진다. 국내에도 잠깐의 어학연수에 자기 노력을 더하여 뛰어난 영어 실력을 가진 아이들이 너무나 많다.

현우는 자기 상황에 대해 어떤 변명도 하지 않았다. 단지 한국으로 돌아왔으니 남들과 똑같이 다시 시작해야 한다고 말했을 뿐이다. 그리고 대학 입시에 대해 잘 모르니까 자신에게 부족한 공부와 앞으로 채워야 할 공부를 명확하게 가르쳐달라고 부탁했다. 나는 수학 선행학습이 이루어지지 않아서 아쉽긴 하지만 외국 거주 기간에 비해 상위권 학생들과 비교해도 국어, 영어, 수학 실력이 뒤지지 않으니까 지금부터 착실하게 공부한다면 목표 대학에 들어갈 수 있을 것이라고 용기를 북돋웠다.

밤낮없이 매달려서라도 수학을 극복하라

어쨌거나 현우는 당시 중학교 3학년이었기 때문에 고등학교를 선택해야 하는 문제가 남았다. 오랜 외국 생활 때문인지 집에서 가까운 학교에 다니고 싶어 했다. 그러나 내신에 대한 우려 때문에 나는 집에서 다소 떨어져 있지만 경쟁이 덜한 고등학교를 추천했다. 현우네 동네가 지방에서도 교육열이 높은 지역이라 근처 학교들은 대부분 명문고였던 탓이다. 국어, 영어, 수학 실력이 좋았지만 오랜 기간 한국식 공부에서 멀어져 있던 현우가 내신의 장벽을 극복하기란 매우 어려운 일일 것이 뻔했다. 그런데도 현우는 바로 집 앞에 있는 명문고를 선택했다. 그 선택에는 학교의 위치도 그렇지만 편안한 선택 대신 자신을 극한으로 몰아넣고 싶다는 의지도 포함되어 있었다.

3년 동안 현우는 한국 고등학교 입시생으로 변신하기도 만만치 않았을 텐데 모든 면에서 정말 잘해냈다. 공부도 친구 관계도 어느 하나 소홀하지 않았다. 그렇게 열심히 생활하면서도 현우는 자신을 더욱 다그쳐달라고 나에게 부탁했다. 현우가 가장 고생스럽게 공부한 과목은 수학이었다. 수학 선행학습 없이 고등학교에 입학한 터라 어렵게 출제됐던 내신 수학 시험과 수능 모의고사 수리 영역을 대비하는 일이 쉽지 않았다. 현우는 밤낮없이 처절하게 수학에 매달렸다. 내가 확인한 것만도 기본서 다섯 번 이상, 기출문제집 열 번 이상 공부했다.

포기를 몰랐던 현우는 처음에 저조했던 내신성적을 부단히 끌어올려서 3학년 때는 1.8등급으로 졸업했다. 정말 대단한 결과이다! 학교 선생님들도 외국에서 길게 공부하다가 돌아온 학생들 중 이런 경우는 처음이라고 칭찬을 아끼지 않았다. 남들이 어렵다고 말하는 것을 자신은 할 수 있다는 자기 확신으로 실천하는 것, 그것이 현우의 매력적인 장점이다.

또한 현우는 자기 강점인 영어 실력을 더욱 갈고닦아 공인인증시험에서도 좋은 성적을 받았다. 시간이 부족하여 그 외에 다른 비교과들을 다양하게 준비하지 못했지만 그것만으로도 남부럽지 않은 서류를 만들 수 있었다.

안타깝게도 현우는 내신성적 때문에 서울대 지역균형선발전형과 고려대 학교장추천전형을 위한 추천은 받지 못했다. 고려대 국제전형에도 운이 따라주지 않아 탈락했다. 하지만 내신, 수능, 비교과를 모두 잘 받아야겠다고 각오하고 공부했기 때문에 수능이 거의 완벽하게 준비되어 있는 상태였다. 그런 노력 덕분에 현우는 수능에서 사회탐구 1과목을 빼고는 언어와 수리와 외국어 영역 모두 합쳐서 1개만 틀리는 최상의 성적을 얻었다. 시험이 다소 쉽게 출제되긴 했지만 가장 힘들어했던 수리 영역도 만점이어서 현우는 무척 기뻐했다.

현우는 정시에서 우선선발로 연세대에 당당하게 합격했다. 사회탐구 1과목을 잘 보지 못한 바람에 서울대에 들어갈 수는 없었지만 현우는 3년이라는 시간 동안 자신과의 싸움에서 승리했다. 축하 인사를 전하면서 나는 "고등학교 선택에는 아직도 후회 없니?"라고 장난스럽게 물어봤다. 현우는 "완전 후회되죠!"라고 엄살을 부렸지만 자신을 자랑스러워하고 있었다. 여담이지만 현우는 고등학교 때부터 외모, 성격, 지성을 모두 갖춘 멋진 학생이었다. 이제 연세대생까지 됐으니 뭇 여학생들의 가슴을 설레게 하고 있을 것이 분명하다.

내신으로 명문대 간 아이들
성실함으로 승부한다

 김다영 【경기 수원시 일반고, 서울대 교육학과 수시 지역균형선발전형 합격】

내신 1.05, TEPS 716, TOEIC 825, 교내 영어경시대회 은상, 교내 토론대회 최우수상, 교내 논술대회 은상, 교내 통일글짓기대회 우수상, 교지편집부 활동, 모의유엔, 코리아타임즈 학생 기자 활동, 지방신문 학생기자 활동, 청소년 리더십 캠프

내신과 수능의 불균형

처음 만났을 때 다영이는 고등학교 1학년 여름방학을 보내고 있었다. 컨설팅 이전에 미리 받아보는 사전설문지를 통해 느꼈던 것처럼 다영이는 학교생활에 충실한 모범생이었고 그만큼 내신성적이 우수했다. 하지만 수능 모의고사에서는 기대만큼 좋은 결과가 나오지 않

았다. 다영이가 지금까지 내신 위주 공부에만 주력해 왔기 때문에 수능 대비를 위한 훈련이 거의 되지 않았던 것이다.

앞에서도 잠깐 이야기했듯이 고등학생이 수능 점수를 올린다는 것은 생각보다 힘든 일이다. 학생의 노력에 따라 다르겠지만, 어느 정도 수능의 기본기를 완성하여 고등학교에 진학하지 않는다면 큰 변화를 기대하기 어렵다. 1년에 네 차례 치르는 내신시험에 신경 쓰랴, 비교과 서류를 준비하랴 분주해져서 수능을 마음껏 대비할 시간이 충분하지 않기 때문이다.

다영이도 고등학교에 들어와서 첫 수능 모의고사를 치고 나서야 수능 문제를 처음 경험했다. 그래서 수능 모의고사 점수만 봤을 때는 최상위권 대학을 바라보기 어려웠다. 물론 승산이 아주 없지는 않았다. 다영이의 강점은 완벽한 내신성적이었으므로 수시 전형을 노려볼 만했다.

컨설팅 이후 다영이는 내신을 더욱 완벽하게 유지하기 위해 총력을 기울이면서도 내신 기간 외에는 수능 대비 훈련을 했다. 외국어 영역에 특히 취약했다. 영어 독해력은 있었지만 수능 유형의 문제 풀이 스킬이 부족하여 시간이 늘 모자란 상태에서 마지막 긴 지문 앞에 무너지곤 했다. 영어를 잘하는 것과 수능 영어 문제를 잘 푸는 것에는 차이가 있다. 문제별 유형이 다르고, 그 유형에 따라 문제에 접근하는 방법이 따로 있으며, 어떤 지문은 다 해석하지 않고도 정답을 도출할 수 있기 때문이다. 이것을 다영이에게 적용하여 문제 유형별로 시간 배분을 달리할 수 있도록 훈련시켰다. 즉 답을 쉽게 찾을 수 있는 유형의 문제들을 최대한 빨리 풀어서 그렇지 않은 유형의 문제들에 그 시간을 좀더 들이면 시간 부족을 보완할 수 있다.

그 후 치러진 수능 모의고사에서 다영이는 소폭의 성적 향상을 보여줬다. 만족스럽지는 않았지만, 원래 수능이 금방 점수를 올리기 어려운 시험이라고 미리 이야기해 둬서 다영이는 실망감을 떨쳐내고 다시 마음을 가다듬어 계속 노력하기로 했다.

1등급 내신은 물론 자신만의 개성 있는 비교과를 준비하라

예체능을 제외한 대부분의 과목을 1등급으로 유지하고 있던 다영이 최고의 강점은 훌륭한 내신성적이었기 때문에 우리는 내신(학교생활기록부) 중심의 수시 전형을 준비하기로 결정했다. 만약 다영이가 특목고나 강남 8학군 고등학교, 지방 명문고에 다니고 있었다면 그 성적까지 기대하기는 힘들었을 것이다. 명문대는 대개 수능 점수가 최저학력기준에 들어야 합격이 확실해져서 수능 대비를 게을리해서는 안 되지만, 내신 기간에는 이전보다 더욱 완벽하게 내신을 관리하기 위해 온 힘을 기울였다. 다영이는 별로 신경 쓰지 않았던 예체능 과목까지 세심하게 준비하는 모습을 보였다. 수능 모의고사 점수가 생각만큼 잘 오르지 않자 내신의 중요성을 더욱 뼈저리게 느꼈던 것이다.

다영이는 수시 전형을 준비했기 때문에 자기소개서에도 많은 노력을 기울였다. 미리 양식을 보고 어떻게 구성할지 고민한 후 성실한 학생의 이미지를 살려 자기소개서에서 학교생활에 충실했다는 점을 부각하기 위해 교내외 활동도 꾸준히 준비했다. 글쓰기에 관심이 많은 다영이는 교내에서 교지편집부 편집장을 맡았고 교외에서도 다양한 매체의 청소년 기자로 활동했다. 내신 전형을 위한 자기소개서를 쓰는 학생들은 대부분 우수한 내신성적만 자랑하게 되어서 자칫 단조로워질 위험이 있는데, 다영이는 여러 활동들을 통해 다채로운 장점을 드러낼 수 있었다.

마지막까지 최선을 다한 결과, 내신은 1.05등급으로 무사히 서울대 지역균형선발전형을 위해 학교장 추천을 받을 수 있었다. 최상의 성적은 아니지만 수능 모의고사 점수도 최저학력기준을 충족할 정도까지는 끌어올렸다. 수학 공부 시간 때문에 공인인증시험 같은 비교과를 준비하는 데 충분히 투자할 시간이 모자라서 대초에 계획했던 수준까지 이르지 못했다.

그래도 다영이는 자신이 가진 장점을 최대한 살리면서 꿈에 그리던 서울대 교육학과에 합격했다. 다영이는 컨설팅을 통해 자기 장점을 정확하게 파악하고 우선순위를 잘 선정하여 불필요한 노력을 최소화한 결과라고 고마워했다. 나는 뒤늦은 준비에도 좌절하지 않고 묵묵하게 노력한 다영이의 성실한 승부 근성 덕분이라고 생각한다.

 윤정수 【제주 일반고, 서울대 의예과 수시 지역균형선발전형 합격】

내신 1.0, TEPS 725, 교내 수학경시대회 금상, 교내 화학경시대회 은상, 교내 모범학생 봉사 부문 표창장, 교내 학력우수상 다수

모든 과목에서 전교 1등이 습관인 아이

오래도록 컨설팅을 하면서 많은 아이들을 지켜봤고 그 아이들에게 자주 감동받기도 했지만 존경하는 마음까지 생기는 일은 드물었다. 정수는 감동과 존경의 마음을 동시에 품게 하는 아이였다.

정수의 성적은 빈틈이 없었다. 3년 내내 내신 1.0등급으로 만점을 받았다. 성적만큼 성격도 성실하기 그지없었다. 그런 정수가 컨설팅을 받기 위해 제주도에서 서울로 나를 찾아왔던 이유는 그야말로 '만전'을 기하기 위해서였다.

정수의 꿈은 서울대 의과대학에 진학하여 의사가 되는 것이었다. 의사가 돼야 하는 이유도 나눔의 삶을 살고 싶어서였는데, 거기에 조금의 거짓도 들어 있지 않았다. 아픈 누나와 그로 인해 가족이 해체될 뻔한 일을 겪는 가운데도 정수가 절망으로 방황하는 일 없이 지금 자신이 할 수 있는 일에 최선을 다하고 있다는 것이 처음 만난 나에게도 고스란히 전달됐다. 그렇다면 대학 면접관들도 그것을 느끼지 않을 수 없으리라는 확신이 들었다.

실력에 마음까지 더하다

학교생활기록부를 중심으로 평가하는 서울대 지역균형선발전형을 살펴보면 항상 전교 1등을 하는 것이 '습관'이 되어 있어야 한다. 정시 전형으로 따지면 전국에서 상위 100명 안팎에 드는 '실력'을 갖춰야 서울대 의대에 합격할 수 있다고 보면 된다. 정수는 이를 위한 습관과 실력을 모두 갖춘 아이였다.

다만 찬란한 내신에 비해 비교과가 다소 부족하여 아쉬웠다. 정수는 충분한 능력이 되는데도 그런 것들에 신경 쓰지 않고 학교생활 자체에만 몰두한 학생이었다. 요즘에는 찾아보기 드문 경우인데 서울대는 오히려 이런 학생을 우수하게 평가할 때가 있다. 학생에게서 배움에 대한 열정과 진정성이 느껴진다면 말이다. 고외 활동을 통해 얻은 경험이나 수상 실적도 높게 여기지만, 인위적으로 스펙을 만든 학생보다는 학교생활을 통해 자연스레 학습에 대한 흥미를 가지고 자신만의 성실한 노력으로 공부 습관을 교정하여 성적을 향상한 학생에게서 더욱 커다란 잠재력을 찾고자 하는 것이다.

내가 1년만이라도 일찍, 즉 고등학교 입학 전에 정수를 만났다면 1학년 때부터 비교과를 든든하게 갖추도록 권했을지 모르겠다. 그러나 그때 정수에게 필요한 것은 화려한 비교과를 만드는 일이 아니라 학교생활에 더욱 충실하면서 자신의 성실성과 잠재력을 부각하는 일이었다. 나는 교내 수학·화학·물리 경시대회와, 학교 공부 시간을 많이 빼앗기지 않는 선에서 도내경시대회까지 준비할 계획을 세워줬다. 그 정도는 정수의 실력이면 전혀 무리가 아니었다. 경시대회 준비를 통해 오히려 고난도 문제와 구술시험까지 대비할 수 있는 실력을 다졌으니 일석이조였다.

동아리 활동도 봉사와 공부 전부를 잡을 수 있는 방향으로 권했다. 이를테면 정수는 과학 봉사 동아리에서 활동하면서 지역 아이들과 주민들을 가르쳤다. 이 일을 통해 정수는 자신의 과학 지식으로 다른 사람들을 도울 수 있다는 보람을 찾았을 뿐만 아니라, 다른 사람들을 가르치려다 보니 스스로도 개념과 이론과 실험에 대해 더욱 확실하게 다지면서 공부할 기회를 마련했다. 이외에도 정수는 자발적으로 교내 봉사 동아리를 더 만들어서 어려운 지역 주민을 도우러 갔다. 또한 성적으로 고민하는 친구가 있으면 단순히 조언만 해주는 것이 아니라 그 친구의 성적이 정말로 향상될 때까지 곁에서 도와줬다.

정수가 마지막까지 공들인 것은 자기소개서였다. 눈을 번쩍 뜨이게 하는 실적이 없는 대신 자신이 왜 의대에 꼭 진학하여 의사가 되어야 하는지 그 진심을 전달해야 한다면서 공부보다 더한 정성을 쏟았다. 내가 읽어봐도 정수의 자기소개서는 가슴을 울컥하게 했다. 정수는 내신과 교내 활동 정도만으로 서울대 의대에 합격한 희망의 사례가 됐다. 입시철마다 항상 느끼지만 내 마음을 절로 움직이게 하는 학생은 다른 사람에게도 똑같다.

입학사정관전형으로 명문대 간 아이들
창의적인 열정이 통한다

 김효민 [서울 강남구 일반고, 중앙대 광고홍보학과 수시 다빈치형인재전형 합격]

내신 2.9, 전국UCC대회 3회 수상, 푸르덴셜봉사상, SK봉사상, 서울청소년자원봉사대회 우수상, 방송국PD 체험, 광고홍보학과 일일대학생 체험, 광고회사 인턴십, 영자신문기자 활동, 교내 학생회 활동, 교내 방송반 활동

공부와 활동의 균형점을 찾아라

겨울방학, 고등학교 1학년인 효민이가 수시 컨설팅을 의뢰하는 2학년 학생들 틈에 끼어서 자기도 같은 컨설팅을 해달라고 찾아왔다. 내신은 3~4등급으로 별로 좋지 않았고 수능 모의고사도 3등급 정도여서 그때까지만 해도 평범해 보였다. 엄마는 아이가 좋아하는 것을 찾으면 그게 무엇이든 열심인데 방향을 잃은 데다가 어찌 할 방법을 몰

라서 공부 의욕마저 안 보인다고 애끓었다. 그리고 아이가 적극적으로 나서는 봉사 활동이나 동아리 활동으로 대학에 갈 수 있는 것도 아닐 테니 마냥 그대로 두고 볼 수만은 없다고 덧붙였다.

나는 제일 먼저 효민이가 좋아하거나 잘할 수 있는 것이 무엇이냐고 물어봤다. 효민이는 머뭇거리는 듯했지만 이내 속마음을 털어놨다. 효민이는 공부하는 것이 싫지는 않지만 공부만 하는 것은 싫었다. 공부를 하면서 교내외 활동들에도 적극적으로 참여하고 싶었다. 또한 지금 참여하고 있는 봉사 동아리도 더 의미 있는 활동으로 채워 가고 싶어 했다. 하지만 그런 활동들이 학업에 방해된다는 생각 때문에 어느 쪽에도 제대로 집중하지 못하고 있었다. 그로 인해 부모님과의 불화도 끊이지 않았다.

효민이의 관심사를 크게 정리하면 교내외 봉사 활동, 교내 방송반 활동, 학생회 활동 등이었다. 그런데 효민이의 봉사 내용을 자세히 들어보니 다른 학생들과 차별화되는 점이 있었다. 평범한 청소 봉사나 서류 작업 봉사가 아니었다. 다문화센터에서 한글을 가르친다든가, 동영상을 만들어 한국 문화를 소개한다든가 하면서 외국인과 그 자녀들의 사회 적응을 돕고 있었다. 특히 직접 동영상을 제작하는 경험은 효민이의 교내 방송반 활동과 연결하기 좋았다.

나는 왜 효민이가 하필이면 다문화센터에서 봉사하게 됐는지가 궁금해졌다. 효민이는 한글학자 집안에서 태어나 어릴 때부터 한글의 중요성에 대해 듣고 자라서 우리말에 대한 자부심이 굉장했다. 그래서 자신이 사랑하는 한글로 남에게 도움을 줄 수 있는 방법을 찾다 보니 다문화센터와 인연이 닿았다. 그곳에서 다문화가정의 아이들이 거의 방치되다시피 혼자 보내는 시간이 많다는 사실을 알았다. 훌륭한 환경에서 자란 효민이는 이런 열악한 상황을 목격하고 적잖은 충격을 받았다. 그 일을 계기로 다양한 봉사 활동을 꾸준히 지속하게 됐고, 학교에서도 스스로 봉사 동아리를 만들어 이곳저곳에서 선행을 많이 베풀고 있었다.

나는 효민이의 이런 점을 충분히 부각할 수 있을 것 같았다. 하지만 일관성 있는 활동으로 나름의 성과를 내는 것이 중요했다. 게다가 공부와 활동을 병행하지 않으면 아무리 의미 있는 봉사를 많이 한들 좋은 평가를 받을 수 없었다. 입학사정관전형이라 해도 성적에서 자유롭기 어렵다는 것을 나는 누구보다 잘 알고 있었다.

활동의 수준을 높여라

효민이는 신문방송학과나 언론홍보학과로 진학하고 싶어 했다. 한국 문화를 소개하는 동영상 말고도 비교과로 내세울 만한 전공과 가장 관계 깊은 활동을 찾아보니 효민이가 교내 영상물대회에서 최우수상을 받은 적이 있었다. 효민이는 팀으로 출전하긴 했지만 자기가 거의 도맡아 만든 작품이라고 말했다. 간단하게 만든 UCC 영상으로 다소 미흡한 점도 눈에 띄었으나 그 내용이 아주 좋았다.

나는 우선 전국 단위의 UCC대회에 참가할 수 있으면 좋겠다고 제안했다. 여러 해 전에 효민이와 비슷한 방향으로 준비했던 학생을 컨설팅하면서 관련 작품들을 같이 분석했는데 그 수준이 아주 높지는 않았다. 효민이는 전국 규모의 대회에서 수상할 수 있을지 반신반의했다. 하지만 나는 지난 수상작들을 살펴보면서 열심히 만들면 도전해 볼 만하다고 용기를 북돋웠다. 다만 기술적인 부분이 다소 미흡하니 관련 공부를 좀 하는 편이 더 나을 것 같았다. 부모님은 그런 효민이를 위해 지인을 통해 자문을 구할 수 있도록 도와줬다. 이렇게 7~8개의 전국UCC대회에 출전하여 효민이는 세 차례 수상했다. 이것 때문에 시간을 제법 빼앗겼지만 효민이는 전공과 관련하여 겨우 맛보기이긴 해도 실질적인 경험을 해보면서 자신과 잘 맞을 것이라는 확신을 가졌다.

　이후 효민이는 눈부시게 발전했다. 큰 상을 받게 되자 희망에 부풀었고, 그것은 열심히 공부하여 성적을 올리려는 의지로 이어졌다. 봉사 활동의 수준도 높여서 효민이의 능력을 좀더 살릴 수 있는 방향으로 초점을 맞췄다. 나중에는 외국인 노동자들을 위한 우리말 교재를 만들고 관련 기관과 연계하여 홍보 영상 제작에도 참여했다. 그렇게 만들어진 우리말 교재를 다문화센터에 무료로 배부했는데, 그 선행이 알려져 언론에 보도되고 봉사상까지 받는 행운을 얻었다. 또한 탈북자들을 위해서도 봉사하게 되어 여러 기관에서 상과 함께 감사패를 받았다. 대학 입시를 위해 일부러 준비한 것이 아닌데도 자연스럽게 봉사 전형에 지원할 만한 활동들이 쌓였다.

　그런 활동들을 통해 효민이는 훗날 여러 사람들에게 좋은 메시지를 전달하는 광고제작자가 되고 싶다는 구체적인 직업도 그렸다. 그래서 방송국이나 광고 회사에서 직접 체험해 보고 싶다는 생각을 했고 수소문 끝에 스스로 그 길을 찾아냈다. 엄마는 효민이의 변화에 놀라움을 금치 못했다. 예전에는 뭐든 시키면 마지못해 겨우 시늉만 냈는데 스스로 뭔가를 해내려고 애쓰는 모습은 정말 오랜만이라면서 적극적으로 응원했다.

사실 시간이 모자라서 뭔가를 못 하는 것 같지만 마음이 없어서 못 한다. 특히 효민이처럼 부유한 집안에서 자라 가정환경에 대한 어려움을 모르는 아이들은 동기가 부족한 경우가 많다. 하지만 이런 아이들은 같이 이야기를 나누고 실제로 뭔가를 실천하면서 자기 꿈을 찾아내곤 한다.

입학사정관전형은 수능최저기준이 없다

입학사정관전형으로 대학에 들어가려는 학생들의 고민은 공통적이다. 활동과 공부를 어떻게 동시에 다 해내느냐이다. 그것은 그런 활동을 하느라 많은 시간을 들였는데 만약 합격하지 못하면, 수능은 수능대로 준비하지 못한 채 점수가 더욱 낮아져 결국 대학 입시 자체를 망치게 되지 않을까 하는 불안감으로 이어진다. 나도 전적으로 공감한다. 그래서 섣불리 입학사정관전형을 권하지 않는다.

효민이의 경우 최소한 경희대 이상의 대학을 원했다. 그런데 효민이의 내신과 수능 모의고사 성적을 비춰봤을 때 상위 1~7퍼센트 이내에 해당하는 대학에 들어가기는 쉽지 않아 보였다. 게다가 효민이가 원하는 학과까지 커트라인이 높아서 적어도 수능 성적을 기준으로 전국 상위 4~6퍼센트는 돼야 했다. 효민이가 가장 들어가고 싶어

했던 중앙대 광고홍보학과의 경우에는 전국 상위 3~4퍼센트 이내의 학생들도 확실히 합격한다는 보장이 없었다. 당시 효민이의 성적은 20~30퍼센트 내외에 불과했다.

하지만 효민이가 내신 2등급 정도를 유지한 채 수준 높고 창의적인 활동을 일관되게 해나간다면 입학사정관전형으로 합격할 수 있을 것 같았다. 입학사정관전형은 대체로 수능 최저학력기준도 없기 때문에 경쟁력이 있다고 결론을 내렸던 것이다. 물론 불합격에 대비한 수능 공부를 지속한다는 전제하에 이 모든 것을 해내야 하기 때문에 효민이의 결심이 가장 중요했다.

자신이 스스로 찾은 꿈에 도전하면서 공부 의욕까지 갖게 된 효민이는 그 준비 과정을 즐거운 마음으로 야무지게 해냈다. 그러더니 마침내 자신이 원하던 대학들〔중앙대 광고홍보학과(다빈치형인재전형), 이화여대 언론홍보영상학부(재능우수전형), 경희대 신문방송학과(네오르네상스전형)〕에 동시 합격을 하는 기쁨을 누렸다.

 김근우 [서울 강남구 일반고, 성균관대 공과대학 수시 리더십전형 합격]

내신 2.7, TEPS 780, 전교 회장 및 학생회 활동, 포스텍 전국우수고교 이공계학과대탐험, 청소년 글로벌리더십 캠프, 국토순례 2회, 해군사관학교캠프 수료, 서울시교육감 표창장, 대한사립중고회장 모범학생 표창장, 서울시교육감 서울학생상, 한국청소년육성회 모범학생상, 교내 수학경시대회 장려상, 교내 물리경시대회 은상, 교내 백일장 장려상, 교내 수학여행소감문 금상, 교내 모범학생상 봉사상, 교내 영자신문반 활동, 케이블TV 출연

거칠 것 없는 아이의 첫 번째 좌절

근우는 남들을 부러워할 일이 없었다. 정치계에 오래 몸담은 할아버지와 큰 사업체를 운영하는 아빠 덕분에 넉넉한 집안에서 어릴 때부터 똑똑하다는 소리를 듣고 자라면서 자신감이 넘쳤다. 자기감정에 충실했고 자신이 원하는 것이 있으면 늘 얻으면서 살아왔다. 그것이 장점이자 단점이 될 수 있다는 것을 고등학교 입학 전에는 깨달을 기회가 없었다.

근우는 고등학교 입학 후 첫 시험에서 좌절하면서 자신이 원하는 대로 안 되는 일도 있다는 것을 처음 알았다. 강남에 있는 명문고에 진학하여 중학교 때처럼 자신만만하게 내신시험을 준비했지만 생각처럼 쉽지 않았다. 꼼꼼하지 못하여 시험을 치면서 실수하기도 했고 뭐든지 한 번에 몰아서 끝내던 공부 방식이 범위가 늘어난 고등학교 시험에서는 더 이상 통하지 않았기 때문이다.

근우는 공부를 잘해야 하는 것은 물론 반장도 해야 했고 학교 행사나 활동에도 다 참여해야 했다. 그리고 그 모든 것이 전부 갖춰지지 않으면 스스로 만족하지 못하는 유형이었다. 당연히 시험 준비에 쏟아야 할 시간을 쪼갤 수밖에 없었고 이런 상황들이 계속되자 엄마는 애가 탔다. 근우의 성격을 잘 아는 엄마는 좋은 말로 근우를 타이르며 기다려줬지만, 1학년 2학기 중간고사가 끝나고 다음 내신을 준비해야 하는 상황에서도 크게 바뀌지 않았다. 나를 처음 찾아왔을 때도 근우의 거부로 엄마 혼자였다. 엄마는 어떻게든 근우를 설득하여 다른 활동들은 접고 공부를 조금이라도 더 시키고 싶어 했다.

리더십 강한 활동적인 아이는 강점을 살려 리더십전형으로

엄마의 이야기를 종합해 보니 근우는 자신이 원하는 것을 포기할 아이가 결코 아니었다. 그리고 그런 근우의 행동에 대해 엄마는 진심으로 싫어하는 것이 아니라 충분히 이해하고 있었다. 리더십이 강해질 수밖에 없는 환경에서 성장하다 보니 지금 근우의 모습은 자연스러운 귀결이지만 대학 입시를 생각하지 않을 수 없다는 것이었다.

나는 근우에게 리더십전형을 제안했다. 근우가 원하는 대로 마음껏 활동하게 하고, 그 이력을 최대한 대학 입시에 활용하는 것이었다. 다만 근우의 활동이 대학 입시에서 의미를 가지려면 내신성적을 2등급 정도는 유지해야 한다는 설명도 덧붙였다.

그래서 근우가 전교 회장에 도전하도록 설득했다. 근우 같은 아이들은 자신에게 주어진 의무감이 더 커지면 남들이 기대하는 수준으로 자신을 유지하려 한다. 만약 근우가 전교 회장에 당선된다면 남들의 시선 때문에라도 더 열심히 공부할 것이라고 예상했다. 계속 컨설팅을 거부하던 근우는 내 제안을 적극적으로 수용하여 내가 보는 앞에서 전교회장 유세를 위한 연설문까지 연습하면서 열의를 불태웠다. 결국 근우가 전교 회장에 당선됐는데, 내 예상은 빗나가지 않아서 주위 기대에 부응하려는 듯 내신이나 수능 모의고사를 철저하게 대비하려고 애썼다.

또한 근우는 수학과 과학을 꽤 잘하는 편이었다. 열심히 준비하면 교외 수상까지는 아니어도 교내 수학 · 과학 경시대회에서 수상할 수 있을 것 같았다. 근우를 설득하여 수능 공부와 함께 병행시켜 좋은 결과를 얻었다.

그렇게 근우는 자신이 원하는 고등학교 시절을 보내면서 대학 입시를 준비했다. 공부만 하는 것보다 훨씬 고단한 길이었을 텐데 근우는 행복해했다. 자신이 리더가 되어 누군가를 위해 일할 수 있고, 그것을 인정받으면서 스스로 발전할 수 있다는 사실이 기뻤던 모양이다. 활동량이 많아지면서 도중에 내신성적이 다소 떨어지기도 하고 평소 취약했던 언어 영역 성적도 저조했지만, 근우는 자기 강점을 살리는 길을 꾸준히 고수하여 수시를 통해 성균관대까지 걸어갔다.

 정대호 【서울 강남구 일반고, 중앙대 공공인재학부 수시 다빈치형인재전형 합격】

내신 2.9, TEPS 792, KBS한국어능력시험 3급, 한국사능력검정시험 2급, 한자능력검정시험 2급, 전국청소년정치외교연합 임원 활동, 고려대 주최 모의국회 활동, 모의유엔 활동, 리더십 교육, 교내 학생회 및 임원 활동, 교내 사회경시대회 우수상, 교내 학력우수상 다수

형의 대입 실패로 자기 현실을 자각하다

대호는 바른 성품을 가진 밝은 성격의 학생이었다. 공부도 웬만큼 잘하면서 이렇게 좋은 성격을 가지고 있으면 친구들 사이에서 인기가 높기 마련이라 공부에만 집중하는 일이 참 어려워진다. 그런 데다가 대호는 전형적인 문과 성향의 학생이었다. 국어, 영어, 사회는 편하게 공부해도 성적이 잘 나오지만 수학은 열심히 공부해도 늘 성적이 그저 그런 편이었다. 당연히 정시에 대한 불안이 있었다. 그러나

공부도 해야 하고 수학이 걱정되고 내신을 잘 받기는 어렵고, 그렇다고 죽자 살자 공부에만 매달리기에는 대호는 하고 싶은 일이 너무나 많았다. 어디에서나 흔히 볼 수 있는 평범한 아이였다.

대호를 만났던 고등학교 1학년 여름방학 당시 내신 2.2등급에 수능 모의고사 언어와 외국어 영역 1등급이었는데 수리 영역은 3등급에 그쳤다. 대학에 가장 들어가기 어렵다는 강남 일반고 문과에 수학 성적까지 위태로우니 대책이 필요했다. 수시에서 승부를 내야 했다. 하지만 성적이 어느 정도 나오는 학생에게 입학사정관전형을 본격적으로 준비시키는 것은 쉽지 않다. 특히 대호처럼 한 영역만 불안한 경우라면 더더욱 그렇다. 그런데 대호는 달랐다. 형의 대학 입시를 눈앞에서 지켜봤기 때문에 현실을 아주 잘 알았다.

대호는 수시로 연세대나 고려대까지 가려면 내신이 아주 좋은 상태에서 뛰어난 특기 실적까지 갖추거나 수능을 거의 다 맞고 정시로 들어가는 방법밖에 없는 상황을 현실적으로 이해하고 있었다. 수능에서 만점 가까이 맞을 자신이 없으므로 일단 한양대와 중앙대 최상위권 학과 정도를 목표로 하고 싶다고 말했다. 사실 이 정도 대학도 수능으로 들어가려면 언어, 수리, 탐구, 외국어 영역 평균 점수가 상위 3~4퍼센트 이내여야 한다. 즉 전 과목 1등급 점수가 나와야 한다는 이야기이다. 대호의 목표 대학도 그리 만만하지 않다는 사실을, 늘 전교권에 들었던 형의 대학 입시 실패를 통해 뼈저리게 느낀 것이다.

자기 색깔을 살려 현실적인 목표를 이뤄라

우리는 대호의 성격적인 장점과 사회문제에 대한 관심, 그리고 전 국청소년정치외교연합동아리에서 비중 있게 활동한 이력 등을 살리기로 결정했다. 일단 국어·영어·사회 과목의 공부 실력은 꾸준한 교내 경시대회 도전과 공인인증시험 응시를 통해 보여주고, 정치와 문화, 기타 공적인 관심이 서류에서 잘 드러나도록 일목요연하게 같이 정리해 봤다. 자신이 보기에도 '이런 학생이라면 뽑고 싶다'는 생각이 들어야 합격할 수 있다. 그래서 스스로 그런 평가를 하는 것은 입학사정관전형을 본격적으로 준비하기 전에 꼭 필요한 과정이다.

대호는 정말 열심히 준비했다. 공부와 활동을 병행하면서 다른 학생들보다 두세 배 힘든 시간을 보내는 중간중간에 슬럼프도 겪었지만, 나와 한 번 대화하고 나면 언제 그랬냐는 듯이 또다시 기운을 내어 자신을 다그쳤다. 그리고 그렇게 하나씩 이력이 생기고 실력이 쌓이는 것을 보면서 스스로를 뿌듯하게 여겼다. 3학년 때 진짜 수시 원서를 쓰면서 대호가 했던 말이 기억난다.

"선생님, 이러다가 없던 꿈도 생기겠어요!"

대학은 입시 전형과 자기소개서 문항을 통해 학생이 얼마나 전공에 최적화된 우수한 자질을 가지고 있는지 검증하려 하므로 전공에 대한 열정과 관심을 보여줄 수 있는 요소를 갖추는 것은 그만큼 중요하고 어려운 일이다.

그해 수능 난이도가 높아서 대호네 학교 친구들을 비롯한 재학생들은 시험을 평소보다 못 본 경우가 많았다. 그래서 반에서 3~4등 정도를 하던 대호가 중앙대 공공인재학부에 합격하면서 가장 대학에 잘 들어간 사례로 남았다. 대호가 지원한 공공인재학부는 중앙대에서도 거의 최고 수준이라 수능 점수로는 상위 2~3퍼센트 학생들만 들어갈 수 있을뿐더러 대학 차원의 지원도 매우 훌륭하다. 대호가 대학 이름에 연연하지 않고 자기 색깔을 살려서 수시를 준비한 덕분에 제 성적보다 훨씬 좋은 대학에 입학할 수 있었다.

논술로 명문대 간 아이들
논술로도 대학 간다

홍성진 【경기 안양시 일반고, 고려대 공과대학 수시 일반전형 합격】

내신 1.85, TEPS 826, KMC한국수학경시대회 은상, 성균관대 전국영어수학ᄒ력경시대회 수학 부문 은상, 교내 수학경시대회 금상, 교내 물리경시대회 은상, 교너 논술대회 이과 최우수상, 교내 영어경시대회 우수상, 교내 동아리발표대회 우수상, 포스텍 전국우수고교 이공계학과대탐험, 교내 학력우수상 다수

실력과 시험 점수의 차이

성진이는 고려대를 보내고도 개인적으로 참 아쉬웠던 학생이다. 제 실력은 의대에 들어가고도 충분히 남았지만, 아이러니하게도 그해 수능을 너무 못 봤기 때문에 수시로라도 고려대에 합격한 것이 다행이기도 했다. 성진이의 입시 결과는 실력은 의대, 정시로는 한양대

이하, 수시로는 고려대 합격으로 압축할 수 있겠다.

수능이란 참 묘한 시험이어서 한두 문제 차이로 인생이 갈린다. 대체로 자기 실력대로 성적이 나오지만 항상 변수가 도사리고 있다. 성진이가 그랬다. 평소에는 그토록 잘하던 수리와 과학탐구 영역에서 세 문제나 계산 실수를 하면서 무너졌다. 외국어 영역에서도 말도 안되게 듣기 파트에서 한 문제를 놓치는 바람에 뒤 문제들을 풀면서 내내 불안한 마음을 떨치지 못했다. 결국 독해 파트에서 한 문제를 추가로 틀리고 말았다. 언어 영역 점수는 평소대로 1등급이 나왔지만 쉽게 출제된 수리와 외국어 영역 점수는 2등급 정도에 그쳤으며, 과학탐구 영역에서도 1등급이 아닌 과목이 나와버렸다.

이런 상황이면 정시로 최상위권 대학에 들어가기 힘들다. 수시 전형으로 의대에 지원할 준비가 다 된 학생이 이처럼 수능을 망쳐버리면 최저학력기준도 맞출 수 없다. 성진이에게 남은 것은 고려대 2차 일반전형 논술시험밖에 없었다.

최상위권 학생들의 보험, 고려대 논술 전형

성진이는 원래 고려대 일반전형에 지원하면서도 의대를 두고 고민했다. 수능 1등급을 확신했기 때문에 고려대 공대에 들어가는 것은 아깝다고 생각했다. 하지만 나는 수능 점수 하락에 대해 아무런 대비를 하지 않을 경우 무조건 재수해야 하는 상황이 올지 모른다고 말했다. 설령 재수나 반수를 한다고 해도 이미 합격한 대학이 있다는 것은 다음 원서를 쓸 때 훨씬 유리한 상황이라고도 설명했다. 그 대학보다 좋은 대학에만 지원하면 되기 때문에 최상위권 학생에게는 가급적 반수를 권하는 경우가 많다. 게다가 이미 높은 점수대의 학생들은 더 올릴 수 있는 점수의 폭이 좁고 잠깐의 실수간으로도 치명적일 수 있다. 그래서 나는 고려대의 경우 성진이가 학과를 낮춰 수시 지원을 하도록 설득했다.

고려대 논술은 연세대와 달리 수능 이후에 치러진다. 서울대를 염두에 둔 학생들은 연세대 합격으로 인해 서울대 정시에 지원할 기회를 잃을까 봐 연세대 수시에 지원할지 말지 많이 고민한다. 하지만 고려대 수시는 수능 이후에 논술을 치르므로 거의 대부분의 학생들이 지원을 포기할 이유가 없다. 일단 수능 점수를 보고 논술을 보러 갈지 말지 결정해도 늦지 않기 때문이다. 최상위권 학생들에게는 일종의 보험인 셈이다. 그런데도 나의 오랜 경험으로 봤을 때, 수능이 끝난 후 서울대에 정시로 합격할 만큼 충분한 점수를 받았다고 고려대 수시 논술을 포기하는 경우는 많지 않았다. 그만큼 SKY의 문은 좁다.

어떤 사람은 수시를 위해 서류를 다 준비해 놓고 서류가 많이 쓰이는 전형에서 전부 탈락한다면 아무 의미가 없을뿐더러 오히려 수능 공부에 방해만 된 것이 아니냐고 생각한다. 하지만 최상위권 대학 입시에서는 절대 그렇지 않다. 수시를 준비하면서 심화하여 공부한 노력들은 고스란히 각 과목(수학과 과학 등) 실력으로 쌓이기 때문에 논술이나 구술 면접시험을 더 잘 볼 수밖에 없게 해준다. 공인영어시험이나 한국어능력시험처럼 수능 외국어·언어 영역 공부에 직접적으로 영향을 주기도 한다. 지금과 같은 입시에서는 수시에 들인 노력과

정성이 결코 헛되지 않다. 교내외 수학·과학 경시대회와 TEPS 준비 등은 성진이에게도 심화학습의 동기를 더욱 높여주는 계기가 됐고, 그 공부들이 성진이를 실력 있는 학생으로 완성해 줬다.

탄탄한 실력과 간절한 마음이 만나다

수능을 망쳐서 실의에 빠져 있었던 성진이는 그렇게라도 고려대에 지원해 놓은 것이 다행이라는 현실을 하루이틀 사이에 받아들이고 수리 논술을 준비하는 데 최선을 다하는 모습을 보였다. 평소 공부했던 내용들을 꼼꼼하게 정리하고 기출문제들을 다시 풀면서 수능보다 훨씬 높은 강도로 대비했다. 이대로 무너질 수 없다는 간절함이 있었을 것이다. 결국 성진이는 고려대 공대에 합격했다.

성진이는 실력에 비해 노력이 부족한 아이였는데 이를 계기로 삶에 대한 태도도 많이 바뀌었다. 실력은 물론 중요하지만 좀더 겸손한 마음으로 절실하게 공부했다면 결과는 지금과 확연하게 달랐을 것 같다면서 성진이는 꼭 다시 도전해 보겠다는 말을 남겼다.

원고 작업을 하던 중 반가운 전화를 한 통 받았다. 성진이 엄마가 성진이의 컨설팅을 또다시 의뢰했다. 이번에는 의대 정시 컨설팅이었다. 성진이가 혼자 공부해서 올해 수능을 다시 봤는데 딱 두 문제만 틀렸다고 했다. 성진이가 어떤 전형으로 어느 의대에 들어갈지는 아무도 모르지만 확실한 것은 열심히 노력한 공부는 항상 남는다는 사실이다. 실력에 간절함을 더한다면 못 할 것이 없지 않은가.

김시원 [서울 서대문구 과학고, 중앙대 의학부 수시 일반전형 합격]

내신 전교 10~15위, TEPS 916, AP 화학 5, AP 미적 5, AP 물리 5, 한국화학올림피아드 여름학교 입교, 국제청소년과학창의대전 대상, 서울학생탐구발표대회 우수상, 원자력공모전글짓기대회 고등부 우수상, 과학 논문 다수, 과학영재장학생 확인서

의대에 가고 싶어 하는 이과 영재

시원이는 특이한 이력을 가진 학생이다. 국제중→과학고→의대. 쉽사리 머리에서 정리가 잘 안 된다. 시원이는 국제중을 다니다가 이과로 진학하고 싶어서 중학교 3학년 때 일반중으로 전학하기로 결심했다. 국제중을 다니다가 과학고에 가기란 쉽지 않은 일이기 때문이다.

과학고 준비생들은 보통 어릴 때부터 수학과 과학에 두각을 나타내기 마련이라 훨씬 이른 준비가 이루어진다. 그러다 보니 아무래도 국어와 영어보다는 수학과 과학 쪽으로 공부가 치우쳐서 진행되는 경우가 많다. 영재에 가까운 아이들의 지적 욕구를 막기란 상당히 어려우며, 그렇다고 하기 싫어하는 공부를 억지로 시키는 것은 더더욱 어렵기 때문에, 아이가 좋아하고 잘하는 공부를 계속하게 할 수밖에 없다.

그런데 시원이는 그런 이과 영재들과는 조금 달랐다. 수학과 과학에 재능을 보인 것이 분명해서 영재원에도 합격한 이력이 있지만 언어에 대한 감각도 남달랐다. 어린 시절의 독서량이 엄청났고, 영어도 습득력이 뛰어나 잠깐 어학연수를 다녀온 것을 빼고는 일반적인 학원 수업 정도를 들었을 뿐인데 이과생으로 TEPS 900점을 넘겼다.

의대, 과학고·영재고보다 자사고·일반고 학생이 유리하다

시원이를 조금만 더 일찍 만났더라면 서울대 의대에 입학시켰을지 모르겠다. 나도 시원이 엄마도 아쉽기 그지없었다. 애초 의대가 목표였던 아이를 과학고에 보낸 것은 자신의 정보 부재 탓이라면서 엄마는 시원이의 수시 원서를 쓰는 내내 자책했고, 나는 그런 엄마를 위로하느라 마음이 쓰였다.

시원이는 과학고의 불리한 내신과 의대 지원을 부정적으로 바라보는 환경 속에서 수시를 포기하고 정시만 준비하는 마음으로 공부했다고 말했다. 국어와 영어는 수능 공부를 따로 하지 않아도 될 만큼 이미 대비되어 있었다. 하지만 수학과 과학은 과학고 입시에 더 오랜 기간 매달렸던 학생들에 비해 실력이 부족했기 때문에 정말 피나는 노력을 해야 했다. 시원이는 가까스로 괜찮은 내신과 고른 1등급 수능 성적을 만들었지만 여전히 한쪽으로 치우친 과학고 생활이 힘들었다.

시원이처럼 국어, 영어, 수학, 과학이 골고루 준비된 학생들은 이과 과목에 특화된 과학고나 영재고보다 차라리 일반고나 자사고가 더 낫다. 시원이의 경우에는 의대에 들어가고 싶어 했기 때문에 일반고로 진학하는 편이 훨씬 유리했을 것이다. 과학고에서도 내신이 전교 10~15등을 유지할 만큼 자기 관리 능력을 가진 시원이가 일반고에서 전교 1~2등을 하지 못할 이유가 없었다. 게다가 시원이가 거주했던 지역에서라면 더더욱 그랬다.

과학고의 불리함을 논술로 극복하다

시원이는 서울대나 의대를 자신하고 있었지만 나는 꼭 그렇지만은 않은 현실을 객관적으로 설명해야 했다. 이과와 둔과의 스펙이 골고루 나오는 시원이가 갖춘 이력을 살펴보면 어느 하나 문제랄 것이 없어 보이지만, 다른 시각으로 바라보면 이도 저도 아닐 수 있다.

과학고 학생들에게 적합한 과학인재전형 같은 특기자전형에서는 다른 과학고 학생들의 독보적인 수학 · 과학 실력에서 뒤진다. 일반고 학생들이 많이 지원하는 전형에서는 내신에서 밀린다. 특히 모든 입시 가운데 의대 입시는 가장 치열하니 더 말해 뭐하겠는가. 시원이 정도의 서류로도 수시에서 불합격할 위험성은 항상 있었다.

그래서 내가 권유한 것은 본격적인 수리 논술 대비였다. 논술 전형은 내신의 비중이 비교적 작고 일반고와 과학고 학생들이 모두 지원하는 전형이라 시원이가 수리 논술에서 좋은 성적을 거둔다면 충분히 승산이 있었다. 대개 의대에 많이 지원하는 학생들은 일반고와 자사고 출신인데, 그런 학생들과 비교해도 시원이의 실력이 모자라지 않았다.

고등학교 시기에는 언제나 뭔가를 열심히 준비하고 정신없이 온갖 시험을 쳐야 하는 상태가 오래도록 지속된다. 그렇기 때문에 객관적으로 현재 자신이 무엇에 더 집중해야 하는지 스스로 판단하기가 상당히 어렵다. 그래서 제때 공부하거나 대비하지 못한 채 그 시기를 놓치곤 하는 것이다.

시원이는 나와의 컨설팅으로 수리 논술을 체계적으로 준비하지 않았더라면 다른 비교과 이력들을 쌓는 데 끝까지 주력했을지도 모르겠다고 말했다. 그리고 수능 최저학력기준 자체가 워낙 높은 의대에 들어가려면 수능 점수에도 신경을 써야 최종 합격이 된다는 사실을 간과했을 것이라고 말했다. 시원이는 마지막까지 언어 영역을 비롯하여 수능 공부를 손 놓지 않고 잘 정리한 것을 다행스러워했다.

이상하게 들릴지 모르지만 그토록 똑똑한 과학고 학생들이 의외로 수능의 모든 영역에서 다 1등급을 받지 못하는 일이 아주 많다. 그도 그럴 것이 대부분 수능 없이 수시로 카이스트나 포항공대에 들어갈뿐더러 수학, 과학과 달리 국어, 영어에는 취약한 편이기 때문이다. 이런 불리한 상황에서도 시원이는 의사가 되겠다는 꿈을 버리지 않고 최선을 다했으며, 결국 논술 전형으로 중앙대 의대에 진학했다. 시원이는 서울대 의대 입학에 성공하지는 못했지만 중학교, 고등학교 시절 내내 맹렬하게 공부하는 아이들과 경쟁하면서 인생을 배웠고 후회는 없다고 이야기했다.

 김수영 【서울 강동구 일반고, 연세대 기계공학과 수시 일반전형 합격】

내신 2.1, KMC한국수학경시대회 장려상, 성균관대 전국영어수학학력경시대회 수학 부문 동상, IMC 2급, 서울시과학전시관 영재교육원 수료, 포스텍 전국우수고교 이공계학과대탐험, 교내 과학경시대회 물리 부문 금상, 교내 독서캠프 비평문 최우수상, 대덕연구단지 영재캠프, 교내 발명대회 금상

똑똑하지만 자신이 좋아하는 공부만 하려는 아이

수영이는 중학교 때 과학고 입시를 준비했다가 떨어졌다. 그동안 교수인 엄마가 바쁜 일정 속에서도 수영이의 학습 매니저가 되어 좋은 선생님들과 함께 공부하도록 애써왔다. 하지만 중학교 3학년 겨울 방학 때 만난 수영이는 안타깝게도 그런 엄마에 비해 매사에 열정이 별로 없었다. 그런데도 이상하게 만들어진 영재의 느낌이 나지 않았다. 수영이는 큰 준비 없이도 물리를 잘하여 중등물리올림피아드에서 동상을 받았고 수학 선행학습도 수학2까지 마친 상태였다.

무엇보다 수영이가 내 기억에 남겨진 이유는 우독 대화를 풀어나가기 어려웠기 때문이다. 머리는 똑똑했지만 사회성이 부족했다. 내가 뭐라고 묻든 수영이는 잘 대답하지 않고 가끔 빙그레 웃을 뿐이었다. 게다가 컨설팅 중에 졸기도 했다. 처음에는 그런 수영이를 어떻게 감당해야 좋을지 당혹스러웠다. 그러나 곧 그런 수영이의 모습을 그냥 있는 그대로 받아들이기로 결심했다.

수영이는 분명 여느 아이들과 달랐지만 무례하거나 냉소적이지 않았다. 단지 소통에 서툰 아이였기 때문에 서로에게 편안해질 때까지 기다리기로 했다. 그사이에는 엄마와 주로 이야기하면서 수영이를 계속 관찰했다.

수영이는 어쩔 수 없이 일반고로 가야 하는 상황이었지만 내신만 좋다면 특기를 살려 서울대에도 지원해 볼 수 있었다. 일단 내신 관리에 신경 쓰도록 수영이를 설득해야 했다. 중학교 때 학교 시험이 쉽게 출제되면 오히려 한두 문제를 실수하여 등수가 잘 안 나왔기 때문에 수영이에게는 쉬운 시험문제가 독이었다. 엄마와 함께 고민한 끝에 강동구에 있는 과학중점학교에 보내기로 결정했다. 그곳은 수학과 과학 시험이 특히 어렵게 출제된다는 점, 교내 경시대회가 많아서 서류를 만들기 좋다는 점, 이과 인원이 많다는 점 등을 고려했다.

다행히도 수영이는 그 학교의 첫 내신에서 평균 1.4등급을 받았다. 하지만 문제는 수능 모의고사 외국어 영역 점수였다. 1학년 수능 모의고사에서 외국어 영역 3등급이라면 이는 꽤 심각했다. 보통 최상위권 학생들에게 외국어 영역은 중요하고 이미 충분한 실력을 갖춰놓은 과목 중 하나인데 수영이의 경우는 달랐다. 수영이는 영어 단어를 외우기 싫어하고 공부량 자체가 적다 보니 점수가 잘 나올 리 없었다. 수영이가 영어 성적을 올리려고 노력해 보긴 하겠다고 말했지만, 이것은 수능이 불안해진다는 것을 의미하는 동시에 정시에서 안전하지 않다는 뜻이다. 그래서 수영이의 재능을 극대화하는 한편, 공부 태도를 개선시켜 내신을 안정화하는 데 주력하는 계획을 세웠다.

아이의 강점인 수학과 과학이 열쇠이다

수영이는 자기가 좋아하는 공부는 열심히 하는 편이라 수학과 과학 비교과에 대해서는 따로 설득하지 않아도 계획대로 잘 준비해 나갔다. 귀차니즘으로 스스로 찾아서 뭔가를 해보려는 의지는 없었지만, 내 제안에 대해 충분히 설명하고 그 방법을 알려주면 그쯤은 자기도 할 수 있겠다고 곧잘 따라왔다. 결과도 잘 나왔다.

그리고 고등학생들은 잘 참여하지 않는 영재원 수업도 빠지는 일

없이 3학년 1학기까지 열심히 들었다. 이렇듯 수학과 과학 심화학습의 기회를 놓치지 않고 꾸준히 공부한 덕분에 수영이는 수학과 과학만큼은 과학고 학생들 못지않은 실력을 가질 수 있게 됐다.

내신은 2∼3학년으로 올라갈수록 과목별 인원수가 줄어들어 등급이 조금씩 떨어졌다. 하지만 수영이가 별로 좋아하지 않는 과목까지 시험에 대비하기 위해 꼭 필요한 공부는 챙긴 덕분에 평소 공부량이 많지 않았어도 졸업까지 2점 초반대 등급을 유지했다.

물론 수영이의 내신으로 서울대는 넘기 어려운 산이었다. 하지만 수학과 과학 실력을 바탕으로 논술 전형에 도전하여 연세대와 고려대에 모두 합격했다. 논술 전형을 따로 준비하지 않았는데도 평소 좋아하는 수학과 과학 공부에 몰두한 것이 충분한 밑거름이 되어줬다. 또한 그것은 수시에서 실패하고 정시에 도전해야 했어도 안전장치가 되어줬을 것이다. 수능에서 수영이는 수리와 과학탐구 영역에서 모두 1등급을 받았지만 언어 영역은 2등급, 외국어 영역은 3등급이었다. 즉 논술 전형에서 실패했더라도 수리 영역 50퍼센트, 과학탐구 영역 50퍼센트를 반영하는 정시 전형으로 성균관대에는 들어갈 수 있었을 것이다.

수영이처럼 수학과 과학을 공부하는 것이 유일한 낙인 학생들이 모든 과목에서 우수해지기 위해 노력한다면 집중과 선택에 실패하여 좋은 대학에 가기 어려울 수 있다. 연세대와 고려대에 동시 합격한 수영이의 기쁨은, 강점과 약점이 분명한 아이가 약점을 완벽하게 보완하여 강점으로 만들려는 욕심을 부리는 대신 강점을 극대화하는 공부를 한 결과이다. 지금 대학 입시가 복잡하고 어렵게 느껴지지만 이런 특기생들에게 기회를 준다는 점에서는 높이 평가할 만하다.

 김선진 【서울 강북구 일반고, 고려대 미디어학부 수시 일반전형 합격】

내신 1.7, TEPS 849, 교내 과학독후감대회 금상, 교내 모범학생 표창장, 교내 백일장 산문 부문 장려상, 교내 학력우수상 다수, 전국사이버논술대회 최우수상, 한국시민자원봉사회 표창장, 서울시교육감 봉사 부문 표창장, 사고력인증시험(TOCT) 7급, IMC 2급, JPT B등급, 교내 학생회 활동, 교내 논술반, 일본어회화반 활동, 청소년금융경시대회 과정 수료, 환경을 주제로 한 논문, 서울대 주최 '청소년을 위한 심리학 교실' 이수, 연세대 문과대학 '시민을 위한 인문학 강좌' 1기 과정 수료, 개인 책 출간, 대한민국독서논술토론대회 본선 참가

비교과의 양은 중요하지 않다

선진이는 조금 늦은 시기에 만난 학생이다. 욕심이 무척 많은 만큼 수시에 대비하여 충실하게 비교과를 만들었는데, 수시 원서 접수를 앞두고 그때까지 자신이 준비한 스펙들의 효과를 좀더 높이고자 나를 찾아왔다. 선진이는 그것들을 자신 있게 내밀었다. 하지만 안타깝게도 선진이는 자기 원고를 모아 책까지 출판할 정도로 다양한 활동들을 했지만, 전반적으로 그 비교과들이 하나로 집중되지 못하고 일관성 없이 여러 분야에 흩어져 있었다.

입학사정관제에서는 무엇보다 선택과 집중이 중요하다. 선진이의 단점은 우등생이긴 하지만 특별히 어떤 목표를 가지고 그것을 이루기 위해 준비했다는 확신을 주지 못한다는 점이었다. 그렇다고 내신

중심의 학교생활기록부 전형에 지원할 만큼 내신이 완벽하게 관리되지도 못했다. 선진이는 그 정도면 명문대도 안정권일 것이라는 기대에 부풀어 있었는데 컨설팅을 통해 다소 염려스러운 결과를 받자 무척 당황하는 듯했다.

나도 아쉬운 것은 마찬가지였다. 선진이가 보여준 그 많은 상들과 활동들을 살펴보면 얼마나 애썼는지 고스란히 느껴지기 때문이다. 실제로 나중에 수시 원서를 접수할 때 선진이만큼 두꺼운 포트폴리오를 제출한 학생도 없었다. 선진이를 지켜보면서 컨설팅의 필요성을 실감했다. 스스로 해내려는 자기 의지도 있고, 자신이 노력한 만큼 결과가 따르는 실력도 있었다. 다만 적절한 방향을 제대로 잡지 못한 채 시간과 노력을 집중시키지 않았을 뿐이다.

자기 스토리에 맞지 않는 비교과는 과감하게 포기하라

선진이는 글쓰기에 재능을 보였다. 백일장이나 논술대회 수상 경력이 많았고 학교에서 논술반을 직접 만들어 주체적으로 이끈 경험도 있었다. 그래서 일단 논술 특기자로 서울대 특기자전형과 연세대 입학사정관전형인 진리자유전형에 지원하기로 했다. 내신이나 전체적으로 다듬어지지 않은 비교과들 때문에 합격을 확신할 수 없는 상황이라 고려대 일반전형에도 지원했다.

포트폴리오를 제작하는 과정에서 많은 조율이 필요했다. 선진이는 전부 자기 피땀을 들인지라 최대한 많이 담길 원했지만, 나는 스토리를 잘 짜서 우선순위대로 가려야 한다고 설득했다. 진한 아쉬움을 뒤로하고 선진이가 동아리 활동을 통해 기록해 왔던 논술 자료들을 엄선하여 수록했고 선진이가 출간한 책도 표지만 복사하여 첨부했다. 그리고 선진이가 그동안 신문 논평을 스크랩하여 정리해 놓은 자료들을 꼭 넣고 싶어 해서 중요한 기사들을 추렸다.

그 결과는 그리 만족스럽지 못했다. 서울대는 상향 지원이라 크게 기대하지 않았다. 그러나 연세대 진리자유전형에서는 나름의 경쟁력이 있다고 판단했는데, 약간 우려했던 대로 1단계 학교생활기록부 100퍼센트의 장벽을 넘지 못했다. 입학사정관제도 결국 내신을 무시할 수 없다는 사실을 다시금 실감했다. 다행히도 그동안 열심히 준비했던 논술 실력을 바탕으로 고려대 수시 일반전형에는 무사히 합격했다.

요즘은 대학 입시 정보가 넘쳐나서 자칫 자기중심을 잡지 못하면 여기저기 휩쓸릴 수밖에 없다. 누가 영어 비교과가 중요하다고 말하면 공인영어성적을 만드는 데 몰두하고 봉사 활동이 중요하다고 말하면 봉사 시간을 채우기에 급급해진다. 가장 중요한 것은 학생 자신이 무엇을 원하는지, 그것을 위해 무엇을 잘해야 하는지 확실한 방향을 찾은 후 그에 어울리지 않는 스펙은 과감하게 포기할 줄 아는 결단력이다.

수능으로 명문대 간 아이들
국영수 자신 있다

 윤영선 【서울 광진구 외고, 서울대 인문계열 정시 합격】

내신 4.2, TEPS 895, TOEFL 107, 교내외 봉사 활동, 교내 학생회 임원 활동

외고에서 불리해진 내신을 만회하려고 수능까지 소홀하지 마라

외고에 합격한 중학생들은 때때로 입학하기 전의 표정과 입학하고 난 후의 표정이 사뭇 달라진다. 외고는 최상위권에 가까운 내신성적과 장기적으로 훈련하여 뛰어난 영어 실력을 갖춘 중학생만 들어갈 수 있는 학교이다. 그래서 빠르면 초등학교, 늦어도 중학교 1학년부터 차근차근 공부해야 상위권 외고에 합격할 수 있다. 이렇게 열심히 준비해 온 '우수한' 아이가 마침내 자신이 원하던 외고에 입학하게 됐

으니 스스로를 대견해하는 자부심이 생기는 것은 당연한 일이다.

그런데 문제는 외고에 입학한 후 발생한다. 전국에서 그런 우수한 아이들만 모아놓은 학교이다 보니 그 안에서 경쟁이 얼마나 극심하겠는가. 시험을 한 번 두 번 칠수록 점점 힘들어하는 학생들이 늘어나기 마련이다. 물론 그런 분위기가 오히려 학습 의욕을 자극하여 더욱 열심히 노력하게 되면 그보다 좋을 수 없다. 하지만 그렇게 공부해서 절대적인 실력이 쌓여도 내신만큼은 어찌할 수 없어 고민인 경우가 많다.

영선이도 외고에 입학한 후 1년 동안 나름대로 최선을 다했지만 좌절할 수밖에 없었다. 수능 모의고사 성적에 비해 내신성적이 턱없이 좋지 않았던 것이다. 더구나 내신 준비에만 몰두하느라 수능에 대비하는 공부도 제대로 되어 있지 않았다.

일단 선발 비중이 높은 수시 전형을 포기할 수 없기 때문에 내신을 최대한 끌어올리는 것을 목표로 공부 습관을 교정하는 계획을 짰다. 그리고 수시에서 합격하지 못할 경우를 대비하여 정시 지원에 대한 가능성도 고려해야 했다. 내신 공부를 통해 수능에 대비할 수 있는 학습 전략을 세운 후 매주 영선이의 공부를 점검하기 시작했다. 이제 남은 일은 영선이의 노력이 더해지는 것뿐이다.

하지만 영선이가 외고로 진학하면서 내신성적이 나빠지는 대신 커다란 장점도 동시에 가지게 됐다. 바로 외고 입시 준비로 고등학교 입학 전에 갖춰진 최상위권의 국어, 영어, 수학 실력이다. 전국의 모든 수험생들이 똑같이 고등학교 입학 후 대학 입시를 향해 달려가기 시작하는 상황에서 이것이 얼마나 대단한 무기가 되는지는 이미 내가 마르고 닳도록 이야기했다. 게다가 영선이는 선행학습을 통해 공부에 대한 흥미가 높아졌는데, 특히 수학의 경우 고과과정 안팎을 아우르며 깊이 공부하는 과정에 매혹됐다. 자연스레 뛰어난 수학 실력이 쌓였다. 이미 국어와 영어라는 무기를 확보한 상황에서 수학이라는 필살기까지 마련했으니 문과 진로를 선택한 영선이로서는 훌륭한 로드맵을 그려온 셈이다.

탁월한 국영수 실력으로 수능에서 웃어라

불리한 내신, 비효율적인 공부 습관, 고등학교 2학년으로서 얼마 남지 않은 시간에 크게 자극받은 영선이는 무서운 기세로 공부해 나갔다. 컨설팅 후에 문제집 한 권을 숙제로 내주면 집으로 돌아가기도 전에 자습실에서 3~4시간 동안 다 풀어서 가져올 만큼 놀라운 몰입과 열정을 보였다. 또한 영선이는 컨설팅 중에 내가 알려주는 공부 전략까지 전부 필기하여 그것을 자신이 어떻게 적용했는지 이야기하면서 온전하게 자기 것으로 만들었다. 이렇게 영선이처럼 실력을 갖춘 아이한테 노력과 효율이 더해진다면 그 결과가 어떠하겠는가? 그렇지만 딱 하나 부족한 것이 있었다. 바로 시간이다.

외고 중에서도 서울 최상위 외고라는 녹록지 않은 조건에서 영선이는 자신에게 남은 네 번의 내신시험을 위해 죽을힘을 다하여 성적을 올렸지만 이미 받아놓은 성적은 바꿀 수 없었다. 최종적으로 산출한 점수는 내신 4.2등급이었다. 그 내신성적으로 수시에서 서울대에 지원했지만 불합격했다.

영선이는 다른 기회를 노렸다. 바로 수능이었다. 그동안의 눈물 어린 노력이 빛을 발할 수 있는 순간이 온 것이다. 수능 모의고사에서 내내 전교 5등 이내의 성적을 유지했던 영선이는 실제 수능에서 수리와 사회탐구 영역에서 각각 하나씩 틀린 것을 제외하고 만점을 받았다. 수능을 치른 후 가채점한 영선이가 담담하지만 확고한 목소리로 전화했다. "선생님, 저는 정말 자신 있었어요. 제게 주어진 두 번째 기회를 절대 놓치고 싶지 않았어요. 제 점수, 기대해도 좋아요." 영선이는 정시로 서울대에 당당하게 입학 원서를 내밀었다. 지금은 서울대 인문계열에 합격하여 동아리 활동도 마음껏 하면서 신나게 대학 생활을 누리고 있다.

정시로 대학에 들어갈 수 있는 문은 점점 비좁아지고 내신의 중요성이 더욱 커져가지만, 국어·영어·수학에 자신 있다면 수능 고득점으로 정시를 노리는 것이 합격 가능성을 더욱 확실하게 높일 수 있다. 물론 여기에는 두 가지가 전제돼야 한다. 마지막까지 내신에 최선을 다하며 가장 많은 인원을 선발하는 수시를 포기하지 말 것, 국어·영어·수학은 고등학교 입학 전에 최대한 갈고닦을 것. 이 두 가지 없이 3년간 수능에 올인하는 것은 너무나 위험하다. 내신을 탄탄하게 다지면서 잘 준비된 국영수 실력으로 수시와 정시 모두 높은 가능성으로 노려보는 것이 가장 안전하고 쉬운 길이라는 것을 다시 한번 강조하고 싶다.

박욱진 [서울 강남구 일반고, 고려대 경영학과 정시 합격]

내신 2.9 , TEPS 845, IMC 준2급, 교내 학력우수상 3개, 교내 학생회 임원 활동, 교내외 봉사 활동

아버지의 꿈과 아들의 꿈 사이

어린아이부터 고등학생, 아니 대학생조차 자기 꿈이 아닌 부모의 꿈을 위해 공부하는 현실이 다반사이다. "우리 딸은 말도 잘하고 논리력도 뛰어나니까 변호사가 되면 잘하겠다. 로펌에 들어가는 건 어떠니?"라고 부모님이 변호사를 꿈꾸면 딸도 그 꿈을 함께 꾸게 되고, "우리 아들은 비행기를 좋아하니까 파일럿이 되는 건 어때? 하늘을 나는 직업인데 정말 멋지지 않니?"라고 부모님이 말하는 순간 아들은 파일럿의 꿈을 갖는다.

서울 강남의 유명한 성형외과 의사인 욱진이 아빠는 수학을 곧잘 하는 아들이 자신을 뒤이어 의사로 일하길 바랐다. 욱진이가 국어, 영어, 수학을 모두 잘해왔기 때문에 의대를 목표로 하는 것도 무리는 아니었다. 하지만 욱진이는 기업을 경영하고 싶었기 때문에 경영학과로 진학하는 것이 목표였다. 모든 학생들이 부러워하는 '전 과목을 전부 잘하는 학생' 욱진이에게도 고민이 있었던 것이다. 문과로 가야할지, 이과로 가야 할지 선택해야 하는 순간에 아빠의 꿈과 아들의 꿈이 맞부딪혔다.

부모와 자녀가 각각 다른 꿈을 막연하게 갖는 경우 컨설팅을 통해

어느 한쪽을 쉽게 설득할 수 있다. 하지만 욱진이네처럼 분명한 이유를 들어서 아빠와 아들이 각각 다른 미래를 그리는 경우에는 어느 한쪽을 설득하여 다른 한쪽을 지지하도록 만드는 데 오랜 시간과 노력을 들여야 한다.

보통 문과를 선택할 때 여학생은 사회계열 학과나 언론학과, 심리학과, 혹은 어문학 관련 학과로 진학하고 싶어 하지만, 남학생은 경영학과나 경제학과를 염두에 둔다. 이제 CEO는 초등학생, 중학생 컨설팅을 하다 보면 수없이 듣는 '식상한 장래 희망'이 되어버렸다. 그래서 욱진이와의 충분한 면담을 통해 '기업 경영'이라는 꿈이 얼마나 진지한지, 경영학과에 진학한 후 그 꿈을 이루기 위해 구체적인 실천 계획을 세워뒀는지, 자신이 계획한 대로 실행할 의지는 어느 정도로 굳센지 등을 파악했다. 욱진이는 경영에 대한 마음이 확고했다. 무엇보다 욱진이는 의사가 되고 싶은 마음이 전혀 없었다.

전형적인 수능형 학생은 정시를 노려라

국어는 좋아하는데 영어를 못하거나 조기 해외 연수를 다녀와 영어 실력은 웬만큼 있는데 국어에 자신 없는 학생들, 혹은 과학은 잘하는데 수학에 별 흥미가 없거나 수학은 좋아하는데 과학을 못해서 좀처럼 갈피를 못 잡는 학생들에게는 문과를 가도 이과를 가도 큰 무리가 없는 욱진이의 고민이 사치라고 여겨질지 모른다. 하지만 자세히 들여다보면, 욱진이는 내신을 확보하기 어려운 강남권 고등학교에서 수능 모의고사만 언어, 수리, 외국어, 탐구 모든 영역에 걸쳐

1등급이 나오는 전형적인 수능형 학생이다. 의대를 종용하는 아빠의 기대를 만족시킬 만큼 내신에서 좋은 성적을 거두지 못하고 있었다.

욱진이가 문과 성향을 드러낼 때 아빠는 그 사실을 좀처럼 이해하지 못했다. 대개 이과 성향의 부모님이 문과 성향의 아이를 키울 때 있는 그대로 아이를 받아들이고 인정하기까지 꽤 오래 걸린다. "아직 내 아이의 이과적인 감각이 드러나지 않았을 뿐, 나를 닮은 내 아이가 그럴 리 없어"라고 생각하는 편이다.

나는 욱진이의 진심을, 즉 충동적으로 가볍게 생각한 꿈이 아니라 자기 성향과 가치관 및 직업관을 진지하게 고려한 선택임을 아빠에게 전했다. 더구나 욱진이의 수학 감각은 이과적인 능력이 요구되는 경영학 공부에서도 꼭 필요한 경쟁력이었다. 나중에 욱진이는 이과 수학을 공부할 만큼 수학을 좋아하지는 않는다는 것을 수능 공부를 맹렬하게 하는 동안 느꼈다면서 자기 선택이 옳았음에 안도했다.

수능 모의고사에서 1등급을 받아왔던 욱진이는 실제 수능에서도 거의 만점에 가까운 점수를 얻어 모든 영역에서 1등급이 나왔다. 수능에 비해 내신, 비교과, 논술 준비가 미흡했기 때문에 수시가 아닌 정시를 노려야 했다. 국어, 영어, 수학 실력이 욱진이같이 완벽하다면 다른 것들이 채워지지 않았더라도 수능, 즉 정시로 승부할 수 있다. 안타깝게도 제2외국어를 준비하지 못하여 서울대에 진학하지 못했지만 고려대 경영학과에 입학하여 현재 전문 경영인 수업을 듣고 있다. 언젠가 신문에 자기 얼굴이 실리면 꼭 기억해 달라는 욱진이의 마지막 말을 나는 아직 기억하고 있다.

수학 피해 명문대 간 아이들
수학 빼고 다 잘한다

 조기창 [서울 성북구 외고, 서강대 국제인문학부 수시 알바트로스전형 합격]

> 내신 4.8, 신HSK 6급, TEPS 869, TOEIC 955, TOEIC Speaking 7급, AP chinese Cult. & Lang 5, ToKL 3급

언어 능력은 뛰어나지만 수학이 문제이다

기창이의 경우 엄마부터 만났다. 지방대 교수인 터라 시간이 여의치 않기도 했지만 기창이 엄마는 의아할 만큼 컨설팅을 서둘렀다. 나중에 알고 보니 기창이가 다니는 외고 학부모회에 한번 참석한 적이 있는데, 다른 엄마들의 입시 정보력에 주눅 들었을 뿐만 아니라 그들끼리만 공유하는 모습을 보고 경각심이 들었다고 한다. 또한 기창이

에게도 그동안 다른 엄마들처럼 신경 써주지 못한 것이 못내 미안했다고 한다.

하지만 첫 컨설팅을 하는 내내 엄마의 교육이 참 훌륭하다고 느꼈다. 교육학을 전공한 엄마는 어릴 때부터 기창이가 무엇을 가장 원하는지 귀 기울이면서 그때그때 꼭 필요한 교육들을 적절하게 받을 수 있도록 도와줬다. 덕분에 기창이는 영어 실력이 좋은 편이었고, 중국에 한두 달밖에 안 다녀왔다는 사실이 믿기지 않을 만큼 중국어에도 능통했다. 물론 국어도 잘했다. 전체 내신이 그리 좋지 않았는데도 국어만큼은 높은 등급을 유지했다. 어린 시절부터 기창이는 누군가 말려야 할 정도로 책을 많이 읽었고 지금도 독서량이 상당했다. 한자까지 쭉 좋아해 온 것을 감안하면 기창이는 언어에 대한 재능과 열정이 남다른 학생인 것이다.

문제는 수학이었다. 내신은 6~7등급으로 수학 성적이 아주 낮았고 수능 모의고사도 엉망이었다. 딱 한 번을 제외하고는 수리 영역이 늘 3~4등급에 머물렀다. 기창이는 아이를 존중하는 엄마의 열린 교육으로 자기 강점인 어학을 잘하는 학생으로 성장했다. 그러나 꼭 해야 하는 수학 공부를 별로 하지 않고 어학 특기자로 외고에 편입학했던 것이다.

그때가 고등학교 2학년 여름이었는데 참 난감했다. 수학에서 완전히 손을 떼지는 않았지만 이도 저도 아닌 상태였다. 만약 수시에서 합격하지 못하면 정시로 대학에 들어가야 하는데 수학 때문에 '인서울'도 할 수 없었다. 언어, 외국어, 사회탐구 영역에서 전부 1등급이 나와도 수리 영역에서 3~4등급을 받으면 서울권 대학에 입학하기 어렵다. 물론 수리 영역 반영률이 낮은 대학들도 있지만 대부분 중하 위권이어서 기창이를 보내기에는 좀 아까웠다.

정시로는 불가능한 대학, 수시로 도전하라

우리는 결단을 내려야 했다. 나쁜 성적을 올리기 위해 수학에 더 매달릴지, 아니면 수시를 통해 최대한 좋은 대학에 들어가도록 지금 의 강점을 극대화하기 위해 보강할지. 사실 나는 이런 식의 선택을 좋아하지도 않고 권유하지도 않는 편이다. 수학을 포기한다는 것은 어려운 결정이다. 특히 아이가 하위권 학생이 아닐 때는 더더욱 그렇 다. 수학을 제외하고 좋은 대학을 간다는 것은 수시가 아니면 거의 불가능한데, 수시에서도 그 정도이면 확실하게 합격한다는 보장이 없기 때문에 신중을 기해야 한다.

그런 상황에 대해 기창이와 엄마에게 자세히 설명했다. 보통은 고 민이 많아져 쉽사리 결정하지 못한다. 수학을 제외한 나머지 성적이 괜찮기 때문에 수학 성적을 올릴 경우 정시를 통해 더 좋은 대학에 들어갈 수 있을지 모르고, 수시에서도 좀더 노력하면 합격 가능한 대 학을 찾을 수 있으므로 망설임은 지극히 당연하다. 하지만 기창이와 엄마는 의외로 대답이 빨랐다.

"수시로 제일 잘 갈 수 있는 대학이 어느 정도인가요?"

"연세대나 고려대까지는 힘들 것 같고 서강대, 성균관대, 한양대 정도가 최상이에요."

"만약 기창이가 수능에서 수리 영역은 2등급 커트라인 점수(상위 11퍼센트)를 받고 나머지 영역에서 다 1등급을 받으면 정시로 그런 대학들에 들어갈 수 있나요?"

"아뇨, 서강대와 성균관대 문과는 커트라인이 상위 2퍼센트 정도이고 한양대도 3~4퍼센트라 그렇게 나온다고 해도 쉽지는 않을 겁니다."

"수시를 목표로 준비하려면 무엇을 해야 하죠?"

"우선 내신을 좀더 올리는 데 주력해야 합니다. 내신 비중이 작은 전형에 지원하겠지만, 그래도 내신이 너무 나쁘면 수시 합격률이 낮아집니다. HSK도 제일 높은 급수를 확보하도록 점수를 올려야 합니다. 중국어를 특기로 내세우고 영어도 잘하는 학생으로 부각하는 편이 좋을 듯하니 공인영어시험도 점수 상승에 조금간 신경을 더 쓰고요. 이렇게 수시를 준비하더라도 만약의 경우를 대비하여 수학을 포기할 수는 없습니다. 내신과 수능을 대비한 수학 공부도 계속해야 합니다."

"수시를 준비할게요."

기창이와 엄마는 주저 없이 수시를 선택했다. 이유는 간단하다. 현재 가장 자신 있는 공부에 집중하는 것이 훨씬 낫다고 판단했고, 만약 생각처럼 잘되지 않더라도 더 좋은 길이 분명 있을 것이라고 편안하게 생각했기 때문이다. 부모님이 집 평수를 줄이면서까지 기창이에게 세계를 보여주고자 노력한 덕분에 어릴 때부터 전 세계를 누빈 기창이는 꼭 한국에 있는 대학을 가야 한다는 고정관념이 없었다. 세계 곳곳의 오지에서 사건을 전달하는 기자가 되겠다는 포부를 가진 기창이에게는 꼭 한국 대학만이 의미 있는 것은 아니었던 것이다.

또한 수시를 준비하면서 어학을 비롯하여 나머지 능력들을 더 키우려는 노력은 대학 입시에 실패해도 자신에게 고스란히 실력으로 남을 테니 기창이는 자신이 현명한 선택을 한 것이라고 또렷하게 말했다. 자기 생각을 가지고 있다는 것. 그 생각을 현실로 이루기 위해 합리적인 선택을 하고 피나는 노력을 할 준비가 되어 있다는 것. 그것이 기창이가 가진 장점이었다.

수학 열등감을 벗고 중국어로 자신감을 되찾다

기창이는 평소 학습량의 다섯 배 이상 공부했던 것 같다. 자기가 가진 것들이 정리되고 발전되지 않으면 아무것도 아닐지 모른다는 위기감, 그리고 자신이 지금 잘해내면 꿈을 이룰 수 있을 것 같은 희망, 두 감정이 미묘하게 섞이면서 엄청난 힘을 발휘했다.

중국어 특기자전형은 대부분 6급 자격증이 있어야 지원할 수 있었기 때문에 가장 시급한 일이 중국어 급수 시험이었다. 기창이는 중국어를 거의 혼자서 공부하고 있었는데 약간은 체계적인 교육이 필요하다고 본인이 느껴서 학원을 두세 달쯤 다녀보겠다고 했다. 그러더니 기창이 점수대에서 단기간의 공부로 한 번에 6급을 따고 높은 점수를 받기는 어려운 일인데도 그것을 해내고 말았다. 먹고 자는 시간만 빼고 학교 공부를 제외하면 거의 중국어에만 매달려 6개월 이내에 신HSK 6급을 획득하는 데 성공했다. 하지만 점수는 만족스럽지 않아서 3학년 여름방학 이전까지 점수 올리는 공부를 지속했다.

중국어 급수를 획득한 이후에는 영어에 단기적으로 집중하여 TEPS와 TOEIC 성적을 향상했고 ToKL국어능력인증시험, 한자능력검정시험까지 차례차례 비교과를 만들어갔다. 기창이는 이런 시험들을 보러 갔는데 그곳에 아는 친구들이 너무 많아서 깜짝 놀랐다고 말했다. 자기만 빼고 다 미리 준비하고 있었던 것 같다면서 못내 아쉬워했다.

하지만 늦게 시작했어도 얼마나 집중하느냐에 따라 그 결과는 달라질 수 있다. 정말 열심히 공부하게 된다는 것은 성적이 오르는 경험을 통해 자신감으로 충만해질 뿐만 아니라 자신이 어디까지 해낼 수 있는지, 즉 자기 가능성에 대해 잘 알아가는 기회도 되어준다. 그토록 열심인 아들 곁에서 엄마도 감동하여 혹시 기창이가 좋은 대학에 들어가지 못할지언정 그런 모습을 지켜보게 된 것만으로 행복하다고 말했다.

기창이는 자신이 할 수 있는 최선의 노력을 다했다. 그 과정에서 자신감도 더 얻었고 꿈도 한결 명확해졌다. 인생에 대한 진지한 고민 끝에 수학에 대한 열등감을 벗고 자신의 길을 찾아내어 위험을 무릅쓴 승부수를 던졌다. 그리고 거기에 엄마의 간절함이 더해졌다. 기창이는 결국 서강대와 한양대에 동시 합격했다.

윤 민규 [경기 용인시 외고, 고려대 국제학부 수시 국제전형 합격]

> 내신 4.8, TEPS 969, TOEFL 120, TOEIC 990, TOEIC Speaking 8급, DELF A1, DELE B1, B2, AP Spanish 5, IET국제영어대회 지역금상, 코리아타임즈 국제영어논술대회 은상, 에듀조선영어경시대회 금상, 교내 영어말하기대회 동상, 교내 영어경시대회 청해 부문 금상

외고는 수학에 약해도 괜찮다고?

민규는 전형적인 외국어 특기자 학생이었다. 기창이가 국내파로 각고의 노력 끝에 어학 성적을 얻은 반면, 민규는 외국 거주 기간이 길어 환경적으로 다른 문화에 계속 노출됐기 때문에 자연스레 외국어를 잘할 수밖에 없었다. 거기에 언어 감각도 타고나서 어떤 언어든 쉽게 배우고 좋은 점수를 받았다.

민규는 중학교 3학년 때 외고 입시를 준비하면서 처음 나를 찾아와 그에 대한 조언을 듣고 싶어 했다. 하지만 내가 민규의 여러 상황을 분석한 결과로는 대학 입시까지 생각한다면 외고보다 일반고에서 공부하는 것이 더욱 효율적이었다. 물론 민규는 외고에 안정적으로 합격할 수 있는 실력을 갖추고 있었다. 그러나 민규의 수학 점수가 조금 아쉬웠다. 외고에 진학하면 아무래도 외국어 공부에 많은 비중을 두게 되는데, 수학을 많이 보강해야 하는 상황이라면 분명 수학이 부담으로 작용할 것이라고 판단했기 때문이다.

하지만 민규는 결국 외고에 입학했다. 첫 컨설팅을 통해 내 조언을 받아들여 민규와 엄마는 일반고 진학에 대해 긍정적으로 생각했지만 중학교 담임선생님이 외고 진학을 강권했다. 민규 스스로도 외고에

대한 욕심을 내려놓기 쉽지 않았을 것이다. 그러나 내가 염려했던 대로 1년간의 외고 생활을 통해 민규는 내신의 벽에 부딪히게 됐다. 평소 성실한 학생이었던 민규는 내신 준비에 최선을 다했지만 3등급 이상 받기 어려웠다. 특히 취약했던 수학은 미처 보완할 틈도 없이 점점 발목을 옭아맸다.

그 이후 민규를 다시 만났을 때는 자기 노력만큼 나오지 않는 성적 때문에 스트레스를 받아 심신이 지쳐 있었다. 민규는 일반고에 진학하지 않은 것을 후회한다고 말했다. 하지만 나는 이미 지난 일이라 되돌릴 수 없으니 현재 주어진 상황에서 최선의 방법을 찾아보자고 다독였다. 민규처럼 어떤 계획이나 대비 없이 외고에 진학했다가 후회하는 학생들이 많이 있다. 실제로 컨설팅 이후에 내가 일반고로 전학시킨 학생들도 몇몇 있을 만큼 무조건 특목고면 좋다는 발상은 상당히 위험하다. 고등학교도 아이의 준비 상황에 따라 여러 변수들이 생길 수 있으니 신중하게 결정해야 한다.

외국어 특기자로 내신과 수학의 벽을 뛰어넘다

처음부터 민규의 최대 장점은 뛰어난 외국어 실력이었다. 외고에 진학한 후 내신성적은 나빴지만 수리 영역을 제외하고 수능 모의고사 나머지 영역 모두에서 늘 만점에 가까운 점수를 받았다. 기본적으로 언어 습득력이 좋아서 영어뿐만 아니라 제2외국어도 비교과를 준비할 만큼 실력을 갖추고 있었다. 그래서 민규에게 외국어 관련 서류를 준비시켰다. 공인인증시험뿐만 아니라 영어 논술대회나 말하기대회 같은 교내외 외국어 관련 시험에는 거의 다 도전하게 했더니 수상도 꽤 많이 했다. 학교에서 선택한 제2외국어인 프랑스어 역시 공인 점수를 획득했다. 그뿐만 아니라 상대적으로 벽이 높지 않은 AP 스페인어 과목을 수강하게 해서 외국어 학습에 대한 폭도 넓혔다.

다행스럽게도 민규는 내신에서 실패를 경험한 후 더욱 최선을 다해 내 조언을 잘 따라줬다. 비교과 서류들을 준비하면서도 내신 기간에는 온전히 시험공부에 몰두해야 했으니 정말 눈코 뜰 사이 없는 나날들이었다. 공인영어시험도 iBT TOEFL, TOEIC, TEPS 세 가지 모두 응시하게 했는데 주말마다 시험 보러 다니는 것도 만만치 않은 일이었다. 그 때문에 모든 학습이 영어로 집중되는 것을 염려하여 시험을 치러야 하는 주말에만 영어를 공부하게 했다. 나머지 시간에는 민규에게 부족한 수학이나 국어 같은 다른 과목들에 투자하여 정시까지 대비시켰다. 하지만 나중에는 세 시험 전부 거의 만점에 가까운 점수를 받아 와서 나를 깜짝 놀라게 했다.

외고 학생들은 대부분 내신에서 불리하기 때문에 정시로 지원하는 경우가 많다. 그러나 민규는 수능 모의고사에서 수학 성적이 만족할 만한 수준까지 오르지 않은 데다가, 내신 준비를 마지막까지 게을리하지 않았는데도 최종 등급은 4.8로 일반고 학생들에 비하면 턱없이 부족한 수준이었다. 대신 수시를 염두에 두고 그동안 부단히 준비해 온 비교과 서류들이 충분하여 외국어 특기자전형 위주로 수시에 지원했다. 그 결과 연세대 글로벌리더전형에서는 안타깝게도 내신의 벽을 넘지 못하여 불합격했지만 고려대 국제전형으로 국제학부에는 무사히 합격했다.

고려대 합격 소식을 전해 듣고 민규가 일반고에 진학했더라면 서울대에도 충분히 입학할 수 있지 않았을까 하는 생각이 얼핏 들었다. 그러나 민규가 그토록 열심일 수 있었던 원동력은 아마도 한 번 좌절을 맛본 후 그 외에는 다른 방법이 없다는 절박함이었을 것이다. 민규는 대학 입시에서 좀처럼 극복하기 힘든 내신과 수학에 대한 약점을 자신이 가진 재능과 꾸준한 준비로 이겨낸 좋은 사례이다.

최성은 [서울 강남구 일반고, 서울대 미술대학 디자인과 정시 합격]

내신 2.6, TEPS 756, 교내 논술대회 장려상, 교내 과목 우수상

다른 과목까지 망치는 수학, 어떻게 극복할 것인가?

고등학교 1학년 겨울방학 때 만난 성은이는 국어와 영어를 잘했지만 수학은 부족한 대표적인 문과 유형 학생이었다. 명문대를 꿈꾸면서 고등학교에 입학했지만 수학이 발목을 잡았다. 수학의 경우 내신은 3~4등급밖에 나오지 않았고 수능 모의고사를 치면 수리 영역 점수가 70점대에서 더 이상 오르지 않았다. 4점짜리 어려운 문제를 풀어보려고 노력했지만 번번이 막혔고 그로 인한 스트레스를 못 견뎌 했다.

어릴 때부터 언어에 더 많은 관심을 가지긴 했지만 중학교 때까지는 수학이 문제라고 생각한 적이 없었다. 중학교 수학 시험은 어렵지 않아서 시험 기간 동안 시중에 나와 있는 일반적인 중학생용 수학 교재 한두 권을 반복해서 푸는 것으로 충분했다. 수학에 대한 남다른 노력을 한 적 없어도 성적이 잘 나왔다. 수학 선행학습을 별로 하지 못했지만 고등학교에 올라가서 선생님이 가르쳐주는 대로 열심히 따라가면 다 잘될 것이라고 생각했다.

혹시 자기 이야기라고 공감하는 학생들이 있는가? 그렇다면 한 번쯤 현재 상태에 대한 점검이 필요할지 모른다. 성은이 같은 아이들이 너무나 많다. 고등학교 내내 수학 스트레스를 받으면서 수학 공부에 매달리지만 실력도 성적도 큰 진전이 없고, 그로 인해 나머지 과목을 공부할 시간이 부족해져서 그것마저 장점으로 살리지 못하는 아이들 말이다. 그런 아이들은 결국 수능 점수에 맞춰 그저 그런 대학에 들어가게 된다. 그해 수능에서 수리 영역이 좀 쉽게 나오면 그나마 다행이지만 그렇지 않으면 수학이라는 높디높은 벽 앞에서 좌절하고 만다. 수능에서 수학 한 과목만 3~4등급이 나와도 서울에 있는 대학에 가기 힘든 것이 현실이다.

재능이 있다면 예체능으로 전환하라

그때 당시 성은이는 700점대의 TEPS 점수를 가지고 있었고 일본어도 조금 할 줄 알았다. 좀더 깊은 이야기를 나눠본 결과, 성은이가 어릴 때부터 미술을 하고 싶어 했으며 초등학교와 중학교 때는 학교 대표로 미술대회에도 많이 나가고 곧잘 상도 탔다.

그런 상황을 고려하여 무엇이든 열심히 해볼 테니까 방법을 찾아

달라던 성은이에게, 나는 특기를 살려 수시에 도전하는 방법과 예체능으로 전환하는 방법 두 가지가 있다고 말했다. 성은이는 미대에 가고 싶은데 지금으로서는 늦은 것이 아니냐고 물으면서 엄마 눈치를 살폈다. 의외로 엄마는 성은이만 좋아한다면 예체능으로 진로를 바꿔도 반대하지 않는다고 지지했다.

우리는 서울대 미술대학을 목표로 결정했다. 성은이가 지금까지 열심히 해온 수학 공부도 아깝거니와 수학 성적도 아주 나쁘지는 않아 디자인과도 바라볼 수 있는 상황이었다. 일단 서울대 디자인과를 염두에 두고 공부와 실기 두 가지를 병행할 계획을 세부적으로 세워나갔다. 설령 수학 공부에 더는 힘을 쏟을 수 없을지라도 서울대 디자인과를 제외하면 수학이 반영되는 미대는 거의 없었기 때문에 다른 대학들에도 지원할 준비를 했다. 성은이는 실기에 투자한 시간이 남들보다 짧았지만 언어와 외국어 영역에서 1등급이 유지되는 상황이라 충분히 승산이 있었다.

예체능으로의 전환 시기가 다소 늦은 감이 있었지만 약점인 수학을 보완하고 장점인 미술을 살리기에 마지막으로 놓쳐서는 안 될 때였던 것은 분명하다. 그대로 문과 진로를 결정했다면 서울 하위권 대학을 갈 수도 있었던 성은이가 서울대 미대에 합격한 것은 여러 의미를 지닌다. 물론 흥미 없는 고등학생이 무조건 예체능으로 전환하면 안 되지만 마음속에 접어놓고 꺼내지 못한 꿈이 있다면 좀더 전략적으로 접근해 볼 필요가 있다.

빨리 준비해서 명문대 간 아이들
얼리 버드가
가장 많은 벌레를 잡는다

 정유진 【강원도 횡성군 자사고, 서울대 사회과학대학 수시 특기자전형 합격】

내신 2.3, TEPS 962, TOEFL 119, TOEIC 990, 성균관대 전국영어수학학력경시대회 영어 부문 장려상, 수학 부문 동상, KDI전국고교생경제한마당 은상, TESAT 우수상, 한국은행 경제교육 수료, 아하경제 학생경제기자단, 한국은행 사이버경제교육 우수상, 생글논술경시대회 은상, 모의유엔, 교내 영어경시대회 동상, 교내 논술경시대회 장려상, 교내 학력우수상 다수

아무리 공부를 잘해도 아직 부족한 점은 남아 있다

겨울방학 기간에 처음 만난 유진이는 한눈에도 무척 빛났던 중학교 2학년 아이였다. 컨설팅 이전에 작성한 설문지만으로도 유진이가 얼마나 자기 삶에 열렬한 애정을 가지고 성실하게 생활하는지 잘 알수 있었다. 만점에 가까운 중학교 성적표와 함께 초등학교 때부터 유

진이가 다채롭게 참여해 온 활동들이 설문지를 빼곡하게 채웠다.

유진이는 또래와는 다른 의젓함을 풍겼다. 유진이는 거의 만점인 성적에도 자만하지 않았고 자신에게 부족한 점이 무엇인지 진지하게 물어왔다. 또한 '민사고 입학'이라는 꿈을 향해 확고한 열정을 내뿜으면서 나를 기분 좋게 감동시켰다. 이런 '어른스러움'은 머리 좋은 아이들을 알아볼 수 있는 지표 중 하나이기도 하다. 머리가 좋을수록 주변에서 일어나는 상황을 빠르게 이해하고 상대방에게 어떤 태도를 취해야 할지 금세 파악하는 것이다. 이런 아이들은 주변 사람이 편안하게 느끼도록 배려할 줄 알고 자신이 해야 하는 일을 스스로 찾아서 현명하게 해나가기 때문에 친구들은 물론 주변 사람들에게 호감을 얻는다.

내 도움이라고는 유진이의 성실함에 뛰어난 머리의 효율을 더하도록 공부 습관을 교정하고 민사고와 대학 입시를 위한 로드맵을 그려 주는 것뿐이었다. 그 결과 유진이는 중학교 내신에서 만점이나 다를 바 없는 평균 99.6점을 받고 민사고에 입학했다. 이처럼 아무리 중학교라도 내신을 만점으로 채우는 일은 결코 쉬운 일이 아니다. 머리가 좋아도 실수를 하거나 태도가 흐트러지기 마련인데 유진이는 항상 묵묵하게 공부에 최선을 다했다.

고등학교 입학 전, 영어 비교과 서류를 90% 이상 확보하다

민사고 입학 전, 나는 유진이의 영어 실력을 체크하기 위해 공인 인증시험에 응시하라고 권했다. 그런데 유진이는 처음 본 TOEFL

에서 115점을 받았다. 점수가 잘 나오리라는 예상은 했지만 첫 응시에서 이런 점수를 가볍게 받아 오니 사실 나로서도 깜짝 놀라지 않을 수 없었다. 이런 나와 달리 유진이가 덤덤했던 것은 컨설팅 직전에 다니던 영어 학원에서 공인인증시험 준비도 없이 모의 TOEFL을 쳐서 만점 가까이 나온 것을 한번 확인했기 때문이다. 유진이는 실제로 TOEFL에 응시해도 그때와 비슷한 점수가 나온다는 사실을 경험하고 비로소 자신의 영어 실력에 대해 확신을 가지게 됐다고 말했다. 이후 TEPS와 TOEIC도 준비시켜 TEPS는 960점대, TOEIC은 만점의 성적을 거뒀다.

아무리 영어를 잘해도 이 정도의 서류가 단기간에 완성되기는 상당히 어려워서 대부분의 고등학생들은 고등학교 재학 중에 지속적으로 공인인증시험을 준비하고 응시하면서 점수 올리는 작업을 한다. 그런데 유진이는 중학교 때 이미 대학 입시에 필요한 어학 비교과 서류를 90퍼센트 이상 끝낸 셈이니 얼마나 많은 시간적, 정신적인 여유를 확보한 셈인가. 그래서 유진이는 민사고 입학 후에 자기 시간을 대부분 수학 공부에 할애할 수 있었다. 특히 수학1까지 선행하고 입학했던 유진이는 내신 기간을 수학 심화 기간으로 적극 활용했다.

그렇다고 유진이가 초등학교, 중학교 시절 내내 영어 학원만 다니는 공부를 하지는 않았다. 다른 학생들처럼 시험 대비를 위한 직접적인 공부를 하지 않고도 그같이 영어에서 고득점을 받을 수 있었던 비결은 단순하다. 단지 영어를 좋아해서 열심히 공부한 것이었다. 아빠가 파일럿이라 어려서부터 외국에 가볼 기회가 많았고, 부모님이 영어뿐만 아니라 다른 나라 언어에 대한 학습을 자유롭게 권장하여 언어 감각이 발달했던 것이 보통 아이들과 다른 플러스 요인일 수는 있다. 하지만 그 기회를 헛되이 흘려보내지 않고 성실한 노력으로 가꿔낸 결실이라는 점이 무엇보다 중요하다.

　언어는 아무리 머리가 좋아도 부단한 노력이 뒷받침되지 않으면 체득하기 어렵다. 다량의 어휘와 풍부한 표현을 반복적으로 듣고 말하며 익혀야만 그 언어를 온전히 습득할 수 있기 대문이다. 어려서부터 자연스레 몸에 밴 언어 감각과 초등학교 때부터 스스로 흥미를 느끼며 열심히 공부해 온 노력이 시너지 효과를 발휘하여, 유진이는 어학이라는 기본 서류를 최상위 성적으로 확보하고 대학 입시의 출발선에 섰다.

비교과 활동이 다채로워지려면 다른 것들은 완성되어 있어야 한다

　유진이 특유의 겸손한 성실함으로 민사고에 입학한 후에도 내신이 안정적으로 나와서 전공과 관련된 서류들을 즌비하는 것이 가능했다. 보통 사회 관련 비교과나 전공 관련 비교과는 시간 때문에 준비하기 어렵다. 제 공부 실력에 따라오는 공인영어시험이나 수학경시대회 성적과는 그 성격이 조금 다르다. 그래서 최상위권 학생들의 학교생활기록부에 활동 이력이 많다는 것은 그만큼 준비할 여유가 있었다는 뜻이기도 하다. 미리 인생을 준비한 학생에게만 주어지는 달콤한 특권이다.

　유진이는 공부뿐만 아니라 다양한 활동에도 적극적으로 참여하려는 욕심이 있어서 민사고에서 제공하는 프로그램은 좋은 경험이자 기회가 되어줬다. 이런 프로그램은 자칫 독이 되기도 하는데, 공부와 활동이라는 두 마리 토끼를 잡는 것은 시간도 그렇지만 정신적인 에너지도 많이 소모하기 때문이다. 그러다 보니 이를 못 견디고 하나를 포기하거나 극심한 스트레스를 토로하기도 한다. 하지만 일찍부터 내신과 관련 비교과를 수준 높게 완성해 놓은 유진이에게는 아주 적합한 환경이었다. 민사고에서 최상위권 내신성적을 유지하면서도 다양한 비교과 서류들을 두루 갖출 수 있었던 유진이는 자기 바람대로 지난해에 서울대 사회과학대학에 입학할 수 있었다.

유진이의 비결은 고등학교 입학 전에 이미 대학 입시를 위한 준비가 거의 끝나 있었던 것이다. 보통 아이들이 고등학교 1~2학년이 되어서야 진지하게 갖추기 시작하는 학습 자세와 공부 습관이 유진이에게는 중학교 때 이미 형성되어 있었다. 미리 견고하게 쌓아놓은 토대 위에서 고등학교 내신이 꽃피고 절대적인 실력으로 영글어진 영어 비교과 서류라는 결실을 수확했다. 일찍 일어나는 새는 벌써 많은 벌레를 잡았다고 스스로 자만하고 방심하며 금세 지치기도 하지만, 유진이는 누구보다 일찍 일어나서 해가 질 때까지 다른 모든 새들보다 부지런히 움직였다. 이런 얼리 버드가 가장 많은 벌레를 잡은 것은 당연한 결과이지 않은가.

정광호 【경기 성남시 일반고, 서울대 화학생물공학부 수시 지역균형선발전형 합격】

내신 1.1, TEPS 825, TOEFL 108, KMC한국수학경시대회 장려상, 성균관대 전국영어수학학력경시대회 수학 부문 장려상, 교내 수학경시대회 금상, 교내 과학겉시대회 물리 부문 금상, 교내 영어경시대회 동상, 교내 화학동아리 회장, 교내 학력우수상 다수

자기 속도를 지키면서 습관처럼 공부하라

나를 처음 만났을 때 광호는 중학교 1학년이었다. 어릴 때부터 습관처럼 공부하는 아이였는데 그때 수학과 과학을 가장 좋아한다고 말했다. 당시 광호는 선행학습으로 중학교 수학 과정을 마친 상태여서 테스트 삼아 시중에 나와 있는 최고난도 문제들을 풀려도 아주 잘 풀었다. 국어와 영어 실력도 이미 고등학교 2~3학년을 넘어서는 수준이었다. 초등 고학년 때까지 한 달 독서량이 100여 권에 달했고, 초등 5학년 때 처음 본 TOEFL은 6학년 때 90점을 넘었으며 중학교 1학년 때는 이미 100점에 근접해 있었다.

이렇게 어린 나이에 모든 과목이 높은 수준까지 완성되어 있는 아이들은 학년과 상관없이 고등학교 수준의 문제들을 잘 풀어낸다. 그러니 고등학교에 입학해서는 국어와 영어에 대한 기본 관리와 비교과 서류 준비만 하면서 수학과 과학에 몰입할 수 있는 것이다.

광호는 뛰어난 실력을 갖췄지만 여유를 가지고 공부하는 것을 좋아했다. 어쩌면 벼락치기로 한꺼번에 몰아서 공부하는 것이 싫어서, 시험이 코앞이거나 아니거나 평소 자기 속도를 지키며 꾸준히 공부한 것이 또래보다 훨씬 앞서서 준비한 셈이 된 것일지 모른다. 아무

튼 그같이 좋은 습관 덕분에 광호는 나이가 어려도 훨씬 잠재력 높은 학생으로 우뚝 올라섰다. 나는 그런 광호를 아낌없이 칭찬하고 더욱 북돋워줬다.

중학교 때 완성하고 고등학교 때 관리하라

우리는 광호가 중학교 3학년 때까지 고등학교 교과과정을 거의 완성한 후 고등학교에 입학하도록 공부 계획을 세웠다. 수학과 과학 두 과목 위주로 짰기 때문에 시간이 그리 부족하지는 않았다. 한 달에 두 번씩 꾸준히 진행 상황을 점검하면서 중학교 1학년 때는 고등학교 1학년처럼, 중학교 2학년 때는 고등학교 2학년처럼, 중학교 3학년 때는 고등학교 3학년처럼 3년을 맹렬하게 공부하다 보니 사춘기도 어떻게 보냈는지 모르게 지나버렸다.

이렇게 자신에게 맞는 준비라는 것은 다 있다. 광호에게는 오랜 시간을 두고 철저하고 완벽하게 준비하여 미리 시간을 벌어두는 전략이 잘 맞았다. 그것이 스스로 가장 마음 편한 방법이었고 훌륭한 결과로 이어졌다.

고등학교에 입학한 후에는 오히려 중학교 때보다 마음의 여유가 더 생겼다. 꾸준한 공부 끝에 영어 실력이 이미 완성되어 내신과 외국어 영역에 적응하는 것도 수월했고 공인인증시험도 따로 준비할 필요 없이 주기적으로 응시하는 정도면 충분했다. 국어도 이미 고등학교 수준의 독해력을 갖춰놓은 터라 1학년이 되자마자 수능 언어 영역 문제 풀이에 주력하면서 자신에게 취약한 공부를 보충했다. 수학 역시 선행학습이 꼼꼼하게 이루어져 있었기 때문에 내신과 수능 모의고사에서 1등급을 받는 일은 어렵지 않았다.

이처럼 광호가 집 근처에 있는 고등학교에 진학한 후 모든 과목에서 안정적으로 내신 1등급을 확보하면서 수능과 서류 준비를 할 수 있었던 것은 자기 성향을 잘 파악하고 미리 고생스러운 시절을 보낸 덕분이었다. 광호는 남들보다 빨리 준비한 덕분이 전교 1등으로 졸업하여 서울대 수시 전형들 가운데 상대적으로 덜 치열한 지역균형 선발 티켓을 거머쥘 수 있었고 그 기회를 놓치지 않았음은 물론이다. 광호는 서울대 화학생물공학부에 입학했다. 공부를 언제 본격적으로 시작해야 하는지는 정해져 있지 않다. 선택은 여러분의 곶이다.

막판 뒤집기로 명문대 간 아이들
공부의 역전왕

조재석 [광주 일반고, 고려대 경제학과 정시 합격]

내신 2.4, TEPS 748, 교내 수학경시대회 장려상, 교내 수능 모의고사 우수상, 교내 교과목 우수상, 미소금융 봉사, KDI경제교육 이수

반 10등, 짝사랑으로 공부에 눈뜨다

광주에 살던 중학생 재석이가 부모님을 졸라서 서울까지 컨설팅을 위해 나를 찾아온 계기는 짝사랑이었다. 반에서 10등 내외의 등수를 유지하던 재석이는 그때까지 공부에 큰 열의가 없었다고 고백했다. 그러던 자신에게 태어나서 처음으로 공부를 잘하여 명문대에 들어가고 싶다는 열망이 솟구쳤다고도 말했다. 재석이가 좋아하는 여학생

296

이 전교 1등이었고 그 아이에게 어울리는 사람이 되자고 결심했던 것이다. 재석이는 꼭 연세대나 고려대 이상의 대학에 합격하고 싶어 했다. 나도 최선을 다해 사랑과 공부 모두 이루어질 수 있도록 도와주겠다고 약속했다.

다행히도 재석이는 운이 좋은 아이였다. 무슨 말이냐고? 공부를 하겠다는 결심만 하면 언제든 잘할 수 있는 아이였던 것이다. 즉 공부를 잘할 수 있는 기본기가 쌓여 있는 데다가 내면에 고집스러운 뚝심을 간직하고 있어서 한 번 공부하기 시작하면 결과를 얻을 때까지 포기하지 않는다. 두 가지 중 하나만 갖춰도 가능성을 높게 점칠 수 있는데 재석이는 그 전부를 가지고 있었으니 눈부시게 발전하리라고 확신했다.

재석이가 공부를 시작하면서 발견한 가장 큰 보물은 바로 수학을 잘한다는 사실이었다. 그때까지는 제대로 수학 공부를 해보지 않아서 전혀 몰랐다. 공부량을 늘리고 고난도 문제에도 도전하면서 자신이 수학적인 사고력과 이해력을 갖추고 있었다는 것을 뒤늦게 깨달았다. 그래서 문과를 지망하지만 제일 잘하는 과목이 수학이 되어버려 다른 학생들보다 훨씬 유리한 위치를 차지할 수 있었다.

또한 역사를 원래 좋아하여 사회탐구 과목에서도 빛을 발했다. 어려서부터 많은 책을 읽고 다방면에 관심을 가졌던 재석이는 사회탐구 과목이 흥미롭게 다가왔고, 특히 역사에 대한 배경지식이 풍부했다. 국사는 공부량이 많아서 서울대 합격 가능성이 높거나 서울대에 절실하게 들어가고 싶어 하는 학생이 아니라면 사실 불리한 과목이다. 그런데도 재석이는 그런 점을 괘념치 않고 국사를 선택할 정도로 역사를 좋아했다.

매주 8시간 기차로 왕복하며 공부를 정복하다

서울과 광주 사이는 기차로 왕복 8시간 남짓 걸린다. 매주 광주와 서울을 장시간 오가면서 컨설팅을 받는 일은 중고등학생이 감당하기에는 물리적인 시간, 정신적인 에너지, 육체적인 체력 모두 소모되는 여정이다. 그런데도 재석이는 컨설팅을 시작한 이후 매주 한 번도 빠지지 않고 서울로 올라와 나를 만났다. 대견하면서도 안쓰러워서 재석이에게 힘들지 않느냐고 물은 적이 있다. 그러자 재석이는 이렇게 대답했다.

"왕복 8시간이 길긴 해도 전혀 아깝다는 생각이 안 들어요. 그 시간 동안 집에 있어도 어차피 놀 것 같거든요. 차라리 서울에서 선생님을 만나고 공부 방향을 제대로 잡고 광주로 돌아가는 것이 제게는 훨씬 나아요."

게다가 재석이는 그냥 기차에 몸을 싣기만 하고 서울로 올라오는 것이 아니었다. 내 조언대로 기차 안에서 8시간 동안 매번 동영상 강의 10개를 들어왔다. 주중에 늦도록 야간자율학습을 하느라 주말에는 피로가 무지막지하게 몰려올 텐데 쪽잠이라도 청하지 않고 동영상 강의에 집중하기는 참 어려운 일이다. 그 시간까지 아껴가며 최대한 활용했으니 주중에 '무섭게' 공부했다는 것은 더 말할 필요도 없을 것이다. 지금 꼭 필요한 공부를 '최대'로 해오는 것은 쉬운 일이 아니지만 재석이는 내가 내주는 공부량 이상을 소화했다. 재석이가 다녔던 고등학교가 일반고이지만 워낙 공부 잘하는 학생들이 많이 모인 지방 명문고였기에 내신은 전교권까지 이르지 못했다. 그래도 수능 모의고사는 전교 1~2등까지 성적을 끌어올렸그, 실제 수능에서도 재석이가 원하는 점수를 받을 수 있었다.

역전의 마지막 비결은 전공과 관련된 봉사 활동의 진정성

많은 아이들에게 꿈을 물어보면 추상적으로, 혹은 이상적으로 대답하곤 한다. 하지만 재석이는 보통 아이들과 달랐다. 재석이의 꿈은 경제학부에 진학하여 한국의 경제 불평등을 해결할 수 있는 실질적인 경제정책을 만들어내는 공공 기관에서 활동하는 것이다. 구체적이고도 현실적인 꿈이었다. 스스로 오랫동안 생각하고 찾아서 결심한 꿈이었기에 그토록 선명하게 내보일 수 있었을 것이다.

부모님은 재석이가 원하는 일이면 무엇이든 괜찮다고 생각했고, 두 분 모두 전문직으로 바쁜 와중에도 다방면으로 봉사 활동을 펼치면서 인성을 강조했다. 그런 부모님의 영향을 받아서 재석이는 또래 아이들이 생각하기 어려운 봉사들에 많은 시간을 투자하여 꾸준히 활동해 왔다.

재석이의 봉사 활동들 가운데 특히 인상적이었던 것은 경제에 대한 이해를 도울 수 있는 공부방 활동이나 경제적 약자를 찾아 정부 금융 정책을 실질적으로 지원받도록 돕는 활동이었다. 이런 활동들이 재석이에게는 공부만큼이나 중요했는데, 여기에 시간을 투자하는 만큼 꿈에 대한 열정을 확고하게 다질 수 있어서 대학 입시 준비에 더욱 박차를 가하는 시너지를 일으켰다.

학교생활기록부를 보면 일관성 있는 봉사 활동에서 학생의 진지한 고민이 느껴진다. 무엇보다 대학 입시를 위해 억지로 공부 시간을 쪼개어 인위적으로 만든 봉사 활동이 대부분인 현실에서, 재석이처럼 계산 없이 온 마음을 다한 봉사 활동은 진정성을 발휘하여 입학사정관의 감동을 이끌어낸다. 자기소개서에서 '지원 분야에 대한 열정과 구체적 노력'을 이보다 더 어떻게 진심으로 어필할 수 있겠는가. 여기에 역전을 일궈낸 성적까지 더해지니 재석이는 그토록 바라던 고려대 경제학과에 정시로 입학할 수 있었다.

 김다원 [서울 강남구 일반고, 중앙대 사회복지학부 정시 합격]

내신 4.1, 봉사 활동 외에 비교과 없음

'인서울 대학'의 문턱은 2등급이다

다원이는 착하고 명랑한, 평범한 강남 여고생이었다. 내신이 잘 나오기 어려운 고등학교라 내신은 그리 좋지 않은 상태였고 수능 모의고사 성적도 마찬가지였다. 등급으로 따지면 3~4등급을 오르락내리락했고, 수리 영역은 더욱 공부가 안 된 상태라 4등급 후반대 점수를 받았다.

대학 입시 컨설팅을 할 때마다 느끼지만 부모님과 학생들 중 상당수는 대학의 문턱이 그리 높지 않다고 여긴다. 실제로 그 문턱은 그들이 예상하는 것보다 훨씬 높은데도 말이다. 수능 모의고사 4~5등급 성적표를 들고 와서 서울대나 연세대, 고려대까지는 바라지 않으니 서울에 있는 괜찮은 대학 정도만 가면 좋겠다고 말하면 정말 난감하다. 전 과목 2등급 커트라인 정도면 거우 '인서울 대학'이 가능하고 3등급이 뜨는 순간 수도권 대학조차 들어가기 힘들다. 당시 고등학교 2학년으로 올라가는 다원이와 부모님도 그랬다.

다원이의 학습에는 대대적인 개선 작업이 필요했다. 성적이 중하위권인 데는 다 그럴 만한 이유가 있다. 대부분 공부 시간이 절대적으로 부족하고, 학습에 어느 정도 시간을 들여도 잘못된 방법으로 공부한다. 다원이도 예외는 아니었다. 내가 보기에 공부 시간은 턱없이 부족했고 학교나 학원에서 배우는 내용도 꼼꼼하게 복습하지 않았다. 하지만 다원이는 다르게 생각했다. 학원도 열심히 다니고 숙제도 꼬박꼬박 해가는 편이라며 열심히 공부하는 것 같은데 성적이 잘 안 나와서 속상하다고 불평했다.

나는 다원이에게 실제 공부량을 체크하게 했다. 다원이의 하루 일정 안에서 자습이 가능한 시간, 실제로 공부한 시간, 숙제를 해결해 나가는 과정과 몰입 강도 등을 모조리 점검했다. 다원이는 자신이 의외로 많이 쉬고 있다는 사실을 발견했고, 그렇게 휴식 같지도 않게 쉬는 대신 굉장히 많은 공부를 할 수 있겠다는 생각이 들었다. 그러면서 그동안 공부를 너무 안 한 자신에 대해 반성하기 시작했다. 이

것이 중요한 포인트이다. 자기 상황을 정확하게 판단하고 개선하겠다고 결심하는 것, 그런 순간을 찾지 못하면 지치지 않고 열심히 공부하기란 여간 어려운 일이 아니다. 또한 자만하거나 비현실적인 생각으로 시간을 낭비할 확률이 높아진다.

깨어 있는 거의 모든 시간, 기초부터 다시 공부하라

다원이는 가장 좋은 방법이 뭐냐고 물었다. 나는 간단하게 대답했다. "깨어 있는 거의 모든 시간에 공부하겠다고 각오하고 실제로 그렇게 공부하면 돼." 다원이의 결심은 헛말이 아니었다. 다원이는 자기 물음에 행동으로 답했다. 잠자고 먹는 시간을 제외한 대부분을 공부에 몰두하기 시작했다. 그 덕분에 내신뿐만 아니라 수능 모의고사 점수까지 조금씩 오르기 시작하니 자기도 할 수 있다는 자신감이 붙었다.

다원이는 기초가 부족하여 잘 풀리지 않는 내용이나 문제도 포기하지 않고 처음으로 돌아가 차근차근 되짚으면서 다시 공부했다. 다원이는 마음이 불안해질 때마다 나에게 자신에 대한 정확한 진단을 부탁했다. 당시 다원이의 성적은 좋지 않았지만 이렇게 자신을 다룰 수 있다는 것은 칭찬할 만했다. 물론 언어와 수리 영역 점수가 불안했고 외국어 영역도 안심할 수 없는 상황이라 단기간에 2등급까지 끌어올릴 현실적인 방법이 필요했다.

우리는 우선 다원이가 하고 있는 공부에 대해 철저하게 점검하기로 했다. 나는 컨설팅을 진행할 때마다 다원이가 가져온 모든 과제를 확인했다. 그중에는 학원 교재도 있었고 학생들이 가장 많이 보는 일반적인 문제집도 있었다. 틀린 문제나 어려운 문제들을 다시 푸는 과정을 반복시키면서 다원이에게 공부의 기본부터 가르치기 시작했다. 그 과정에서 자신은 다 끝냈다고 생각한 공부가 사실은 겉핥기 식이었고 복습이 너무 부족했다는 사실을 깨달았다. 다원이는 자기 문제점들을 개선하기 위해 기본서를 반복적으로 학습하면서 개념과 원리를 이해하려고 다시 노력했다. 그러면서 공부의 정확도가 높아졌고 공부량도 늘어났다.

5개월 후 다원이의 수능 모의고사는 4등급에서 2~3등급으로 올랐다. 수능 영역들 가운데 그나마 가장 나았던 외국어 영역은 단기간의 집중적인 시간 투자로 1~2등급까지 나오기 시작했다. 다원이는 공부의 재미를 알게 됐다. 힘들다고만 생각했던 공부가 마음먹은 대로 실행하면 잘할 수도 있는 것으로 인식되면서 더욱 몰입해서 공부하려는 의지를 불러일으켰다. 3학년 중반으로 들어서면서부터는 다원이가 약간의 강박증을 보이며 잠을 너무 줄이려고 해서 오히려 공부 의욕을 좀 떨어뜨려 잠을 제대로 자야 한다고 설득해야 했다. 그러더니 마침내 다원이는 3학년 6월 한국교육과정평가원 수능 모의고사에서 언어와 외국어 영역 1등급, 수리 영역 2등급의 성적을 받았다. 대단한 발전이 아닐 수 없다.

다원이는 비록 내신이 그리 좋지 않고 비교과도 준비하지 못하여 수시에는 지원할 만한 전형이 없었지만 정시로 자신이 원하는 대학에 합격할 수 있었다. 물론 그해 수능이 다소 쉽게 출제되어 다원이를 도와주기도 했지만 그 행운도 결국은 노력 끝에 거머쥘 수 있었던 것이라고 생각한다. 평균 3~4등급에서 평균 1등급으로 올라간 다원이는 자신보다 공부를 잘했던 친구들을 제치고 더 좋은 대학에 합격하는 역전의 짜릿한 기쁨을 맛봤다.

재수해서 명문대 간 아이들
입시에서 실패해도 괜찮다. 인생은 길다

최승원 [서울 강남구 일반고, 서강대 커뮤니케이션학부 정시 합격]

> 내신 3.3, 교내 교과목 우수상, 교내 환경글짓기대회 장려상

재수 결심 후 정시 도전으로 현재 실력을 뼈아프게 파악하라

고등학교 1학년인 승원이를 겨울에 만난 후 2년 동안 곁에서 지켜봤다. 승원이는 자기 성적에 비해 자신감이 심하게 넘쳤고 실제로는 그 성적으로 가기 어려운 대학에 합격할 수 있다고 믿었다. 그래서 늘 내 조언의 70퍼센트 정도만 따랐다. 물론 승원이도 열심히 공부하긴 했다. 하지만 그 이상을 넘어서지는 못했고 더 높은 수준의 공부를 제시하면 거기서 멈췄다. 자기가 원하는 대학에 들어가려면 지금

수준의 공부만으로는 부족하다고 여러 번 설득했지만 승원이는 자신이 옳다고 믿고 싶어 했다.

막연히 할 수 있다는 자신감만큼 노력하지 않고 공부에 자만했던 승원이는 시험 난이도가 자신에게 유리하게 나온 그해 수능에서도 결과가 별로 좋지 않았다. 그래도 단지 실수였다고 고개를 저을 뿐 자기 잘못에 대해 인정하지 못했다. 수능이 끝나고 이틀 뒤 승원이와 함께 그동안의 일들을 허심탄회하게 이야기했다. 승원이도 울었고 나도 울었다. 우리는 굳은 마음으로 재수를 결심했다.

재수를 결심하고 제일 먼저 한 행동은 아이러니하게도 정시 원서 준비였다. 당시 승원이의 수능 점수로는 '인서울'도 위태로웠다. 승원이도 어디에든 합격해도 당연히 안 갈 것이 뻔하니까 정시 지원 자체를 포기하겠다고 말했다. 하지만 승원이에게는 자신의 현재 실력을 객관적으로 인정하는 것부터 필요했다. 상위권 대학은 고사하고 서울권 대학에도 들어가지 못하는 경험을 뼈아프게 해봐야 재수를 하면서 이전과는 다른 마음으로 공부 의지를 새롭게 다잡을 수 있을 것이라고 판단했다. 승원이의 수능 점수에 맞춰 서울권 대학 두 군데와 경기권 대학 한 군데에 지원한 결과, 경기권 대학에만 합격했다.

공부의 바닥부터 채우기 시작해도 늦지 않다

승원이는 언어와 외국어 영역에 대한 기본기가 탄탄했고 평소 수능 모의고사 점수도 안정적으로 잘 나오는 편이었다. 그래서 1년 더 공부하면서 수리와 사회탐구 영역을 보완한다면 훨씬 좋은 성적을 기대할 수 있었다. 그런데 승원이에게는 그 정도로 부족했다. 승원이는 연세대나 고려대에 들어가고 싶어 했고, 그런 최상위권 대학을 가기 위해서는 수학 만점이 필수였다.

당시 승원이의 수학 실력으로는 턱없이 부족했다. 게다가 승원이는 수학에 대한 두려움도 지니고 있었다. 수학은 공부해도 늘 자신 없는 과목이라 시험을 칠 때도 많이 떨었다. 그것부터 떨쳐내야 했다.

"수학에서 제일 두려운 게 뭐니?"

"선행학습을 전혀 못 하고 고등학교에 들어갔어요. 중학교 때도 심화문제는 거의 안 풀고 기본문제만 풀었던 게 너무 후회돼요. 수학 잘하는 아이들은 그거 다 하고 시작한 거잖아요."

"그럼 너도 그렇게 하면 되지."

답은 간단히 나왔다. 나는 재수를 결심한 그해 12월과 그다음 달 1월 두 달간 초등학교 5학년 2학기부터 중학교 3학년 2학기까지 최고난도 수학문제집을 가지고 승원이와 씨름했다. 그 과정에서 승원이는 왜 수학이 그토록 난해하고 헷갈렸는지 비로소 이해했다. 수학의 기초가 부족한 상태에서 고등학교 수학 과정의 문제 풀이만 계속하다 보니 잡힐 듯 말 듯 수학이 도무지 잡히지 않았던 것이다.

"자, 중학교 수학까지 심화해서 공부했고 고등학교 수학도 이미 3년 동안 선행한 셈이니까 이제 됐지? 자신 있지?"

승원이는 수학을 기초부터 다시 학습하고 나자 훨씬 안정적으로 문제를 풀었다. 고등학교 수학 공부에 들어가면서부터는 기본서를 다섯 번 이상 반복하면서 일단 개념과 기본문제 풀이에 능숙해지도록 훈련했다. 그러고 나서 다음 단계로 좀더 어려운 난이도의 문제들을 차례로 풀었고, 틀린 문제는 개념부터 다시 공부했다. 또한 한 단원을 다 공부하면 그 단원에 대해 나에게 설명하면서 승원이는 수학 개념이 강한 학생으로 거듭났다. 당연히 문제 풀이에서 실수도 줄었고 속도도 빨라졌다. 나중에는 일주일에 한 권씩 문제집을 풀어도 오답이 거의 없을 정도가 되었다. 수능 모의고사 수리 영역도 계속 1등급을 유지했다. 그렇게 승원이는 수학을 극복했다.

외국어 영역의 경우 승원이는 문법 두 문제 중 한 문제씩은 꼭 틀려서 수능 영어 문법도 처음부터 다시 공부하게 했다. 예전 같으면 자신이 다 아는 기초부터 공부시킨다고 자존심이 상해할 법도 한데, 승원이는 오히려 더욱 진지하게 공부하는 모습을 보여줬다. 학원에는 거의 다니지 않은 채 컨설팅만 받으면서 자습 위주로 하루에 거의 10시간 이상씩 공부했다. 외국어 영역에 쏟는 시간이 아주 많지는 않았지만 점수에 신경 쓰면서 공부했고 어려운 난이도의 문제들에 대비하여 TEPS 공부도 병행했다. 그 결과 독해 실력이 많이 향상됐다.

많은 재수생들이 자신도 모르게 하는 실수 중 하나가 구멍 난 부분을 채우지 않고 같은 패턴의 공부만 반복하는 것이다. 고등학교 3학년 학생들도 마찬가지인데 실전 감각을 익힌다는 명목하에 수능 모의고사 문제만 반복해서 풀어댄다. 그리고 몇 점이나 나오는지 확인하고 일희일비한다. 물론 공부에서 테스트는 아주 중요하다. 하지만 시험을 치고 점수를 확인하는 자체가 아니라 그 결과를 통해 자신의 현재 상황을 분석하는 것이 중요하다. 점수와 등급에도 신경 써야 하지만, 자신이 어떤 문제를 틀렸는지, 어떤 유형에 취약한지 반드시 확인하고 보완해야 한다. 그것은 고등학교 3학년이 되어서도 마찬가지이고 실제 수능 전날까지도 마찬가지이다. 겉핥기 공부를 하는 것은 심리적인 만족감을 줄지는 모르지만 점수를 올리지는 못한다. 공부의 바닥부터 확실하게 채워야 한다.

자기 패배를 인정하고 쓰디쓰게 노력하면 결실은 달콤하다

승원이는 지금까지 지켜본 학생들 중 손에 꼽을 정도로 최선을 다해 공부했다. 실제로 나와의 컨설팅은 한 달에 두세 번 정도였는데, 그날 집에 돌아가면 그다음 외출은 다음 컨설팅 날짜라고 했다. 밖에는 좀처럼 나오지 않고 집 안에서 공부만 한 것이다. 한번은 컨설팅을 미루기에 걱정했더니, 승원이가 너무 앉아만 있어서 엉덩이가 짓물러 병원에 갔다는 것이다. 내가 알던 승원이가 아니었다. 승원이는 공부만 하는 아이들이 부럽기는커녕 고리타분하게만 보였는데 이젠 그 아이들이 얼마나 간절했는지 알겠다고 말했다.

노력은 결코 배신하지 않았다. 누구보다 열심히 공부한 만큼 승원이는 놀라운 성적 향상을 보여줬다. 재수를 해도 실제로 성적을 올리기는 쉽지 않은데 수능에서 전 영역의 성적이 다 올라서 사회탐구 영역 한 과목만 빼고는 모두 1등급이 나왔다. 두 번째 수능이 끝난 직후 승원이는 지난해 이맘때 패배감에 젖어 있던 목소리와 전혀 다른, 자신감이 넘치는 목소리를 들려줬다. 수리 영역에서 1등급 커트라인에 겨우 걸려 연세대나 고려대까지는 못 갔어도 승원이는 서강대에 합격했다.

승원이의 재수 성공 비결을 묻는다면 무엇보다 자기 패배를 인정하고 겸손한 자세로 다시 공부한 것이라고 말하고 싶다. 실제로 최상위권 학생들은 모두 겸손하다. 자신의 부족함을 채우기 위해 다른 사람의 조언에 귀 기울일 줄 알고, 자신이 100퍼센트 정답이라고 확신할 수 있어도 다시 한 번 확인한다.

이렇게 공부는 아이들을 변화시키고 성숙하게 한다. 오늘도 나는 공부의 세계에 뛰어드는 아이가 하나라도 더 생기길 기도하면서 간절한 마음을 전하고 있다.

민성원연구소와 함께하는
학습능력 계발 및 입시 전략 컨설팅

1 1:1 로드맵 컨설팅

입학사정관제를 포함한 수시모집이 확대되는 최근의 입시 경향에서 개인별 맞춤 입시 전략은 선택이 아닌 필수입니다. 개인 분석 및 진단을 통해 뚜렷한 목표를 설정하고 이에 맞춰 특화된 자신만의 포트폴리오를 준비해야 합니다. 로드맵 컨설팅 프로그램은 대입 수시와 정시를 최종 목표로 현재 학년부터 고3까지 상세한 로드맵을 제공하고, 성적 향상을 위한 관리 상담을 실시합니다. 많은 학생들이 로드맵 컨설팅을 통해 명문대 합격의 신화를 만들어가고 있습니다.

■ 대상
초등 3학년~고등 3학년

■ 로드맵 컨설팅 프로세스
• 1단계 분석 및 진단 : 성적 상담 및 입시 변인 분석―목표 대학까지의 가능성 진단(설문지, 수능예비테스트, 학습유형검사, 학습전략검사, 적성검사, 지

능검사(초등~중등 2학년))
- 2단계 로드맵 설정 : 현재 학년부터 고등 3학년까지의 입시 로드맵 설정 및 동기부여
- 3단계 개인별 입시 전략 수립 : 개인별 맞춤 입시 전략 및 영역별 공부 방법 지도
- 4단계 로드맵 실행 과정 : 목표 대학 합격을 위한 성적 향상 프로그램 진행

■ 실력만큼 전략이 중요합니다!
컨설팅 이후 수많은 학생들이 성적이 오르고 명문대에 합격하고 있습니다.
정확한 전략 수립이 되고 동기가 올라가고 실천력이 좋아집니다.
대한민국 최상위권을 위한 도약, 로드맵 컨설팅이 정답입니다.

2 수시/정시 컨설팅

변화하는 입시, 어떻게 준비하고 계십니까? 실력만큼 전략이 중요합니다.
어렵고 복잡한 대학 입시, 혼자 고민하지 마세요!
아는 만큼 길이 보입니다. 이제 전문 컨설턴트와 함께 준비해 보세요.

■ 대상
고3~재수 이상

■ 1 : 1 수시 컨설팅
1 : 1 수시 컨설팅 프로그램으로 보다 확실한 전략을 세우십시오. 지원자에게 맞는 대학과 전형을 선정하고 준비 과정에서 전문 컨설턴트의 조언을 받는 프로그램입니다. 고등 3학년이 아니더라도 로드맵 컨설팅을 통해 미리 준비하실 수 있습니다.
- STEP1 서류 제출(필수) : 상담일에 앞서 학교생활기록부, 모의고사 성적표, 비교과 서류 제출

- STEP2 분석 및 진단(필수) : 성적 및 입시 변인 분석, 목표 대학 가능성 및 지원 가능 학교 선정
- STEP3 지원 대학 결정(필수) : 대학 및 학과 설정, 지원 전형 최종 결정
- STEP4 개인별 전략 수립(필수) : 전형에 따른 개별 전략 수립
- STEP5 서류 작업(선택) : 수시 전형 제출 서류 검수 작업

■ 1 : 1 정시 컨설팅

주사위는 던져졌습니다. 이제부터는 전략입니다. 학생의 정확한 성적 분석 및 현재 위치 파악을 통해 가장 적합한 지원 전략을 제시합니다. 단순히 합격률을 높이기 위한 지원이 아니라 학생의 적성, 대학 졸업 후 진로까지 고려한 최적의 솔루션을 받으실 수 있습니다.

- STEP1 서류 제출 : 상담일에 앞서 학교생활기록부 및 수능 성적표 제출
- STEP2 분석 및 진단 : 학교생활기록부 및 수능 성적 분석, 철저한 변인 분석을 통한 진단
- STEP3 지원 대학 결정 : 진단 결과를 통해 모집군별 지원 대학 및 학과 결정
- STEP4 상담을 통한 최종 결정 : 학생과 1 : 1 상담을 통해 지원학군 최종 결정

3 진단 컨설팅

아이의 인지적 능력, 집중력, 학습 동기 및 기타 역량에 따른 학업 레포팅, 솔루션 제안! 현재를 알아야 미래를 설계한다. 학생의 능력과 성향을 기준으로 학습 플랜을 세워야 합니다.

■ 검사 꼭 해야 한다!

교육의 다변화 및 교육 정보의 홍수 속에서 과학적인 검사를 통해 아이의 적성과 타고난 능력을 정확히 분석하여 앞으로 나아갈 바를 제시해 줘야 합니다.

■왜 민성원연구소인가?

- 각종 매체와 교육기관에서 실시하고 있는 검증된 검사 프로그램입니다 (전 EBS 〈생방송 60분 부모〉, 유치원, 학원에서 실시 중).
- 아이의 연령에 맞춘 맞춤식 프로그램입니다(유아, 초등 저학년·고학년, 중등, 고등, 성인 프로그램으로 구성됨).
- 다양한 분야의 검사로 철저하게 분석합니다(지능검사뿐만 아니라 학습 유형검사, 진로탐색검사 등 다양한 검사 도구로 학생의 모든 데이터를 추출합니다).

■검사 프로세스

- 1단계 : 학생의 환경과 연령대를 분석하여 최적의 프로그램 도출
- 2단계 : 각 분야 최고의 전문가들로 구성된 담당자(검사자)와 검사 실행
- 3단계 : 검사 결과를 통해 학생 개인을 위한 리포트 제작
- 4단계 : 학부모와 1 : 1 상담을 통한 검사 결과 해석 및 솔루션 제안

검사 유형	검사 종류	목적
지능	Wechsler 지능검사	Wechsler 지능검사를 통해 학생의 지적 잠재력을 정밀하게 파악하고 약점과 강점을 분석
학습 유형	U&I 학습유형검사	학생의 성격적 유형을 파악하여 선호하는 학습 방법 및 현재 심리 상태 분석
학습 습관	MLST 학습습관검사	수업 태도, 집중력, 노트 필기 등 기본적인 학습 습관 수준 및 학습 동기 수준 파악
진로	Holland 진로흥미검사 Holland 진로발달검사	문과·이과 성향 파악 및 적합한 학과 분석, 선호하는 직업군 분석
집중력	ATA 집중력 검사 (검사자 판단 시)	ADHD 검사 및 청각·시각주의력 분석(검사자 판단으로 추가 실시)

4 Pre G-class

초등 저학년을 위한 지능 개발 학습 프로그램! 아이의 지능은 학습을 통해 개발이 가능합니다. Pre G-class는 국어 교과서 수업과 연산, 기억력 훈련을 통해 아이의 지능을 개발할 수 있는 초등 학습 프로그램입니다.

■대상

7세~초등 3학년

■특징

- 사전 지능검사를 통한 수준별 분반 수업, 즉 사전 지능검사를 통해 지능이 비슷한 아이들끼리 반 편성(지능검사 결과가 합격/불합격을 결정하는 요소는 아님)
- 6개월마다 지능검사를 실시하여 새로운 반 편성
- 매 수업 종료 후 과목별 숙제 관리를 통해 학원에서 숙제까지 완벽히 해결
- 심리+교과+전략을 아는 선생님(컨설턴트)의 체계적인 수업 진행

■수업 구성

1교시(60분) : 국어 교과서 수업+루크(기억력/집중력 훈련)
2교시(60분) : 머리셈(연산 훈련)+숙제 관리(20분+α)
※지능을 높여드립니다. 6개월마다 확인하세요!

5 민성원의 공부원리

공부하는 이유와 방법을 배웁니다.
공부원리 집중코스로 인해 변화된 자녀의 모습을 확인하세요.
공부에도 원리가 있습니다. 공부의 원리를 깨달으면 공부가 즐거워집니다.

공부원리는 학생이 최대 학습 능력을 발휘할 수 있도록 도와드리며 구체적인 학습 방법과 한국의 입시 시스템을 알려드리는 최고의 학습동기부여 프로그램입니다.

■ 공부원리, 이런 학생에게 꼭 필요합니다!
• 학습 의욕의 재충전이 필요한 학생
• 뚜렷한 학습 방법을 찾아 공부의 능률 상승 효과를 얻고 싶은 학생
• 짧은 시간 동안 동기부여가 필요한 학생
• 평소 열심히 공부해도 성적이 안 올라 고민인 학생
• 상위권을 넘어 최상위권으로 진입하고 싶은 학생

■ 수업 내용
• 꿈과 목표를 설정하는 방법
• 공부의 대원칙
• 과목별 학습법
• 명문대 진학 전략
• 효율적인 공부법(암기법, 필기법 등)

■ 민성원 선생님을 만나자!
• 공부원리 1.0 : 공부원리 1.0은 하루 5시간으로 짧은 시간 동안에 강력한 동기를 갖게 함으로써 공부의 원리를 깨달아 공부가 즐거워지게 합니다. 공부하는 이유와 방법을 배우므로 하위권 성적의 학생은 습관과 동기를, 상위권 성적의 학생은 최상위권으로의 진입을 목표로 학습 능력을 발휘하게 하는 자기주도학습 프로그램입니다.
• 공부원리 3.0 : 2003년부터 시작하여 2012년 현재 160회차를 거치는 동안 약 1만 6,000여 명의 수료생을 배출했으며 명문대·특목고·국제중에 진학하고 있는, 국내에서 가장 오래되고 신뢰할 수 있는 최고의 학습 동기부여 및 자기주도학습 캠프입니다. 방학 기간 중 2박3일 동안 학생 스스로 공부를 해야 하는 이유, 꿈과 목표 설정, 효율적인 학습 방법, 시험 잘 보는 법 등을 터득할 수 있도록 도와주며 서울대 재학생들로 구성된

멘토들이 캠프 기간 동안 꿈과 목표에 관한 워크숍 진행과 인솔, 취침까지 함께하는 공부원리 심화 프로그램입니다.

6 초등 엄마 물음표(초등 컨설팅)

검사 → 컨설팅 → 교육(Follow-up)으로 시스템화한 '학습 솔루션'
초등학생을 위한 솔루션 컨설팅, 초등 엄마 물음표! 우리 아이에게 맞는 행복한 공부 방법, 초등 엄마 물음표가 바른 길을 제시합니다.

■대상
만 6세 ~ 초등 6학년

■특징
- 심리검사 및 학습능력검사를 통한 정확한 상태 분석
- 검사 결과를 바탕으로 한 체계적인 학습 컨설팅(상담)
- 우리 아이에게 맞는 개인별 맞춤형 리포트(민성원리포트)
- 검사 및 상담 결과에 따른 Follow-up 컨설팅(교육)

■초등 컨설팅 프로세스

검사	컨설팅	솔루션
1차 심리검사+TEST	**2차 상담**	**3차 교육**
• 웩슬러 지능검사 • 학습전략검사(MLST) • 학습유형검사(U&I) • ATA 집중력검사 (선택 사항)	• 검사 결과 상담 및 컨설팅 • 개인별 맞춤형 리포트	• TEST • 상담 • 연습 • Work Sheet(숙제)

7 경제학 프로그램

이제 영어와 수학만으로는 대학 합격을 보장할 수 없습니다. 달라진 입시 제도인 '입학사정관제도'에 전략적으로 대응하려면 다양한 분야의 포트폴리오가 필요합니다. 민성원연구소만의 차별화된 경제학 전문 강의로 비교과를 준비하십시오.

■ 입학사정관제도와 경제경시대회

각종 경시대회의 입상이 필요합니다. 그렇다면 어떤 경시를 선택하면 될까요? 수능 과목의 축소로 사회탐구에서 경제 과목은 앞으로 최고의 뒤집기 과목이 될 것입니다. 입학사정관제도→포트폴리오→각종 Activity

■ 경제경시대회 준비로 무엇을 얻을 수 있는가?

- 최상위권 학생의 지적 호기심 충족
- 경제 현상에 대한 날카로운 이해력
- 입학사정관전형 확대에 최적 대비
- TESAT이나 AP(micro/macro) 등 관련 시험으로 확장 가능
- 논술이나 언어 영역의 경제 지문 해결력 향상(시간 절약)
- 수능 경제 및 고등 1학년 내신과 심화 경제 내신에 대응
- 2011학년도에 서울대의 학과별 모집으로 경제학과가 최상위 학과로 복원

■ TESAT 준비로 무엇을 얻을 수 있는가?

- TESAT 2등급 취득 시 경제경시대회 입상과 동일하게 인정
- 경제 이론을 현실에 적용하는 능력 함양
- 시사 문제에 완벽 대비
- 경제학과와 경영학과 입학을 위한 필수 코스
- 연간 4회에 걸쳐 보는 시험이므로 꾸준히 경제 이해력을 향상
- 최고 등급인 S등급을 향한 동기부여

■ 민성원연구소의 경제학 강의
- 우수한 강사진 : 민성원 소장의 직강 및 SKY 출신 졷제 전공자의 강의
- 다양한 커리큘럼 : 수능 이론, 수능 문제 풀이, 경제 이론, 경제 논술, TESAT반, 경제경시반
- 학생 수준별 강의 : 반 구성원에 따라 수준별 강의 진행, 각 단계별 3개월 과정
- 레벨 테스트 : 학생의 이해 정도 확인 & 각 단계별 승급
- 무한 반복 수강 : 이해 완료 시까지 수강료 부담 없이 무한 반복 수강
- 경제학 강의 시간 : 매주 일요일 오전 9~1시, 오후 2~6시

8 21세기를 이끌어갈 리더, 그들을 키워내는 학부모를 위한
"민성원의 엄마 학교"

■ 일시
2013년 1월 8일(화)부터 매주 화요일 오전 10~12시

■ 강사
민성원 소장 외 대치동, 메가스터디, EBS 대표 강사진,
민성원연구소 컨설턴트

■ 장소
민성원연구소 청담본원 6층 대강의실

■ 교육 내용

구분	내용
1차	공부원리와 초/중부터 준비하는 대입전략
2차	[과목별 학습 전략—영어] 초/중을 위한 영어 학습법
3차	[과목별 학습 전략—국어] 초/중을 위한 국어 학습법
4차	[과목별 학습 전략—수학] 실력을 올리는 공부와 성적을 올리는 공부, 수학 학습법 머리 좋은 아이의 수학 공부
5차	[엄마는 전략가—초/중/고 학습 전략] 아이의 진로 결정 및 목표 명확하게 정립하기 / 내신 관리 방법 / 특목고 / 자사고 / 일반고 선택 방법
6차	[SKY로드맵—대학별 입시 전형] 우리 아이 목표 대학을 위한 필수 준비 사항! 서울 상위 10개 대학별 입시 전형 및 전략
7차	[공부 원리] 암기법/필기법/시험 잘 보는 법
8차	[공부 원리] 공부를 잘하기 위한 최적의 환경 IQ와 공부/ 부모의 역할/ 건강관리법

- 수강료는 무료입니다.
- 교육 순서는 변경될 수 있습니다.
- 매주 강의 후 학부모님들을 위한 질의&응답 시간이 마련되어 있으니 학부모 여러분의 많은 참여 부탁드립니다.

문의 | 민성원연구소 1599-8884